微电商和跨境电商实务操作教程

主　编　于立新
　　　　王子飞

ZHEJIANG UNIVERSITY PRESS
浙江大学出版社

图书在版编目(CIP)数据

微电商和跨境电商实务操作教程/ 于立新,王子飞
主编.—杭州:浙江大学出版社,2017.9(2019.7 重印)
　　ISBN 978-7-308-17188-5

　　Ⅰ.①微… Ⅱ.①于…②王… Ⅲ.①电子商务—网络营
销—教材②电子商务—商业经营—教材 Ⅳ.①F713.365

　　中国版本图书馆 CIP 数据核字 (2017) 第 179003 号

微电商和跨境电商实务操作教程
主　编　于立新
　　　　王子飞

责任编辑	吴昌雷
责任校对	陈静毅　丁佳雯　汪　潇
封面设计	北京春天
出版发行	浙江大学出版社
	(杭州市天目山路 148 号　邮政编码 310007)
	(网址:http://www.zjupress.com)
排　　版	杭州林智广告有限公司
印　　刷	浙江新华数码印务有限公司
开　　本	787mm×1092mm　1/16
印　　张	18
字　　数	342 千
版 印 次	2017 年 9 月第 1 版　2019 年 7 月第 3 次印刷
书　　号	ISBN 978-7-308-17188-5
定　　价	39.00 元

编　委　会

近年来,随着全球互联网和大数据信息技术与经济生活日益紧密融合,世界各国正悄然进入从未有过的数字经济高速增长期。我国互联网和移动互联网的迅猛发展,智能手机的广泛普及与使用,手机上网已成为国人经济生活中重要的内容。人们利用手机等智能终端进行移动支付、智能出行、金融理财、网络购物、手机阅读、医疗服务、娱乐文化消费等正成为新常态。与此同时,我国企业和商家利用手机等智能终端开展跨境电商经营活动,以及移动电子商务业务量也与日俱增。

随着传统进出口贸易的日渐转型,国家"一带一路"开放型倡议的深入发展,跨境电子商务和移动电子商务在促进沿线各国"互联互通"扩大经贸往来的同时,正在成为我国经济发展中的新业态,并正在快速改变着我国经济增长方式。跨境电子商务和微电商对传统贸易型企业也提出了严峻挑战,这也给我国开放型经济带来了巨大发展空间。跨境电子商务作为分属不同关境的交易主体,通过电子商务平台达成交易、进行支付结算,并通过跨境物流送达商品、完成交易的一种国际商业活动,正在逐步颠覆传统国际贸易方式。目前有关专门介绍微电商与跨境电子商务的教材还比较少,很多关于跨境电子商务的理论和实践还处于梳理探索阶段,这个领域尚待达成共识的内容还有很多。本书在编写过程中参考了大量国内外相关文献及研究成果,我们希望通过本教材的出版,能对培养一批具有专业知识和应用技能的综合性跨境电子商务人才起到助推作用。

本书适用于本科、高等职业技术学院及高等专科学校的国际贸易、市场营销、经济管理、跨境电子商务、国际商务实务、商务英语等专业教学。本书紧紧围绕跨境电子商务和微电商基础原理,阐释跨境电子商务和微电商的具体实践和应用。每章开篇设有学习目标,有助于学习者把握知识要点和明确阶段学习内容;各章章末配有习题,有利于帮助学生通过复习和思考,更好地理解每个知识要点。本教材理论与实操相结合,融合了跨境电商和微电商的最新发展动态知识。

本书从确立选题到撰写修改历时两年,其中几易其稿,主要本着对新生事物既高度重视其前沿性,又抱着对读者审慎负责的学术态度来从事这项开拓性的教材基础建设工作。全书结合广东省地方对跨境电商和微电商人才需求特点,由长期从事电子商务教学、研究,有丰富的电子商务和跨境电商管理经验的作者共同编写,是团队合作的结晶。全书分为三篇,其中第一篇为基础知识篇,主要阐述跨境电商与微电商的发展现状、环境及相关的法律法规;第二篇为微电商与跨境电子商务操作流程(一),主要阐述微电商与跨境电商的客户开发、产品发布及平台选择、网络营销、市场项目分析等;第三篇为微电商与跨境电子商务操作流程(二),主要阐述微电商与跨境电商的物流、资金管理、数据分析与应用、网络技术安全等。

本书由谢建平、莫秀全、王元良、陈伊娜作顾问指导,由于立新、王子飞担任主编,林禄苑、祁小波、邓振华、罗琳任副主编。其中,第一章由罗琳和荀海鹏负责,第二章由舒冬华负责,第三章由谭坤元和刘英负责,第四章由祁小波负责,第五章由林禄苑负责,第六章由王子飞负责,第七章由罗琳和李校原负责,第八章由邓振华负责,第九章由严双艳负责,第十章由唐新宇负责,第十一章由张志霞负责,微电商部分及附录由王子飞负责。

本书在编写过程中,作者团队先后赴广东省跨境电子商务行业协会、唯品会、深圳腾讯研究院、京东商城华南区分公司、广东省社会科学界联合会走访调研,在获取第一手跨境电商和微电商人才需求信息的基础上,结合广东省跨境电商和微电商市场发展实际情况,以及省委省政府对互联网经济发展的扶持政策导向,参阅了大量国内外跨境电商和微电商方面的文献,最终拟定教材提纲进行教材编写工作,在此谨对相关部门的负责同志及相关作者致以深深的谢意。

世界浩瀚,人类渺小。我们不能以有限认知,去固化发展的未知领域。我们只能在不断探索科学客观真理的进程中,一次次打破传统思维定势,去迎接时代向我们提出的挑战,教书育人,亦然如此。

由于编者水平有限,本书仍存在诸多不足,恳请广大读者批评指正。

于立新　王子飞
2017 年 6 月

于立新:中国社会科学院财经战略研究院研究员、广东省决策咨询研究基地广东工商职业学院互联网经济研究中心主任,教授。
王子飞:广东工商职业学院经济管理系副主任。

第一篇　基础知识篇

第二篇　微电商与跨境电子商务操作流程(一)

第一篇

基础知识篇

第一章

走进微电商与跨境电子商务

学习目标

通过本章的学习，掌握电子商务和跨境电子商务及微电商相关的基本概念，包括跨境电子商务的模式，以及跨境电子商务在中国的起源与发展状况。了解全球电子商务发展趋势和特点，了解中国跨境电子商务和微电商发展的现状、特点及存在的问题，能够把握中国跨境电子商务和微电商的发展趋势和前景。

开篇案例

敦煌网跨境电商贸易的发展之路

杨晓锋在跨境电商行业，尤其是深圳的手机跨境电商领域，可谓声名在外，被看作是名副其实的创业领跑者。刚开始时，他在华强北淘货，那时不只是卖手机，而是什么都卖，只要打听到比较畅销的货，他就会拿回去试着销售。"当时做在线外贸的人还不算多，而敦煌网的推广力度也非常大，在全球做了很多广告，那时基本上什么货都销得很快，确实很好做。"就这样，夫妻俩同心合力，规模越做越大。

2010年之后的两年时间，公司的人手从当初的夫妻2人增加到了5人，业绩却裹足不前。杨晓锋分析其中原因在于杂而不精，2010年，他陆续撤掉一些电子产品，专心做手机，决心把这一产品做强、做精。专注的好处在于，客户来店铺买手机，一看所有的产品都是手机，就会感觉这是一个手机专卖店，肯定会得到很多售后支持。经过调整，2011—2012年杨晓锋就坐到了敦煌网手机行业老大的位置。专做手机业务后每天的订单增加很多，每月达几十万美元，利润率近15%。

杨晓锋还成了e保通代言人，转型品牌，做大做强。深圳的外贸公司有的有20多人，有的却只有五六人，但是不管人多人少，销售额却相当可观，都做得红红火火。这主要看各自的模式。

除了在成熟的平台上销售产品外,杨晓锋也有自己的独立网站,建官网的目的不是为了卖产品,而是为了在客户面前树立一个稳固形象。客户看到有官网,有厂家支持,也有很多品牌手机的代理权,自然会觉得这是一个很强很精的专业商家。店铺的品牌首先靠的就是产品,只要你的产品走出去,你的店铺也就走出去了。现在,他的店铺主要经营品类是国产品牌的手机整机,以走向新兴市场国家为主,如俄罗斯、乌克兰、巴西。对于未来,杨晓锋的思路很清晰,就是继续通过手机品牌业务,做精做专做大手机业务,让中国的手机品牌可以在全世界销售。

像 THL、佳域等这些品牌手机商为了开拓国际市场,就会找做得比较好的网络经销商,与他们签订协议,管理好国际渠道,让这些渠道只能发往海外市场,不能发到国内市场。杨晓锋很看好在线外贸这种模式,现在中国国内的电子商务已经做得很成熟,他认为,未来在线外贸市场会越来越火。

——摘编自《37 位跨境电子商务卖家的成长故事》

第一节　跨境电子商务基本原理

一、电子商务概述

(一)电子商务内涵

广义上,电子商务(Electronic Commerce,EC)是指利用计算机技术、网络技术和远程通信技术,实现电子化、数字化、网络化的商业销售模式的整个过程。而狭义上,电子商务是指交易当事人或参与人利用现代信息技术和计算机网络(包括互联网、移动网络和其他信息网络)所进行的商业交易活动,包括货物交易、服务交易和知识产权交易。

艾瑞数据显示,2013 年中国电子商务市场交易规模突破 10 万亿元,同比增长 22.6%,预计 2017 年交易规模突破 20 万亿元,复合增长率 21.0%(见图 1-1)。艾瑞分析认为,电子商务的快速发展,主要得益于以下原因,一方面,主要推动力来自电子商务在中小企业中渗透率增加,中小企业 B2B 推行平台服务,B2B 企业加入交易环节促进行业发展,此外,网络购物等细分行业的快速增长也整体推动电子商务市场的快速发展;另一方面,政策环境更有利于推动电子商务的发展,继工业和信息化部 2012 年 3 月发布的《电子商务"十二五"发展规划》后,商务部于 2013 年 11 月 21 日发布了《促进电子商务应用的实施意见》,推出十大措施促进电子商务发展。

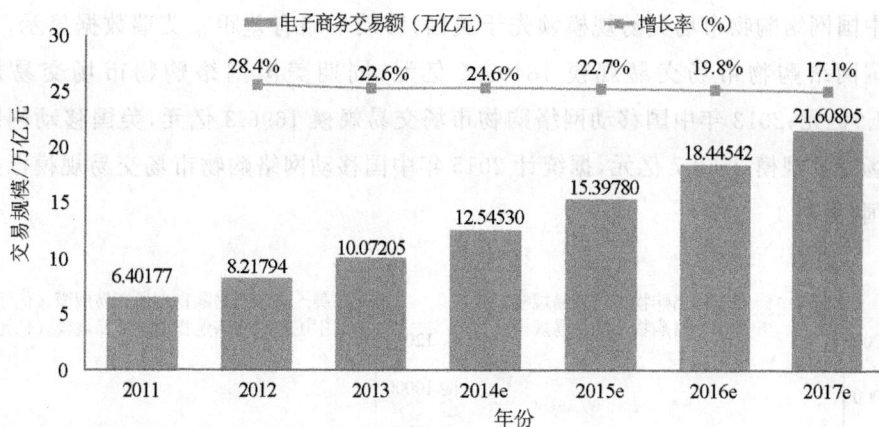

图 1 - 1   2011—2017 年中国电子商务市场交易规模

（来源：艾瑞网 i research.cn）

2013 年中国中小企业 B2B 电子商务交易规模达 5.2 万亿元,渗透率稳步提升。2013 年中国中小企业 B2B 电子商务交易规模较 2012 年同比增长 20.7％;2013 年中国中小企业 B2B 电子商务交易渗透率为 13.7％,呈持续上升态势。艾瑞分析认为,2013 年中国中小企业 B2B 电子商务交易规模同比增长率的下降,主要是受国内宏观经济环境以及较为复杂的外贸形势影响(见图 1 - 2)。

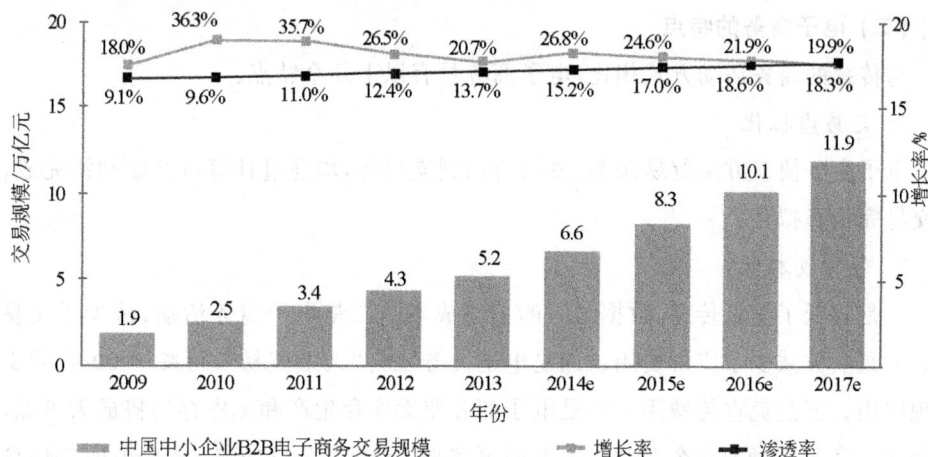

来源：参考国家统计局、海关总署数据,根据艾瑞统计模型核算。

图 1 - 2   2009—2017 年中国中小企业 B2B 电子商务交易规模

（来源：艾瑞网 i research.cn）

中国网络购物市场交易规模领先于美国,移动端略有差距。艾瑞数据显示,2013年中国网络购物市场交易规模 18409.5 亿元,同期美国网络购物市场交易规模15997.9亿元;2013 年中国移动网络购物市场交易规模 1696.3 亿元,美国移动网络购物市场交易规模 2559.7 亿元,据统计 2015 年中国移动网络购物市场交易规模已经超过美国(见图 1-3)。

(a)2011—2017年中美网络购物市场交易规模对比　　(b)2011—2017年中美移动网络购物市场交易规模对比

图 1-3　2011—2017 年中美网络购物规模比较

(来源:艾瑞网 i research.cn)

(二) 电子商务的特点

与传统的商务活动方式相比,电子商务具有以下几个特点:

1. 交易虚拟化

电子商务使双方从贸易磋商、签订合同到支付等,均通过计算机互联网络完成,整个交易完全虚拟化。

2. 交易成本低

一是降低了信息传递、数据录入的信息成本。二是电子商务活动,减少了交易环节。三是卖方减少了广告费用。四是电子商务实行“无纸贸易”,可减少90%的文件处理费用。五是免宣传费用。六是电子商务使无库存生产和无库存销售成为可能,使库存成本降为零。七是企业利用内部网可实现“无纸办公(OA)”,提高了内部信息传递的效率,节省时间,降低管理成本。

3. 交易效率高

由于互联网络将贸易中的商业报文标准化,使商业报文能在世界各地瞬间完成传递与计算机自动处理,使原料采购、产品生产、市场需求与销售、银行汇兑、保险、货物托运及申报等无须人员干预,并克服了传统贸易方式费用高、易出错、处理速度慢等缺点,极大地缩短了交易时间,使交易非常便捷。

4. 集成性

互联网的商业价值在于协调新老技术,使用户能有效地利用已有的技术资源。电子商务的集成性,还在于事务处理的整体性和统一性,它能规范事务处理的工作流程,将人工操作和电子信息处理集成为不可分割的整体。

5. 协调性

为提高效率,许多组织提供了交互式的协议,电子商务活动在这些协议的基础上进行。利用互联网将供货方连接至管理系统,再连接到客户订单处理,并通过一个供货渠道加以处理,消除了纸质文件带来的麻烦。

6. 交易透明化

买卖双方交易的洽谈、签约以及货款的支付、交货通知等交易过程都在网络上进行。通畅、快捷的信息传输可以保证各种信息之间互相核对,防止伪造信息的流通。

7. 优化社会资源配置

率先使用电子商务的企业会有价格优势、产量优势、规模扩张优势、市场占有优势和规则制定优势。这样,社会的各种资源会通过市场机制和电子商务的共同作用,从成本高的企业向成本低的企业流动,从利用率低的企业向利用率高的企业流动,从亏损的企业向赢利的企业流动,从而使社会资源配置得到优化。

8. 有利于企业的技术创新活动与市场进行无缝链接

电子商务促使中小企业更新生产技术,提高市场应变能力。互联网的飞速发展为产品的研发提供了快捷方式,也在企业技术创新和产品升级方面发挥了积极作用。

二、跨境电子商务概述

(一) 跨境电子商务内涵

跨境电子商务(Cross Border E-Commerce)是电子商务应用中一种较高级的运营模式。跨境电子商务指分属不同关境的交易主体,通过电商平台达成商品(服务)交易、支付结算,再通过跨境物流配送商品、完成交易的一种国际商业活动。跨境电商被普遍认为是一种以电子数据交换和网上交易为主要内容的商业模式(见图1-4)。

在中央连续出台一系列政策对跨境电商大力扶持下,中国跨境电商近年来快速发展。中央领导在多次会议上都曾强调发展电子商务,分别提出了要"鼓励电子商务创新发展"、要"加快电子商务等新议题谈判"等,同时将跨境电商做了进一步的强调,表示要"鼓励进口政策,增加国内短缺产品进口,扩大跨境电子商务试点"。经过几年的快速发展,中国跨境电商已逐渐形成一条涵盖营销、支付、物流和金融服务的完整产业链,行业跨境电商的格局日渐稳固。中央还先后批准杭州、上海、重庆等十几个城市成为跨境电商试点城市,中国跨境电商正在迎来高速发展的鼎盛时期。

跨境电商运营模式

跨境B2B信息平台

阿里巴巴国际市场、环球资源、中国制造网、Directindustry博纳工业领航等;

为境内外会员商户提供网络营销平台,传递供应商或采购商等合作伙伴的商品或服务信息,并最终帮助双方完成交易;

收取会费费和营销推广费

跨境B2B在线交易平台

阿里速卖通、敦煌网、易唐网;

独立第三方销售平台,不参与物流、支付等交易环节;

收取交易佣金,此外还包括广告费等增值服务费

跨境网络购物平台

兰亭集势、淘宝全球购、大龙网、米兰网、帝科思、eBay电子湾、Chinavasion兴隆兴等;

采取自身集货模式,直接面向C端(消费者),提供销售、物流、支付、客服体系等;

销售收入构成主要收入来源

图1-4　跨境电商运营模式

(来源:艾瑞网 i research.cn)

2015年,中国跨境电商交易规模为5.4万亿元,同比增长28.6%。其中跨境出口交易规模达4.49万亿元,跨境进口交易规模达9072亿元。中国跨境电商的进出口结构比例中出口电商金额占比83.2%,进口电商金额占比16.8%。从结构上看,跨境出口电商的比例一直高于跨境进口电商的比例,中国跨境电商的发展将始终以出口为主,进口为辅。近年来,国家还大力扶持传统外贸企业借助互联网的渠道实现转型升级。2015年,中国跨境电商的交易模式中跨境电商B2B交易占比达到88.5%,跨境电商B2B交易占据绝对优势,跨境电商B2C交易占比11.5%。有关数据显示,未来几年我国出口电商交易规模仍将保持20%~25%的增速,2017年将达到6.64万亿元的规模。

(二)跨境电子商务特征

跨境电子商务是基于互联网发展起来的,网络空间相对于物理空间来说是一个新空间。网络空间独特的价值标准和行为模式深刻地影响着跨境电子商务,使其不同于传统的交易方式而呈现出自己的特点。跨境电子商务是在电子商务的基础上发展起来的,因此既具有电子商务的一般特征,又具有其独有的特征。

跨境电子商务具有如下特征(基于网络空间的分析):

1. 全球性(Global Forum)

网络是一个没有边界的媒介,具有全球性和非中心化的特征。依附于网络发生的跨境电子商务也因此具有了全球性和非中心化的特性。任何人只要具备了一定的技术手段,在任何时候、任何地方都可以让信息进入网络,相互联系进行交易。

2. 无形性(Intangible)

网络的发展使数字化产品和服务的传输盛行。而数字化传输是通过不同类型的媒介,例如数据、声音和图像在全球化网络环境中集中而进行的,这些媒介在网络中是以计算机数据代码的形式出现的,因而是无形。数字化产品和服务基于数字传输活动的特性也必然具有无形性,传统交易以实物交易为主,而在电子商务中,无形产品却可以替代实物成为交易的对象。

3. 匿名性(Anonymous)

在线交易的消费者往往不显示自己的真实身份和自己的地理位置。比如,一家很小的爱尔兰在线公司,通过一个可供世界各地的消费者点击观看的网页,就可以通过互联网销售其产品和服务。

4. 即时性(Instantaneously)

对于网络而言,传输的速度和地理距离无关。传统交易模式,信息交流方式如信函、电报、传真等,在信息的发送与接收之间,存在着长短不同的时间差。而电子商务中的信息交流,无论实际时空距离远近,一方发送信息与另一方接收信息几乎是同时的。某些数字化产品(如音像制品、软件等)的交易,还可以即时清结,订货、付款、交货都可以在瞬间完成。

5. 无纸化(Paperless)

在电子商务中,电子计算机通信记录取代了一系列的纸面交易文件。用户发送或接收电子信息。由于电子信息以比特的形式存在和传送,整个信息发送和接收过程实现了无纸化。

6. 快速演进(Rapidly Evolving)

互联网是一个新生事物,现阶段它尚处在快速发展时期,网络设施和相应的软件协议的未来规则制订具有很大的不确定性。基于互联网的电子商务活动也处在瞬息万变的过程中,短短的十几年中数字化产品和服务更是花样出新,不断地改变着人类的生活。

三、跨境电子商务的模式

按照跨境电子商务的交易主体分类,目前我国跨境电子商务主要分为企业对企业

(Business to Business,B2B)跨境电子商务、企业对消费者(Business to Customer,B2C)跨境电子商务以及消费者对消费者(Customer to Customer,C2C)跨境电子商务等几种主要模式。

(一) 跨境电子商务的主要模式及优劣势分析

目前,跨境电子商务的主要模式有 M2C 模式(生产厂家对消费者)、B2C 模式、C2C模式、BBC 保税区模式、海外电商直邮、返利导购/代运营模式、内容分享/社区资讯。

1. M2C 模式

平台招商。这一类的典型商家如天猫国际,开放平台入驻国际品牌。

①优势在于用户信任度高,商家需有海外零售资质和授权,商品海外直邮,并且提供本地退换货服务。

②痛点在于大多为 TP 代运营,价位高,品牌端管控力弱,正在不断改进完善模式中。

2. B2C 模式

保税自营+直采。这一类的典型商家如京东、聚美、蜜芽。

①优势在于平台直接参与货源组织、物流仓储买卖流程,销售流转频次高,时效性好,通常 B2C 商家还会附以"直邮+闪购特卖"等模式补充 SKU(库存量单元)丰富度和缓解供应链压力。

②痛点在于品类受限,目前此模式还是以爆品标品为主,有些地区商检海关是独立的,能进入的商品根据各地政策不同都有限制(比如广州不能走保健品和化妆品)。爆品标品毛利空间现状极低,却仍要保持稳健发展,资本注入此刻尤为重要。在现阶段,有钱有流量有资源谈判能力的大型商家纷纷介入,此模式基本已经构建了门槛,不适合创业企业轻易入场了。

3. C2C 模式

海外买手制。典型商家如淘宝全球购、淘世界、洋码头扫货神器、海蜜、街蜜。

①优势在于构建的是供应链和选品的宽度,其商品核心竞争力变成了个性需求和情感满足。

在移动互联网时代,人群的垂直细分,让同类人群在商品的选择和消费能力上有很大的相似度,人与人之间相互的影响力和连接都被放大了,流量不断碎片化是由逐渐成为社会消费主体的 80、90 后这代人的价值观和生活消费方式决定的,千人千面个性化是这一代人的基本消费需求逻辑,因此移动电商便形成了应场景化。C2C 达人经济模式可以在精神社交层面促进用户沉淀,满足全社会正在向细致化、多样化、个性化发展的时代需求,形成规模。

②痛点在于传统的靠广告和返点盈利的模式,服务体验的掌控度差,个人代购存在法律政策风险,买手制平台的转化目前普遍只有 2%不到,早期如何获得流量,提高

转化,形成海淘时尚品牌效应,平衡用户与买手的规模增长都是难点。

4. BBC 保税区模式

跨境供应链服务商,通过保税进行邮出模式,与跨境电商平台合作为其供货,平台提供用户订单后由这些服务商直接发货给用户。这些服务商很多还会提供一些供应链融资的服务。优势在于便捷且无库存压力。痛点在于 BBC 借跨境电商名义行一般贸易之实,长远价值待观察。

5. 海外电商直邮

典型商家是亚马逊。优势在于有全球优质供应链物流体系和丰富的 SKU;痛点在于跨境电商最终还是要比拼境内转化销售能力,对本土用户消费需求的把握就尤为重要,亚马逊是否真的能做好本土"下沉"还有待考量。

6. 返利导购/代运营模式

一种是技术型,目前形态典型的商家有么么嗖、Hai360、海猫季。这些是技术导向型平台,通过自行开发系统自动抓取海外主要电商网站的 SKU、全自动翻译、语义解析等技术处理,提供海量中文 SKU 帮助用户下单,这也是最早做跨境电商平台的模式。还有一种是中文官网代运营,直接与海外电商签约合作,代运营其中文官网。这两种方式有着早期优势,易切入,成本低,解决信息流处理问题,SKU 丰富,方便搜索,而痛点在于中长期缺乏核心竞争力,对库存价格实时更新等技术要求高。

7. 内容分享/社区资讯

典型商家如小红书,内容引导消费,自然转化。优势在于天然海外品牌培育基地,流量带到福利社区转化为交易,痛点在于长远还是需要有强大供应链能力。

💬 知识拓展 ━━━━━━━━━━━━━━━━━━━━━━━━━

代　购

代购,通俗一点来说就是找人帮忙购买你所需要的商品,原因可以是你在当地买不到这件商品,可以是当地这件商品的价格比其他地区的贵,也可以是为了节省个人时间成本,请人帮忙买好送货上门。帮人从中国香港、中国澳门、中国台湾,甚至美国、日本、法国、韩国购买商品,然后通过快递发货或者直接携带回来,又或者从国内携带商品到国外给别人,就是常见的代购形式。还有一种代购,由于消费者对想要购买商品的相关信息的匮乏,自己无法确定其实际价值而又不想被商家宰,只好委托中介机构帮其讲价,或者干脆让中介机构代买。

——摘编自百度百科

(二) 我国小额跨境电子商务模式分类

根据价值链分析方式,将国内的小额跨境电子商务的商业模式分为自营模式、平台模式、综合服务商模式以及企业应用模式等四种。

1. 自营模式

自营模式是指企业以标准化的要求,对其经营的产品进行统一生产或者采购、产品展示、在线交易,并通过物流配送将产品投放到最终消费群体的行为。自营电商具有品牌力强、产品质量可控以及交易流程管理体系完备等特征。

自营模式更类似于传统零售商,需要介入售前的选品、供应商管理、运营,并深入管理物流与服务。优势在于商品质量有一定保障、服务到位、用户体验较好;劣势是SKU有限,且品类、品种拓展难度较大。具有代表性的是兰亭集势等。

2. 平台模式

平台模式又可以称为信息中介模式。这种模式是通过集中买卖双方的信息,并提供给供应商或者客户进行直接交易。最典型的案例是以阿里巴巴国际交易市场、环球资源网为代表的电商模式。平台模式的运作模式重点在于售前的引流、招商、平台管理,售后方面在一定程度上介入物流和服务,以补充商家不足。其优势集中在 SKU 丰富,能够解决用户多元化、长尾的需求,且选品灵活。劣势则是卖家在商品质量、价格、物流、服务方面参差不齐。

3. 综合服务商模式

综合服务商模式是一种新的电子商务趋势,其核心功能不再仅仅局限于产品的销售,还要在物流、支付以及产品质量控制等各方面进行拓展。实际上国内的很多电子商务企业如京东、天猫等都在积极探索综合服务型电商模式,如京东已建立自有物流配送体系,天猫除了延续阿里巴巴的支付宝支付平台之外,也在积极寻求建立自有物流体系。

4. 企业应用模式

如今,电子商务模式已经被传统企业所应用并获得很大的成功,而跨境电商在企业中的应用有更大的针对性。这种模式下,企业仍然要进行生产活动,相比于传统的生产型企业的价值创造,这种模式一部分价值来源于对跨境电商的应用,主要包括对前面三种电子商务平台的组合利用以及自身建立电子商务网站来进行销售活动(见图1-5)。

图 1 - 5　我国国内小额跨境电商模式

第二节　国内外跨境电子商务的发展概况

一、全球跨境电子商务发展及特点

(一) 跨境电子商务的兴起及发展

跨境电商始于 20 世纪末期,但是 2008 年金融危机成为跨境电子商务发展的催化剂。受这次金融危机的影响,全球经济进入低迷状态,这使得国际市场需求紧缩,从而给外贸企业带来重创。事实上,危机在某种程度上说是一种转机,长期以来的"集装箱"式的大额交易在那场危机中逐步被数额小、次数多、速度快的订单所取代,这也成了跨境电子商务加速发展的契机。同时,国内外电子商务的快速发展也给跨境电子商务提供了经验和发展条件。一方面,虽然国内电子商务与跨境电商主要是在地域和具体表现形式上存在一定的差异,但是电子商务这种模式基本上大同小异,国内电子商务的全面发展对跨境电子商务发展起到了一个很好的先行者的引领作用,很多经验和模式都可供跨境电子商务直接借鉴。另一方面,随着互联网和电子商务在各国的发展,人们对网购不再陌生和排斥,在观念上没有障碍,由于各国信息交流日益快捷、方便,消费者能够轻松地在互联网上搜集到来自世界各地的商品信息并进行选购,为实现跨境电子商务提供了基础条件。

从 20 世纪 90 年代中期开始,可以将跨境电子商务的发展划分为三个阶段:

第一个阶段:高速发展的初始阶段

20 世纪末,基于计算机与通信结合的网络环境的出现,在互联网上从事能产生效益的商务活动成为经济活动中的热点。对发展前景的美好展望,电子商务得到了爆炸式发展。大量的风险投资家涌入电子商务领域,不断有企业宣布从事电子商务,新的电子商务网站不断大量涌现。根据著名咨询公司 CMP Research 在 1998 年初做的一项调查,大约有三分之一的美国企业宣称将会在一年后实施它们的电子商务,而在已经实施了电子商务的企业当中,64%期望能在一年内收回投资。据另一项调查显示,美国 1997 年 1 月到 6 月间申请商业域名(.com)的公司从 17 万多个增加到近 42 万个,到 1997 年底,这一数据又翻了一番,电子商务的热度达到了白热化程度。

在电子商务的爆炸式发展中,资本市场的投资起到了推波助澜的作用。从 20 世纪 90 年代开始,在 IT 业快速发展的推动下,美国股市连续上涨 10 年,创造了经济奇迹。20 世纪 90 年代中期以后,网络概念股票在美国股市受到青睐。网上图书销售商亚马逊的营业收入从 1996 年的 1580 万美元增加到 1998 年的 4 亿美元。面对 Internet 的应用前景被看好的情况下,网络概念股节节走高。以高新技术类上市公司为主的美国 NASDAQ(纳斯达克)股票市场,1996 年初的指数点位还只有 1000 点,而 2000 年初该点位已经超过了 4000 点。在财富效应的驱动下,各种资金蜂拥进入以网络为核心的 IT 领域,电子商务经历了其发展初期的爆炸式发展。

第二个阶段:调整蓄势阶段

2000 年初,在投资者的疯狂追捧下,NASDAQ 接近了 5000 点大关。然而就在这个时候,IT 业经过 10 多年的高速发展,积累的问题开始暴露,电子商务也未能例外。尽管一些电子商务网站的营业收入已经做得很大,但支出更大,以致不能实现赢利。此外,随着规模的扩大,物流、管理等问题开始突显,如何继续保持高速发展成为问题。

从 2000 年中期开始,和整个 IT 业一起,电子商务开始了调整。股市泡沫开始破灭,NASDAQ 指数在一年的时间内就从 5000 点跌破至 2000 点以下。随着资金的撤离,许多依赖资本市场资金投入的网站陷入了困境,不少网站开始清盘倒闭。据不完全统计,超过三分之一的网站销声匿迹了。电子商务经历了其发展过程中的寒冬。

第三个阶段:复苏稳步发展阶段

2002 年底至今,电子商务发展步入复苏和稳步发展阶段。经过电子商务发展寒冬期的严峻考验,生存下来的电子商务网站开始懂得电子商务网站的经营必须要有务实的特点,就是要在经营上找到经济的盈利点。有了这可贵的磨炼和经营实践,务实的经营理念使这些经营性网站在长期亏损后转为赢利。人们看到了希望,电子商务网站的经营实现了突破,开始出现了又一个春天,电子商务毕竟是具有强大生命力的新生事物,短暂的困境改变不了其上升趋势。在惨烈的调整之后,从 2002 年底开始复苏,其标志是不断有电子商务企业开始宣布赢利。

目前电子商务出现了许多新的发展趋势,如与政府的管理和采购行为相结合的电子政务服务,与个人手机通讯相结合的移动微电子商务模式,与娱乐和消遣相结合的网上游戏模式等都得到了很好的发展。

(二)全球跨境电子商务发展现状

跨境电子商务是指不同国家或地区的交易双方,通过互联网以邮件或者快递等形式通关,是具有数额小、次数多、速度快的特点的新国际贸易模式。目前,中国跨境电子商务正处于蓬勃发展时期,以中小企业为主体的中国跨境电子商务市场也呈现出喜人的态势,以其强大的生命力不断发展壮大。跨境电子商务作为一种电子化的新型跨境贸易模式,有着十足的活力和无法比拟的优势,但和每一个新生事物一样,存在一定的问题和瓶颈,解决这些问题,是更好地发展跨境电子商务的基本要求。

2012年,全球跨境电子商务市场规模超过1万亿美元,同比增长约21%。从区域上看,欧洲地区成为全球最大电子商务市场。2012年,欧洲电子商务市场规模实现4126亿美元,占全球电子商务市场的35.1%;北美地区电子商务市场规模达到3895亿美元,占全球33.1%;亚太地区是全球增长最快的第三大电子商务市场,总交易额达到3016亿美元,占全球的25.7%;拉美地区是电子商务的新兴市场,交易总额达到557亿美元,占全球的4.8%;最后是中东和北非地区,交易额占到全球的1.3%。电子商务正在全球快速发展,但国家之间或地区之间的发展都存在着巨大的差异。

调查数据显示跨境电子商务在各个地区的发展模式以及新兴和成熟的电子商务市场在未来的发展走势,确认了欧洲的"联合与增长"商业模型。同时,也验证了在急速增长的电子商务背景下网上购物者和付款者的最佳组合模式。

(三)全球跨境电子商务发展特征

(1)全球电子商务用户规模不断扩大。2010年全球电子商务用户数达到6.93亿人,占全球互联网用户数的42%,较2009年提高了1个百分点。近五年来电子商务交易额增速始终明显高于全球经济增长速度。

(2)B2B仍在全球电子商务中占主导地位。2010年,B2B电子商务仍占主导地位,在全球电子商务销售额中所占比例约90%。

(3)全球电子商务地区差异逐步减小。全球电子商务的发展虽然不平衡,美国电子商务远远领先于其他国家,但近些年来美国电子商务市场份额已从2006年的48.8%降至2010年的18.6%。中国、印度、巴西等发展中国家电子商务异军突起,日益成为国际电子商务市场的重要力量。

（4）B2B折射电子商务应用水平差异。从全球电子商务应用模式市场份额看，B2C与C2C市场份额正在逐步放大，但B2B仍是市场主体，始终保持在95%以上水平，比如美国、日本、欧洲B2B占比分别为96.2%、96.1%和95.0%。而发展中国家电子商务发展率先反映在B2C与C2C应用的普及和市场的扩大，而B2B市场份额普遍维持在80%～90%，印度B2B市场份额甚至仅为50%左右。

二、我国跨境电子商务与微电商兴起的缘由

（一）2008年全球金融危机成为我国跨境电子商务发展的助推剂

源于2008年的金融危机使得全球经济陷入低速增长的泥潭，在国际市场需求紧缩对外贸企业出口造成严重冲击的同时，国内外贸企业面临的跨境贸易形式也发生了不可逆转的显著变化：传统外贸"集装箱式"的大额交易正逐渐被小批量、多批次、快速发货的外贸订单所取代。在经济危机影响下，受资金链紧张及市场需求乏力等因素的制约，传统贸易进口商，尤其是一些中小进口商往往将大额采购分割为中小额采购，将长期采购变为短期采购，以分散风险。这就极大地推动了以在线交易为核心，便捷、及时服务为优势的电子商务跨境小额批发及零售业务的发展。

（二）小额跨境电子商务进入门槛低

相对于传统国际贸易方式而言，跨境外贸电子商务的门槛并不高，在国内选择合适的产品及进货渠道，然后通过国际性的电子商务平台联系国外的买家并出售产品，支付方式则选择国际性的第三方支付平台（如PayPal），物流则交给跨境邮政及快递公司来完成。随着跨境电子市场的不断拓展，跨境电子商务交易平台的建立已经没有技术上的障碍。从整个操作流程来看，似乎已经与国内企业间的电子商务（B2B）及普通消费者的网购（B2C）没有太多差别，只是更具国际性而已。跨境电子商务平台及跨境物流配送是小额跨境外贸电子商务发展的关键，目前致力于小额跨境电子商务市场的信息平台有eBay中国、阿里巴巴"全球速卖通"、敦煌网、环球资源网等，基于这些平台都可以在线完成小额外贸交易。其中，作为跨国电子商务巨头的eBay，是拥有全球3亿多买家的超级平台，主要用户来自电子商务环境较成熟的欧美，而其旗下能够支持120多个国家和地区、20多种货币的在线支付工具PayPal，在全球电子商务交易的支付环节中担负着举足轻重的作用。与此同时，小额跨境电子商务的兴起也直接推动了跨境电子商务物流的产生和发展，在此期间，兼顾成本、速度、安全，甚至包括更多售后服务内容的物流服务产品应运而生，又在一定程度上加速了小额跨境外贸电子商务的发展，使其呈现出加速发展的态势。

（三）跨境电子商务利润空间丰富，吸引企业进入

浙江义乌一家不足10人的贸易公司，一年人均跨境电商小额交易在4000万元以

上,正是这种类似"蚂蚁搬家"式的贸易方式为其赢得了丰厚利润。究其缘由,一方面,电子商务通过高效获取信息、及时便捷与客户沟通、有效整合资源,一定程度上有助于企业降低运营成本、提高运营效率、扩大利润空间。另一方面,跨境外贸电子商务可以在一定程度上减免传统进出口业务流程中许多繁杂的环节及费用支出,加之在线支付工具的流行及跨境快递渠道的不断完善,使得绕开传统贸易中的许多中间环节成为可能,为跨境电子商务创造了丰厚的利润空间。

(四)政府政策的大力支持

我国也越来越重视跨境电子商务的发展,相继出台了一系列政策来扶持跨境电子商务的发展。2012 年 3 月 12 日,商务部出台了《关于利用电子商务平台开展对外贸易的若干意见》;2012 年 5 月国家发改委印发《关于组织开展国家电子商务示范城市电子商务试点专项的通知》,确定了网络发票应用、电子商务企业公共信息服务、电子商务支付基础平台、跨境电子商务、电子商务诚信交易服务、电子商务标准和交易产品追溯服务六项试点重点领域;2012 年 12 月,由国家发改委、海关总署共同开展的国家跨境电子商务的试点工作在郑州正式启动,郑州、上海、重庆、杭州和宁波成为跨境电子商务试点城市,我国跨境电子商务的发展进入了新阶段;2013 年 8 月 21 日,商务部网站发布消息,国务院办公厅转发商务部等部门《关于实施支持跨境电子商务零售出口有关政策的意见》,提出了六项措施,对于跨境电商出口在海关、检验检疫、税务以及收付汇等方面提出来具体措施,包括海关总署、财政部、商务部在内的九个部委协调开展。2013 年 10 月底,商务部发布《关于促进电子商务应用的实施意见》;2014 年 1 月,财政部、国税总局联合发布《关于跨境电子商务零售出口税收政策的通知》,明确跨境电子商务零售出口有关的税收优惠政策;2014 年 5 月,国务院发布《关于支持外贸稳定增长的若干意见》,提出进一步加强进口,出台跨境电子商务贸易利好措施等。

三、我国跨境电商发展历程与微电商初创

1999 年阿里巴巴实现用互联网连接中国供应商与海外买家后,中国对外出口贸易就实现了互联网化。在此之后,共经历了三个阶段,实现从信息服务,到在线交易、全产业链服务的跨境电商产业转型。

(一)跨境电商 1.0 阶段(1999—2003 年)

跨境电商 1.0 阶段的主要商业模式是网上展示、线下交易的外贸信息服务模式。跨境电商 1.0 阶段第三方平台主要的功能是为企业信息以及产品提供网络展示平台,并不在网络上涉及任何交易环节。此时的赢利模式主要是向进行信息展示的企业收取会员费(如年服务费)。跨境电商 1.0 阶段发展过程中,也逐渐衍生出竞价推广、咨

询服务等为供应商提供一条龙的信息流增值服务。

在跨境电商1.0阶段中,阿里巴巴国际站平台以及环球资源网为典型代表平台。其中,阿里巴巴成立于1999年,以网络信息服务为主、线下会议交易为辅,是中国最大的外贸信息黄页平台之一。环球资源网1971年成立,前身为Asian Source(亚洲资源),是亚洲较早的提供贸易市场资讯者,并于2000年4月28日在纳斯达克证券交易所上市,股权代码GSOL。

在此期间还出现了中国制造网、韩国EC21网、Kelly search等大量以供需信息交易为主的跨境电商平台。跨境电商1.0阶段虽然通过互联网解决了中国贸易信息面向世界买家的难题,但是依然无法完成在线交易,对于外贸电商产业链的整合仅完成信息流整合环节。

(二)跨境电商2.0阶段(2004—2012年)

2004年,随着敦煌网的上线,跨境电商2.0阶段来临。这个阶段,跨境电商平台开始摆脱纯信息黄页的展示行为,将线下交易、支付、物流等流程实现电子化,逐步实现在线交易平台。

相比较第一阶段,跨境电商2.0更能体现电子商务的本质,借助于电子商务平台,通过服务、资源整合有效打通上下游供应链,包括B2B(平台对企业小额交易)平台模式,以及B2C(平台对用户)平台模式两种模式。跨境电商2.0阶段,B2B平台模式为跨境电商主流模式,通过直接对接中小企业商户实现产业链的进一步缩短,提升商品销售利润空间。2011年敦煌网宣布实现盈利,2012年持续赢利。

在跨境电商2.0阶段,第三方平台实现了营收的多元化,同时实现后向收费模式,将"会员收费"改为以收取交易佣金为主,即按成交效果来收取百分点佣金。同时还通过平台上营销推广、支付服务、物流服务等获得增值收益。

(三)跨境电商3.0与微电商初创阶段(2013年至今)

2013年成为跨境电商重要转型年,跨境电商全产业链都出现了商业模式的变化。随着跨境电商的转型,跨境电商3.0"大时代"随之到来。

首先,跨境电商3.0具有大型工厂上线、B类买家成规模、中大额订单比例提升、大型服务商加入和移动用户量爆发五方面特征。与此同时,服务全面升级,平台承载能力更强,全产业链服务在线化也是3.0时代的重要特征。

在跨境电商3.0阶段,用户群体由草根创业向工厂、外贸公司转变,具有极强的生产设计管理能力。平台销售产品由网商、二手货源向一手货源好产品转变。

3.0阶段的主要卖家群体正处于从传统外贸业务向跨境电商业务艰难转型期,生产模式由大生产线向柔性制造转变,对代运营和产业链配套服务需求较高。另一方面,3.0阶段的主要平台模式也由C2C、B2C向B2B、F2B模式转变,批发商买家的中大额交易成为平台主要订单。

四、我国跨境电子商务发展特点及存在问题

随着跨境电商的迅猛发展,其竞争也日益加剧,商业模式开始出现变化,近年来,跨境电商进入整合、转型期,跨境电商的发展逐渐呈现出大型化(Big)、去中间化(Break)、品牌化(Brand)的发展趋势和显著特征。

(一)我国跨境电子商务发展特点

1. 跨境电商发展的大型化(Big)

跨境电商大型化的主要标志之一就是大型工厂进驻跨境电商平台,以及提供全产业链服务的大型服务商的出现。

(1)大型工厂进驻跨境电商平台。目前,我国大型工厂进驻跨境电商平台是国内外经济发展形势所趋,也是中国制造业发展的大势所趋,主要表现在以下几个方面:①全球制造业格局面临重大调整。②我国经济发展环境发生重大变化。③大型工厂进驻跨境电商平台,可以立足于全球,构建体系化的成熟的国际市场,抢占制造业新一轮竞争制高点,也是我国制造业应对发达国家和其他发展中国家"双向挤压"带来的严峻挑战,实现转型发展的必然选择。④大型工厂进驻跨境电商平台,直接面对整个海外市场,有助于工厂对全球市场的全面掌握、了解和拓展,建立并不断丰富属于大型工厂自己的"大数据",通过对数据的"加工",找到并培育或深化产品的用户群体,有效把握市场的整体以及个性化需求,实现行业产品前瞻性研发的预判等,实现大数据的"增值"。⑤让大型工厂切实回归制造的本质,加强产品的研发设计,深化或打造产品国际品牌,加速制造业的转型升级。⑥大型工厂由"单打独斗"走向"抱团发展"。

(2)能提供全产业链服务的大型服务商。跨境电商进入3.0时代,实现了跨境电商的规模化、集约化、全产业链化、平台服务的优质纵深化,即打造跨境电商平台的良性生态圈,实现平台的生态化。在跨境电商进入3.0时代,大型服务商能让任何一个企业或个人只需要一部PC或移动设备,就能进行对外贸易。从客户手中拿到订单后,剩下的业务交由跨境服务商就行了。

2. 跨境电商发展的去中间化(Break)

谈到跨境电商的去中间化,那么首先要观察的是现在跨境电商的主流。自国际贸易电子化以来,B2B一直是跨境电商的主要形式,在扩大中国对外贸易出口,推动中国经济发展方面做出了巨大的贡献。但我们也应看到,随着跨境电商的急剧膨胀,跨境电商竞争加剧且不规范现象增多,再加上商人逐利的本质,导致中国产品价格越做越

低,品质越做越差,在国际市场形成中国制造的"三低"现象:低价格、低品质、低利润。尤其是随着"中国3000多家独立站遭美国企业侵权控告"等一系列事件的出现,中国跨境电商的现有模式暴露出越来越多的问题。

因此,跨境电商进入3.0时代,我们要让中国的跨境电商回归商业的本质——一种有组织地提供顾客所需的商品与服务的行为。只有我国跨境电商回归商业的服务本质,才能切实为中国工厂、为中国制造业提供优质、高效、利润最大化的服务。并且尽一切可能缩短产品变为商品后的流通环节,也即去中间化(Break)。

3. 跨境电商发展的品牌化(Brand)

跨境电商正在推动中国制造向品牌化、电商化的快速转型。中国国际电子商务中心研究院副院长李鸣涛曾指出,互联网推动了中国整个产业链实现深层次的转化,它极大触动国内产业的升级,即驱动贸易从简单的加工贸易,从高污染高环境投入的消耗生产形态,逐步地转向掌握营销、掌握品牌、掌握渠道、掌握消费者的全产业链贸易形态。跨境电商进入3.0时代,最为显著的标志即品牌化。

4. 注重海外大型买家的培育,以及产品的售后服务

在跨境电商行业,目前国内还是以传统的B2B为主,虽然B2C也具有了一定的发展规模,但是在物流环节还是存在诸多的问题。因此,跨境电商进入3.0时代,尤其要注重海外大型买家的培育,并在每个国家都能形成相对稳定的大型买家群,国内平台运营商(大型服务商)要密切与海外大型买家联系,参与跟进产品在国外市场的最后销售环节。同时,整合、打造行业售后服务体系,因为产品的售后服务质量将极大提升品牌价值。例如,对于重型机械类行业产品,如果单个工厂在海外专门设立售后服务处,其运行成本太高,而同行业大型工厂入驻同一跨境电商平台后,平台服务商可在海外整合打造同行业的产品售后服务处,可以对售出产品做有效的跟踪和服务。

5. 加强知识产权保护

当前世界各国更加重视法制建设,涉及知识产权的国际和国家经贸法律制度不断调整。如何融入国际市场的知识产权法律环境,已经是中国企业在走出国门时必须面对的现实课题。平台运营商要注重知识产权,切实把知识产权纳入到跨境电商平台运营、打造中国制造业世界品牌的战略规划中来,通过与知识产权代理咨询公司、律师事务所等合作,切实为平台企业提供商标注册、保护以及法律维权方面的服务。在运营的过程中,科学地综合运用专利、商标、工业品外观设计、版权等多种知识产权工具,全力帮助平台企业加快打造世界品牌的进程。

(二) 中国跨境电子商务发展中存在的问题

跨境电商的不同贸易方式,存在的问题有一定的差异,按一般贸易方式进出口的

大额交易,目前尚未完全实现贸易的无纸化,这在一定程度上影响了贸易的便利化及电子商务在贸易中的应用。从小额碎片化的贸易来看,除了受到未实现的贸易无纸化影响外,在产品、物流、通关等方面也存在一些行业性的难题,这些成为制约跨境电商发展的重要因素。

1. 产品同质化竞争严重

近两年跨境电商发展迅速,吸引了大量商家的涌入,行业竞争加剧。一些热销且利润空间较大的产品如 3C 产品及附件等,众多跨境电商公司都在销售,产品同质化竞争现象严重,行业内甚至出现恶劣的价格战。

2. 品牌化尚未建立

跨境电商的发展很大程度上是源于中国制造大国的优势,以价格低廉的产品吸引消费者。目前跨境电商行业很多产品是从一些小工厂出货,包括一些 3C 产品、服装等,整个产品质量控制相对来说还有一定的问题,大部分跨境电商企业还未涉及品牌化建设阶段。

3. 物流时间长且浮动范围大

跨境电商由于涉及跨境较复杂且各国间政策差异较大,很难像内贸电商一样通过自建物流的方式来解决跨境电商的物流问题。跨境电商的物流,物流周期是非常长的,到美国和欧洲一般要 7～15 天,到南美、巴西、俄罗斯更长(25～35 天),物流除了时间长之外,还存在时效投递不稳定的问题,收货时间波动很大,有时 7 天收到,有时 20 天收到。

4. 通关结汇难

随着跨境贸易逐渐向小批量碎片化发展,除了 B2C 外,小额贸易 B2B 企业同样面临通关的问题。由于小额 B2B 和 B2C 跨境贸易电子商务与一般出口贸易有差异,在出口过程中存在难以快速通关、规范结汇、享受退税等问题,虽然目前国家针对跨境电商零售出口提出可"清单核放、汇总申报"的通关模式,但该政策仅针对 B2C 企业,大量从事小额 B2B 的外贸中小企业仍存在通关困难的问题。在进口过程中,存在以非法进口渠道逃避海关监管,以及进口商品品质难以鉴别,消费者权益得不到保障等问题。

5. 跨境电商人才缺失

跨境电子商务贸易在快速发展的同时,逐渐暴露出综合型外贸人才缺口严重等问题。跨境电商人才缺失主要是因为:第一,语种限制。目前做跨境电商的人才主要还是来自外贸行业,但英语专业居多,一些小语种电商人才缺乏,但事实上,像巴西、印度、俄罗斯、阿拉伯、蒙古等国家和地区,跨境电商具有很大的发展潜力,也是跨境电商企业关注的重点。第二,能力要求高。从事跨境电商业务的人才,除了语种的限制外,还要能了解国外的市场、交易方式、消费习惯等,此外,还要了解各大平台的交易规则和交易特征。基于这两个特点,符合跨境电商要求的人才很少,跨境电商人才缺乏已经成为业内可持续发展的头号问题。

五、中国跨境电子商务与微电商的发展趋势

(一) 产品品类和销售市场更加多元化

随着跨境电商的发展,跨境电商交易呈现新的特征,交易产品向多品类延伸、交易对象向多区域拓展。

从销售产品品类看,跨境电商企业销售的产品品类从服装服饰、3C 电子、计算机及配件、家居园艺、珠宝、汽车配件、食品药品等便捷运输产品向家居、汽车等大型产品扩展。

从销售目标市场看,以美国、英国、德国、澳大利亚为代表的成熟市场,由于跨境网购观念普及、消费习惯成熟、整体商业文明规范程度较高、物流配套设施完善等优势,在未来仍是跨境电商零售出口产业的主要目标市场,且将持续保持快速增长。与此同时,不断崛起的新兴市场正成为跨境电商零售出口产业的新动力:①俄罗斯、巴西、印度等国家的本土电商企业并不发达,消费需求旺盛。②大量企业也在拓展东南亚市场,印尼则是东南亚人口最多的国家,全球人口排名位居第四,具有巨大的消费潜力。③在中东欧、拉丁美洲、中东和非洲等地区,电子商务的渗透率依然较低,有望在未来获得较大突破。

(二) B2C 占比提升,B2B 和 B2C 协同发展

随着物流、互联网技术的发展及利好政策的陆续发布,阻碍跨境电商 B2C 发展的一些因素正在消减,B2C 在整体市场中的份额占比将进一步提升。但 B2B 作为全球贸易的主流,未来仍然会是中国企业开拓海外市场的最重要模式,B2B 和 B2C 将会协同发展。跨境 B2C 的发展对中国制造出口企业来说无疑为扩展新业务提供了新的可能性。但需要注意的是,B2C 存在订单量小且不稳定的缺点,无法满足制造企业规模化生产的要求。此外,与国内 B2C 相比,跨境 B2C 市场都会有市场需求周期性明显,营销推广费用较高,用户获取难度较大等诸多问题,跨境电商 B2C 类企业与境外本土购物网站的竞争也是不可避免的。B2C 作为拉近与消费者距离的有效手段,对中国企业打响品牌,实现"弯道超车",也将具有非常重要的作用。B2B 和 B2C 作为两种既区别又联系的业务模式,互补远远大于竞争,两者都能成为开拓海外市场的利器。

（三）移动端成为跨境电商发展新动能转换的重要推动力

移动技术的进步使线上与线下商务之间的界限逐渐模糊，以互联、无缝、多屏为核心的"全渠道"购物方式将快速发展。从 B2C 方面看，移动购物使消费者能够随时、随地、随心购物，极大地拉动市场需求，增加跨境零售出口电商企业的机会。从 B2B 方面看，全球贸易小额、碎片化发展的趋势明显，移动端可以让跨国交易无缝完成，卖家随时随地做生意，白天卖家可以在仓库或工厂用手机上传产品图片，实现立时销售，晚上卖家可以回复询盘、接收订单。基于移动端做媒介，买卖双方沟通变得非常便捷。

跨境电商企业移动端发展迅速。截至 2014 年 6 月，敦煌网移动端的访问量占到全平台访问量的 42%，敦煌网移动端订单数同比增长 215%。兰亭集势认为移动端是拉动营收的主要动力，在移动端采用多 APP 发展战略，2014 年第二季度移动订单数量占订单总量的 28.2%，比去年同期高 11.4 百分点。未来移动端和 PC 端两个平台将深度融合，组合式采购。

（四）产业生态更为完善，各环节协同发展

跨境电子商务涵盖实物流、信息流、资金流、单证流，随着跨境电子商务经济的不断发展，软件公司、代运营公司、在线支付、物流公司等配套企业都开始围绕跨境电商企业进行集聚，服务内容涵盖网店装修、图片翻译描述、网站运营、营销、物流、退换货、金融服务、质检、保险等内容，整个行业生态体系越来越健全，分工更清晰，并逐渐呈现出生态化的特征。目前，我国跨境电商服务业已经初具规模，有力地推动了跨境电商行业的快速发展。

从物流方面看，为适应跨境电商的需求，兼顾成本、速度、安全，甚至包含更多售后内容的物流服务产品应运而生，大量提供一体化服务的物流整合商也开始出现，如以境外仓储为核心的跨境电子商务全程物流服务商已经出现，"递四方、出口易"等都强化了对物流和供应链的整合，在境外建立了物流仓储，通常小额跨境物流配送需要 15～30 天的时间，而通过对不同卖家需求的不同货运方式组合，这一配送时间已经大大缩短；此外境外仓储建设的逐步完善更将提升卖家在国际贸易中的竞争地位。

从金融服务看，国家外汇管理局向国内 17 家第三方支付机构授予了跨境电子商务外汇支付业务试点牌照，使得支付结算方式更加多元化，推动外贸电商发展。针对交易过程，跨境电商平台 eBay 与太平洋保险、中银保险针对平台卖家推出跨境交易保险产品。从互联网金融方面看，一些金融机构如中国银行、平安金科等向跨境电商企业提供无抵押的信用贷款，解决中小企业融资难的问题。

除此之外，代运营服务、营销服务等公司也大量涌现，整个行业的产业系统更为完善，配套服务设施更为健全。跨境电商的发展不仅仅需要一个电商平台，它的上游还

需要信息技术的引领,下游需要快递物流的支撑,只有信息流、资金流、物流三位一体地支撑到位,跨境电商才能颠覆传统商业模式,实现迅速的增长。

第三节　我国微电商发展概况

一、微电商概述

从 20 世纪 90 年代起,电子商务逐渐出现在了大众的眼球中,截至目前电子商务已经成为高等教育体系中的一个火热专业。短短二十年,电子商务创造了一个属于自己的网上商业帝国。如今电子商务依旧在蓬勃地发展着,但是如何才能使其发展得更好更快? 这似乎是一个棘手的问题。从腾讯推出了微信到阿里巴巴高调地买入了新浪微博的股份,这无不透露着电子商务要进入一个微电商的时代。

也许有人对于微电商这个定义还不清楚。微电商顾名思义就是利用如今微博、微信等微信息技术来进行电子商务交易。到 2012 年底,新浪微博的注册用户数超过 5亿,日活跃量达 4620 万。截至 2012 年底,微信在推出不到 2 年的时间里,用户就达到了 3 亿,日活跃量也超过了 4000 万。这些都表明了未来微信息中含有大量的商机(见图 1-6)。

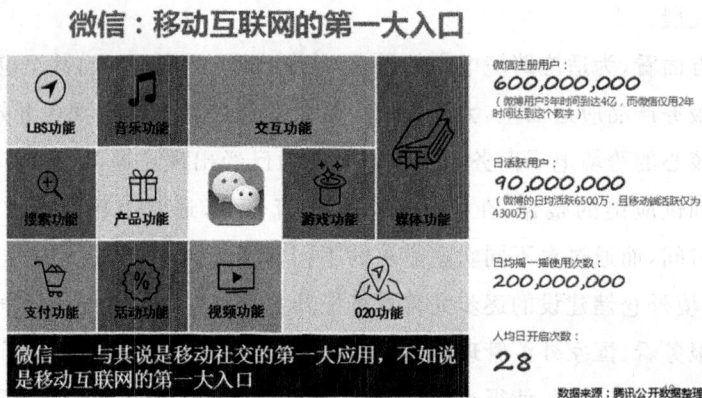

图 1-6　微信:移动互联网第一大入口

(一) 微电商的定义

微电商又叫精细化电子商务,是通过微信、微博等建立的一站式管理的电子商务系统,微盟提供一体化微电商解决方案:店铺、系统管理、用户管理等。

微电商是在微时代情况下电商企业存在的一种状态。在如今微博、微信等营销方法下产生了一系列的微生态,像微店铺、微秒杀、微返利、微限购、微团购、微卖场等各式各样的电商微形态。微电商包含两个层面的意思:

1. 所销售商品的细分化,销售策略的差异化

比如京东卖所有的数码 3C 产品,而一个商家只卖单反数码相机,更小的覆盖人群和更集中的资源让这个商家能更容易吸引到目标用户。

2. 商品附加服务的细化

大型网上卖场必须兼顾到各种商品与各种用户的需求,如果商家能够提供一些用户渴求的细致功能,自然能够事半功倍。比如提供商品签收短信,提供微博、IM 客服。由此看来,微电商的优势在于专注于核心产品,减少用户的成本,提供高附加值的服务。

(二) 微电商的特点

1. 提供"小而美"、专业化、个性化的服务

微电商提供"小而美"、专业化、个性化的服务,并且向细分和模式创新迅速挺进,与以前喜欢砸钱、血拼的大电商平台有较大差异,因此,被称为"每个人的电子商务"。

2. 微电商门槛低,电商进入了"全民时代"

微电商降低了电商门槛,为小微企业和个人提供了参与的机会,让电子商务真正进入了"全民时代",多元化、人性化的购物模式和服务也将网购体验提升到了一个前所未有的新高度。但同时,微电商也有痛点,痛点就是要获得更多线下商户的支持,开展更多的线上线下活动,在活动中让商家与用户感受到快捷的流程与满意的服务,尤其是小微商家和个人网站(见图 1-7)。

图 1-7 微电商的功能

二、微商与微电商差别

微电商是以微博、微信等社交平台为基础而出现的社会化微电商服务产品。其特点是社会化营销,内容为主、营销为辅,互动及时,圈子传播(见图1-8)。

　　微商萌芽于微博,诞生于微信,主要载体是以手机为代表的移动终端,基于微信朋友圈等社交工具,通过修炼"信任""个人魅力"来展开商务活动的微平台电子商务,也是一种移动社交化商务模式。总之,不管是微生态角度的微商,还是工具角度的社交电商,或是载体特点角度的移动电商,微商都降低了电商门槛,为小微企业和个人提供了参与的机会,让电子商务真正进入了全民电商时代(见图1-9)。

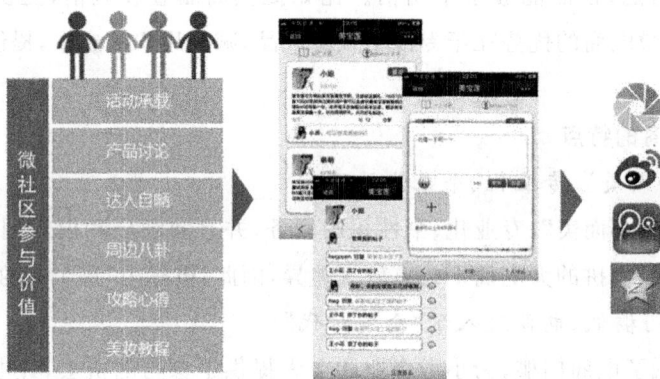

图1-8　微信"微社区"

图1-9　"微商城"业务架构

三、微电商的发展与未来

　　截至2015年三季度中国手机保有量、活跃移动设备数量已经达到了10.8亿,同比增长20%,这充分体现了移动化的特征。

林克艾普大数据分析指出,同样是截至三季度的数据,电商的交易额占到了社会消费品零售总额的10%,所以说这是电商的时代也不为过。从2015年"双11"几大电商公布的数据来看:天猫移动端成交量占68.7%,京东移动端下单量占74%,苏宁移动端订单量占67%,而美国今年感恩节黑色星期五的移动成交量也占到了33.2%。所以,这更是一个移动电商的时代。

微电商主要是卖美食特产、手机数码和服饰这三大类产品(见图1-10)。阅读量和提及量都是亿级数据量,可见微电商这部分市场容量潜力巨大。阅读量保证了商品被粉丝看到,提及量说明粉丝的需求旺盛,搜索量可以直接转化为购买力度。从淘宝的数据来看同,通过关键词搜索的成交转化率是非常高的。

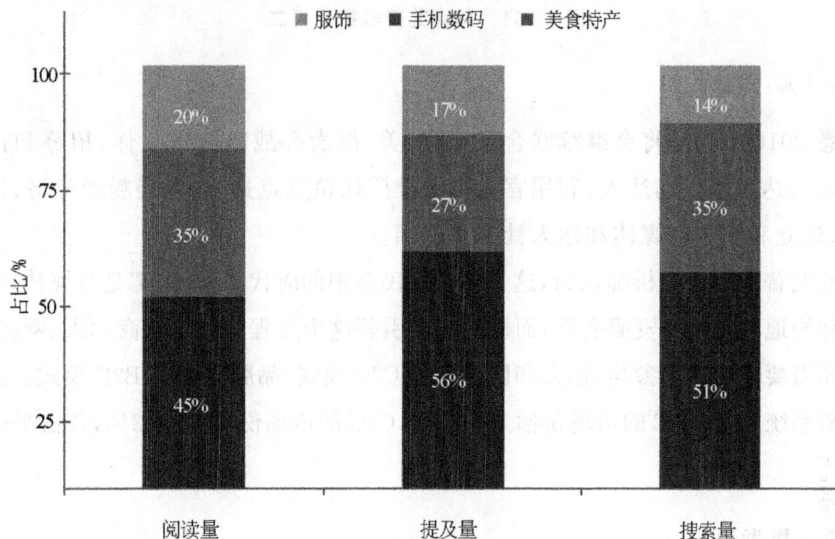

图1-10 林克艾普数据分析一

数据来源:林克艾普

林克艾普大数据显示,美食特产是刚需,是吃货的最佳选择。手机数码是智能手机、智能穿戴的汇总。服饰是"剁手党"的最爱,也是淘宝最大的品类。微电商以这三类商品为主打方向是正确的。

林克艾普大数据分析指出,移动互联网的网红有两个特点,一是关注度高,二是大都有淘宝店。网红是社交平台的受益者,同时也是社交电商的参与者。活跃在微博上的网红,2015年他们的微博阅读数超过1500亿次,互动量在3.2亿次(包括转评赞)。互动量和阅读量比例为2‰,意味着每一千个粉丝中就会有2个会去回应网红。2015年在微博上最"剁手"星座是白羊座,其次是摩羯座(见图1-11)。主力人群是19~34岁的年轻人,占到总体的73.2%。

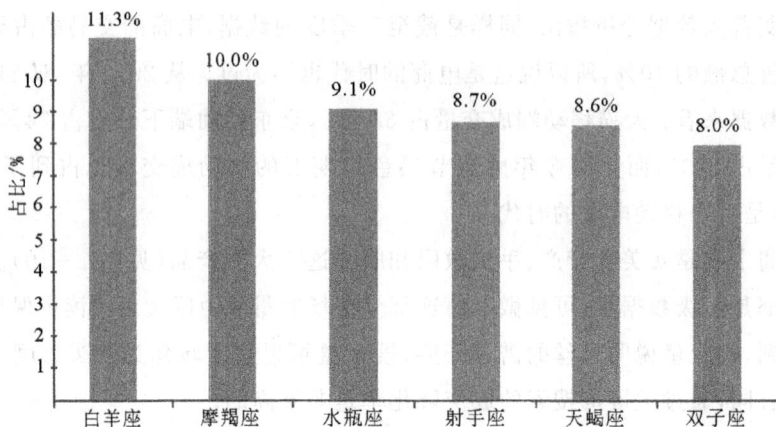

图 1-11　林克艾普数据分析二

数据来源：林克艾普

据悉 2016 年微博将会继续联合阿里、聚美、微卖等战略合作伙伴，招募和扶持优秀的微电商达人和导购达人，利用官方资源推广扶植重点达人，发展粉丝经济，提高变现效率，建立和繁荣自媒体和达人社交电商圈。

林克艾普大数据分析师认为，这是一个全民营销的时代，每个人都是自媒体，每个人都可以轻松地将自己的资源变现，而微博势必引领这个过程。除了电商达人、网红外，微博电商还需要品牌商的参与，达人和网红属于 C2C 模式，品牌商属于 B2C 模式。二季度数据分析系统显示，B2C 的市场份额为 50.7％，C2C 的市场份额为 49.3％，各占半边天。

？复习思考题

1. 跨境电子商务对于传统的商业模式来说有何积极与消极的影响？
2. 通过查找最新数据，了解分析当地跨境电子商务的发展情况。
3. 了解国内外从事跨境电子商务的平台，针对各自的运营特点进行比较。
4. 试述我国跨境电子商务发展现状及特点。
5. 谈谈你对中国微电子商务发展趋势的认识。

第二章

微电商与跨境电子商务发展环境

学习目标

通过本章的学习，了解跨境电子商务与微电商市场经济环境、法律政策环境、信息技术环境、社会人文环境，掌握信息技术在跨境电子商务中的应用，掌握跨境电子商务征信体系建设。

开篇案例

12市获批跨境电商综合试验区　复制推广杭州经验

2016年1月，国务院常务会议审议决定在广州、深圳、天津、上海等12市新设跨境电子商务综合试验区，复制推广杭州"六大体系两大平台"经验做法。

近年来，我国跨境电商发展迅猛，为了用新模式支撑外贸发展，2015年3月7日国务院正式批复设立杭州跨境电子商务综合试验区，明确要求通过制度创新、管理创新和服务创新为全国跨境电子商务健康发展提供可复制、可推广的经验。这是第一批也是全国首个综合试验区。

杭州随后推出了55项创新政策举措，此次推广的杭州综合试验区探索的"六大体系两大平台"经验即由此而来。"六大体系"包括企业、金融机构、监管部门等信息互联互通的信息共享体系，一站式的在线金融服务体系，全程可验可测可控的智能物流体系，分类监管、部门共享和有序公开的电子商务信用体系，以及为企业经营、政府监管提供服务保障的统计监测体系和风险防控体系。"两大平台"则为线上"单一窗口"和线下"综合园区"。杭州综合试验区最终的目标是，力争3～5年的改革试验，把综合试验区建设成以"线上集成＋跨境贸易＋综合服务"为主要特征，以"物流通关渠道＋单一窗口系统＋金融增值服务"为核心竞争力。

经过 6 个多月的试点,总体进展顺利,取得了积极的成效,主要体现在五个方面:

一是跨境电子商务的规模快速增长。据统计,截至 2015 年 11 月底,杭州市跨境电子商务交易规模从 2014 年不足 2000 万美元已经快速增至 30.4 亿美元,增长的幅度相当大。

二是上线备案的外贸企业数量大幅度增加。在"单一窗口"平台上备案的企业增至 4000 多家。

三是产业的聚集和带动效应开始显现。新建的各类跨境电子商务园区 12 个,引进企业 330 家,通过优化产业结构,带动中小企业发展,提升企业的竞争力,统筹国内外市场的能力都有进一步的提高。

四是助力地方外贸和经济增长。2015 年 1—11 月份,杭州市出口 399 亿美元,增长 3.8%,是正增长,这很不容易,明显高于浙江省和全国出口的平均速度。杭州市前三个月经济增长速度达到了 10.2%,位居长三角经济带城市行列的前列。

五是为大众创业、万众创新提供了新的重要渠道,并带动物流、金融、支付、通关等相关服务行业的蓬勃发展,为创业创新和中小企业发展提供了有力支撑。

(资料来源:http://tech.sina.com.cn/i/2016 - 01 - 14/doc - ifxnrahr8268840.shtml 有删节)

第一节　跨境电子商务与微电商的政治法律环境

一、中国国际地位的提升

改革开放近 40 年来,特别是加入世贸组织以来,中国进出口贸易实现跨越式发展,有力推动了中国经济发展,也为世界经济做出了重要贡献。中国已经是 120 多个国家和地区最大的贸易伙伴,每年进口近 2 万亿美元商品,为全球贸易伙伴创造了大量就业岗位和投资机会。

2008 年中国跃居世界第三大经济体,2010 年超越日本成为世界第二大经济体,外汇储备跃居世界第一,2013 年中国进出口总额 4.16 万亿美元,超过美国 2500 亿美元,成为世界第一货物贸易大国。这是对外贸易发展道路上新的里程碑。中国经济的发展和国际地位的提升,使得中国在国际贸易中处于更为有利的位置,帮助国内企业真正实现"走出去"战略。

二、国家核心发展战略的提出

"中国制造 2025""互联网＋""自贸区战略""一带一路"成为未来数年国家核心的发展战略。这些战略为跨境电子商务与微电商的发展再添双翼。

（一）中国制造 2025

制造业是国民经济的支柱产业，是工业化和现代化的主导力量，是国家安全和人民幸福的物质保障，是衡量一个国家或地区综合经济实力和国际竞争力的重要标志。2015 年 5 月 19 日，国务院正式发布了《中国制造 2025》。这是党中央、国务院总览国际国内发展大势，站在增强我国综合国力、提升国际竞争力、保障国家安全的战略高度做出的重大战略部署，其核心是加快推进制造业创新发展、提质增效，实现从制造大国向制造强国转变。"中国制造 2025"对企业提出了加快创新、树立品牌、保障质量等高标准严要求，使得企业的产品更具备国际竞争力，有利于中国制造业走出国门。

（二）"互联网＋"战略

2015 年 3 月，李克强总理在政府工作报告中首次提出"互联网＋"行动计划。7 月，国务院印发了《关于积极推进"互联网＋"行动的指导意见》。制定"互联网＋"行动计划，将推动移动互联网、云计算、大数据、物联网等与现代制造业结合，促进电子商务、工业互联网和互联网金融（ITFIN）健康发展，引导互联网企业拓展国际市场。"互联网＋"是创新 2.0 下的互联网发展的新业态，催生经济社会发展新形态。"互联网＋"将推动着制造业的转型和升级，引导企业充分发挥互联网的力量，提升生产力和创新力。

（三）自由贸易区战略

加快实施自由贸易区战略是我国新一轮对外开放的重要内容。当前，我国经济发展进入新常态，外贸发展机遇和挑战并存，"引进来""走出去"正面临新的发展形势。加快实施自由贸易区战略是我国适应经济全球化新趋势的客观要求，是全面深化改革、构建开放型经济新体制的必然选择。为此，2015 年 12 月国务院颁布了《关于加快实施自由贸易区战略的若干意见》，提出了构筑立足周边、辐射"一带一路"、面向全球的高标准自贸区网络的宏大战略。近期，加快自由贸易区谈判进程，在条件具备的情况下逐步提升已有自由贸易区的自由化水平，积极推动与我国周边大部分国家和地区建立自由贸易区，使我国与自由贸易伙伴的贸易额占我国对外贸易总额的比重达到或超过多数发达国家和新兴经济体水平；中长期，形成包括邻近国家和地区、涵盖"一带一路"沿线国家和地区以及辐射五大洲重要国家和地区的全球自由贸易区网络，使我国大部分对外贸易、双向投资实现自由化和便利化。

1. 自由贸易区的设立

自由贸易区（Free Trade Area，缩写为FTA）指的是在两个或两个以上独立关税主体之间，就贸易自由化取消关税和其他限制性贸易法规。特点是由两个或多个经济体组成集团，集团成员之间实质上取消关税和其他贸易限制，但又各自独立保留自己的对外贸易政策。中国—东盟自由贸易区（CAFTA）就是典型的自由贸易区。2010年1月1日CAFTA正式全面启动。这是目前世界人口最多的自贸区，也是发展中国家间最大的自贸区。自贸区建成后，东盟和中国的贸易占到世界贸易的13%。

2. 国内自贸区的设立

自由贸易园区（Free Trade Zone，缩写为FTZ）指某一国或地区在己方境内划出一个特定区域，单方自主给予特殊优惠税收和监管政策。2013年9月上海自贸区正式挂牌。2015年3月24日，广东、天津、福建自由贸易试验区总体方案通过。2016年8月又新设立辽宁省、浙江省、河南省、湖北省、重庆市、四川省、陕西省自由贸易试验区。这些自由贸易园区将大大改变普通人的生活，以更低的价格和更便捷的方式享受跨境贸易和服务。

3. 区域全面经济伙伴关系协定

由于推动全球自由贸易的WTO谈判受阻，面对经济全球化中的一些负面影响，东盟十国、中国、日本、韩国、印度、澳大利亚和新西兰16国的领导人共同商讨同意组建区域全面经济伙伴关系（Regional Comprehensive Economic Partnership，缩写为RCEP）。RCEP是应对经济全球化和区域经济一体化的发展而提出的，有利于消除成员国间贸易壁垒、创造和完善自由的投资环境、扩大服务贸易，相互开放市场、实施区域经济一体化。RCEP谈判于2013年5月正式启动，目前已举行17轮谈判和4次经贸部长会议，目标是达成一个现代、全面、高质量和互惠的自由贸易协定。RCEP成员国人口约占全球人口50%，国内生产总值、贸易额和吸引外资接近全球三分之一，是当前亚洲地区规模最大的自由贸易协定谈判，也是我国参与的成员最多、规模最大、影响最广的自贸区谈判，力争在不久的将来结束谈判。

4. 自由贸易协定签署和实施

截至2015年底，我国签署并实施的自贸协定（Free Trade Agreement）已达14个，涉及亚洲、大洋洲、拉丁美洲、欧洲的22个国家和地区，分别是中国与东盟、新西兰、新加坡、巴基斯坦、智利、秘鲁、哥斯达黎加、冰岛、瑞士、韩国和澳大利亚的自贸协定，内地与香港、澳门的更紧密经贸关系安排（CEPA），以及大陆与台湾的海峡两岸经济合作框架协议（ECFA）。自由贸易区战略稳步推进。与这些国家和地区签订自贸协定，给老百姓带来了不少实惠。比如，中韩贸易协定将让泡菜、韩国护肤品等大部分商品更便宜地进入中国市场；中国和东盟的自贸协定让榴梿、山竹、火龙果等热带水果不再是奢侈消费品，普通百姓也能安心享用;中澳自贸协定让 85% 澳洲出口中国的商品享受零关税。

(四)"一带一路"倡议实施

在加快构建周边自由贸易区的同时,积极同"一带一路"沿线国家和地区建立自由贸易区,形成"一带一路"大市场,促进我国与中亚、东欧、西亚沿线国家和地区的经贸交流与合作,大大地加快中国产能走向全球市场,使"一带一路"国家和地区的国民共享开放合作红利,实现互利共赢。而跨境电子商务通过充分利用信息通信技术和网络空间系统,可以为"一带一路"国家的制造商、贸易商、消费者提供全方位、多层次、多角度的互动式商贸服务,突破传统贸易活动中的物质、时间、空间对交易各方的限制,以最低的成本、最高效的渠道,促进"一带一路"国家和地区间的国际贸易深化发展,达到物流、信息流和商流的高度统一。可以说,跨境电子商务是"一带一路"最适合优先推动的贸易和商业模式。

三、国家政策红利的不断释放

近年来,我国跨境电商行业呈现集中爆发式的增长,如 2014 年全国进出口贸易规模为 26.6 万亿元,其中跨境电子商务规模约 4 万亿元,占比提升至 15%。

随着跨境电子商务的快速发展,有关法律法规和政策的缺失和不匹配已日益成为困扰行业发展的重大问题,主要体现在用以规范传统贸易方式的法律法规已无法满足跨境电商的需要,尤其是在海关、检验检疫、税收优惠和收付汇等方面。为此,国务院在 2015 年 3 月批准设立中国(杭州)跨境电子商务综合试验区,专门就跨境电子商务突破传统体制机制的束缚进行了先行试点,随后国务院办公厅、商务部、税务总局、质检总局、海关总署、国家外汇管理局等相继出台了相应的政策和规定来规范和促进跨境电商的发展,搭建起我国跨境电商的法规和制度体系,扩大跨境电子商务试点。2010 年以来,国家政策层面一直在释放跨境贸易利好,跨境电商政策法规不断完善。如表 2-1 所示。

表 2-1　2010—2016 年中国跨境电商相关政策

政策法规	发布时间	发布单位	主要内容
跨境贸易人民币结算试点管理办法实施细则	2009 年 7 月 3 日	中国人民银行	
第三方电子商务交易平台服务规范	2011 年 4 月 12 日	商务部	
关于利用电子商务平台开展对外贸易的若干意见	2012 年 3 月 12 日	商务部	要求各级商务主管部门积极解决跨境电商中的通关、退税等政策性问题。

续 表

政策法规	发布时间	发布单位	主要内容
关于组织开展国家电子商务示范城市电子商务试点专项的通知	2012 年 5 月 8 日	国家发改委	确定由海关总署组织有关示范城市开展跨境贸易电子商务服务试点工作。
支付机构跨境电子商务外汇支付业务试点指导意见(5 号文)	2013 年 2 月 1 日	国家外汇管理局	确定在上海、浙江、深圳、北京、重庆等省市进行跨境电商外汇业务试点。
网络发票管理办法	2013 年 2 月 25 日	国家税务总局	
关于实施支持跨境电子商务零售出口有关政策意见的通知("89 号"文)	2013 年 8 月 21 日	国务院办公厅	从海关监管模式、出口检验、收付汇、跨境支付和税收等方面提出了总体方针和政策。
关于促进电子商务应用的实施意见	2013 年 10 月 31 日	商务部	推动跨境电子商务创新发展,加快跨境电子商务物流、支付、监管、诚信等配套体系建设。
关于增列海关监管方式代码"9610"的公告	2014 年 1 月 1 日	海关总署	增列海关监管方式代码"9610",全称"跨境贸易电子商务",简称"电子商务",适用于境内个人或电子商务企业通过电子商务交易平台实现交易,并采用"清单核放、汇总申报"模式办理通过手续的电子商务零售进出口商品。
关于支持外贸稳定增长的若干意见	2014 年 5 月 4 日	国务院办公厅	提出了贯彻落实国务院办公厅关于支持外贸稳定增长的若干意见的20 条政策举措,明确提出激发市场主体的活力和竞争力,提振市场信心,减轻企业负担。
关于跨境贸易电子商务进出境货物、物品有关监管事宜的公告(简称56 号文)	2014 年 7 月 23 日	海关总署	明确区分了货物和物品的概念,对于两者将采用不同的监管方案,其中关于货物的监管将被纳入一般贸易的体系。从政策层面上承认了跨境电子商务,明确了海关对进口跨境电商的监管思路,也即三单对接。
关于增列海关监管方式代码的公告(简称 57 号文)	2014 年 7 月 30 日	海关总署	增列海关监管方式代码"1210",全称"保税跨境贸易电子商务"简称"保税电商",赋予了网购保税进口的合法身份。取代之前的"5 号文",将试点范围扩张至全国。

续表

政策法规	发布时间	发布单位	主要内容
网络交易管理办法	2014 年 1 月 26 日	国家工商行政管理总局	
支付机构跨境外汇支付业务试点指导意见	2015 年 1 月 20 日	国家外汇管理局	网络购物单笔交易限额由 1 万美元提高至 5 万美元。
国务院关于同意设立中国(杭州)跨境电子商务综合试验区的批复	2015 年 3 月 12 日	国务院	国函〔2015〕44 号同意设立中国(杭州)跨境电子商务综合试验区,这也是我国第一个跨境电子商务综合试验区。
关于大力发展电子商务加快培育经济新动力的意见	2015 年 5 月 7 日	国务院	加强电子商务国际合作;提升跨境电子商务通关效率;推动电子商务走出去。
国务院关于加快培育外贸竞争新优势的若干意见(国发〔2015〕9 号)	2015 年 5 月 12 日	国务院	提出大力推动跨境电子商务发展,积极开展跨境电子商务综合改革试点工作,抓紧研究制订促进跨境电子商务发展的指导意见加快培育新型贸易方式、加快区域开放载体建设、加快建设对外贸易平台。
海关总署关于调整跨境贸易电子商务监管海关作业时间和通关时限要求有关事宜的通知	2015 年 5 月 13 日	海关总署	自 2015 年 5 月 15 日起,海关将对跨境电商的监管要求各地海关保持 365 天×24 小时的无休日作业时间。
关于进一步发挥检验检疫职能作用促进跨境电子商务发展的意见	2015 年 5 月 14 日	国家质检总局	五个重点工作: 1. 建立跨境电子商务清单管理制度; 2. 建立跨境电子商务风险监控和质量追溯体系; 3. 持续创新电子商务检验检疫监管模式; 4. 实施跨境电子商务备案管理; 5. 加强跨境电子商务的信息化建设。该意见列出了八大禁止以跨境电子商务形式入境的包裹。

续　表

政策法规	发布时间	发布单位	主要内容
关于促进跨境电子商务健康快速发展的指导意见(46号)	2015年6月20日	国务院办公厅	支持国内企业更好地利用电子商务开展对外贸易;鼓励有实力的企业做大做强;优化配套的海关监管措施;完善检验检疫监管政策措施;明确规范进出口税收政策;完善电子商务支付结算管理;提供积极财政金融支持;建设综合服务体系;规范跨境电子商务经营行为;充分发挥行业组织作用;加强多双边国际合作;加强组织实施。
关于促进进出口稳定增长的若干意见	2015年7月24日	国务院	指出包括跨境电商在内的新型外贸发展模式将逐渐成为外贸增长的"新引擎",提出加快推进外贸新型商业模式发展,并透露进一步扩大跨境电商相关试点范围和推广外贸新型商业模式的方案将在年底出台。
国务院关于同意在天津等12个城市设立跨境电子商务综合试验区的批复(国函〔2016〕17号)	2016年01月15日	国务院	同意在天津市、上海市、重庆市、合肥市、郑州市、广州市、成都市、大连市、宁波市、青岛市、深圳市、苏州市等12个城市设立跨境电子商务综合试验区。推广杭州经验,各地因地制宜,突出本地特色和优势,大力发展跨境电商。
关于跨境电子商务零售进口税收政策的通知(财关税〔2016〕18号)	2016年3月24日	财政部、海关总署、国家税务总局	实施跨境电子商务零售进口税收新政策,并同步调整行邮税政策。实现不同交易模式间税负公平,营造公平竞争的市场环境,促进我国跨境电子商务长远健康发展。
质检总局关于跨境电商零售进口通关单政策的说明	2016年5月15日	国家质量监督检验检疫总局	检验检疫应依法签发通关单。

数据来源:根据网络资源整理所得,统计截止时间为2016年5月

　　纵观当前跨境电商的法规体系,虽然在海关监管和通关方式改革、检验检疫、税收和结汇支付等方面已具备基本的可操作规范,然而这些规范仍然存在一些难以完全契合跨境电商特征的弊端。监管部门很多,涉及多头管理,导致各部门无法协调作战,管

理不到位,效果不明显,应强化政府部门之间合作机制,保持电子商务有关的政策、法规和标准一致性、连续性。目前的法规都是以部门通知、部门规范的形式发布的,法律位阶较低,同时因为系各部委各自所制定的规范性文件,难免存在内容互相冲突或不一致的情况。

为实现对跨境电商更全面和有效的规范,在各部委所提出的管理规范性文件的基础上,结合跨境电商的发展特点和趋势,早日制定一部统一的跨境电商法及相关实施条例,以促进跨境电商的健康和持续发展,这是业界的共同呼声。监管部门趋向于协同监管,依托互联网和电子技术,发展无纸贸易,实现单一窗口监管,传输数据。这也是 APEC 所期待的最终各国对贸易监管的基本模式。同时,在加强国内职能监管部门通力合作的基础上,不断强化各国政府之间的国际监管方式合作,以此突破贸易跨境电子商务发展的瓶颈。

要想利用跨境电子商务手段降低贸易成本,减少贸易壁垒,扩大进出口额,促进全球经济复苏,当务之急要了解和解决一些阻碍其发展的核心瓶颈问题,如物流、通关、检验检疫、电子支付、外汇收结、退税、信用体制等问题,这样才能为跨境电子商务的发展营造一个可信交易生态环境。同时,要建设"单一窗口"跨境电商综合服务平台,为进出口电商和支付、物流、仓储等企业提供数据交换服务,为海关、检验检疫、税务、外管等部门提供信息共享平台,实现"一次申报、一次查验、一次放行",提高口岸监管便利化程度。简化企业申报办理流程,建立公平、开放、透明、高效的对接服务机制。

四、区域政策特色鲜明

中国(杭州)跨境电子商务综合试验区通过制度创新、管理创新、服务创新和协同发展,破解跨境电子商务发展中的深层次矛盾,打造跨境电子商务完整的产业链和生态链,逐步形成一套适应和引领全球跨境电子商务发展的管理制度和规则,实现跨境电子商务自由化、便利化、规范化发展,为推动全国跨境电子商务健康发展提供可复制、可推广的经验。

2017 年 2 月 9 日,杭州正式发布全国首个跨境电商地方性法规《杭州市跨境电子商务促进条例》。《条例》对杭州跨境电商发展的管理体制、发展规划、平台服务和体系建设、促进措施等进行了明确的规定。它为杭州未来跨境电商的发展提供了良好的法律支撑和制度支撑。

上海市将在跨境电商方面向规模化、标准化、集群化、规范化方向发展,在公共服务、物流、海关等方面提供了一系列优惠政策,2016 年,中国(上海)自由贸易试验区跨境电商将由新搭建的第三方监管平台监管,跨境电商将拥有独立的保税仓库,不再与上海自贸区官方进口商品购物平台"跨境通"绑定在一起。力争实现 2020 年跨境电商规模位居全国前列的目标。

2014 年,深圳获批全国跨境电商进出口综合试点城市,随后制订跨境电商支持方案和扶持政策,发布国内首个跨境电子商务地方标准。目前,跨境电商领域进出口双向通道在前海深港现代服务合作区全流程开通,连接国内外两个市场的电商"新丝路"也在这里打通,吸引了天猫、聚美优品、华润万家等众多跨境电商进驻。2016 年初,在深圳跨境电商综合试验区获批的基础上,深圳相关部门正紧锣密鼓起草《深圳跨境电商综合试验区实施方案》,初步确立以前海为全市跨境电商发展的龙头,各区域协同开展跨境电商业务的思路。前海将着力发展跨境电商的高端服务环节,物流及通关环节将放到海关特殊监管区域和口岸,产业园则将作为支撑板块,承担孵化器及培训等职能。

重庆外经贸委坚持整体推进、重点发展,率先在渝中区、保税港区集中打造一批跨境贸易电子商务示范区和示范企业,培育大龙网、易极付、爱购保税等本土跨境电子商务企业,联合国内大数据"龙头"企业亿赞普科技集团,构筑其跨境电子商务的全流程平台,实现"中国货·全球销""全球货·中国销"。发挥营造环境、促进应用,服务监管等示范引领作用。

第二节　跨境电子商务与微电商发展的经济环境

一、全球经济发展形势

总的来看,近几年世界经济增长速度缓慢,仍处于阶段性筑底、蓄势上升的整固阶段。发达国家生产率增长缓慢、投资低迷、金融动荡,经济复苏仍处于低速轨道,改善幅度有限,失业率仍将处于较高水平,进而将影响私人消费和内需带动经济增长动力。新兴市场和发展中国家经济结构性矛盾突出,内需不振、能源资源出口收入缩水、资本外流,经济增速连续多年放缓。国际货币基金组织(IMF)预计,2015年全球经济将增长 3.1%,较 2014 年低 0.3%,创 2009 年以来新低。其中,发达国家增长 2%,增速较 2014 年提高 0.2%;新兴市场和发展中国家增长 4%,较 2014 年低 0.6%(见图 2-1)。

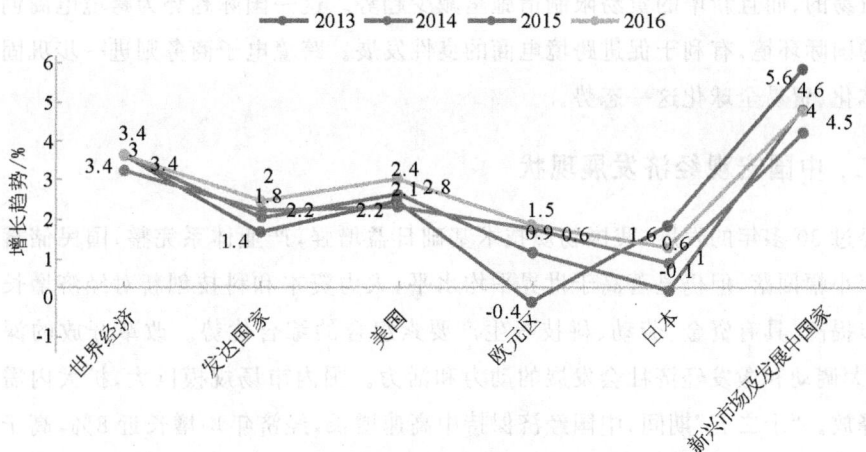

图 2 - 1 2013—2016 年世界经济增长趋势

数据来源：根据网络资源整理所得

从图 2-1 来看,美国经济温和复苏,欧元区经济逐渐走出衰退。发达经济体将重新成为世界经济增长的另一大引擎,改变过去数年经济一直依靠新兴经济体这一个引擎拉动的现象。在发达经济体复苏势头逐渐强劲的同时,多个新兴经济体却由于自身经济的结构性问题,以及发达国家货币政策调整的外溢影响,出现增速放缓、增长难度加大的情况,"调整"成为新兴经济体当前经济形势的主题词。

美欧启动再工业化进程。近年来,世界上几个工业大国通过信息技术与工业相融合提升工业水平,进而提升企业、行业、国家的竞争优势。德国将工业 4.0 纳入《高技术战略 2020》中,正式上升为一项国家战略。美国政府在金融危机后将发展先进制造业上升为国家战略,希望以新的革命性的生产方式重塑制造业,用互联网激活传统工业,保持制造业的长期竞争力。除了政府推动外,以通用电气为首的美国五家行业龙头企业组建了美国工业互联网联盟,大力推广"美国工业互联网"概念。旨在通过制定通用标准,打破技术壁垒,利用互联网激活传统工业过程,更好地促进物理世界和数字世界的融合。各国版的"工业 4.0"为经济增长找到新的着力点。以"互联、集成、大数据、创新"为特征的工业 4.0 势必带来工业领域的转型,比如从大规模生产向个性化定制的转型,从生产型制造向服务型制造的转型等。以优质的产品和服务满足顾客个性化需求。使那些具有高端消费能力的顾客成为跨境电商的消费主力军。

另外,全球贸易呈现自由化和便利化的新格局,经济一体化,贸易全球化、全球信息化,贸易壁垒继续减少。截至 2012 年,全球贸易的平均关税已降至约 2%,新兴市场也降至 10% 以下,约 75% 的国际贸易自由进行;WTO 记录的贸易政策中,51% 是促进贸易的,而且新增的贸易限制措施呈减少趋势。这一国际趋势为跨境电商创造了宽松的国际环境,有利于促进跨境电商的良性发展。跨境电子商务则进一步巩固了经济一体化、贸易全球化这一态势。

二、中国宏观经济发展现状

经过 30 多年的发展,我国物质技术基础日益增强,产业体系完整,国民储蓄率即便逐年小幅回落,但仍显著高于世界平均水平,人力资本和科技创新对经济增长的贡献逐步提高,具有资金、劳动、科技等生产要素组合的综合优势。改革开放的深入推进,极大调动和激发经济社会发展的动力和活力。国内市场规模巨大,扩大内需潜力加快释放。"十二五"期间,中国经济保持中高速增长,经济年均增长近 8%,高于同期世界年均增速(2.5%左右),在世界主要经济体中名列前茅。并且,经济总量稳居世界第二位,对世界经济复苏做出了重要贡献,2011—2014 年对世界经济增长的贡献率超过四分之一。外汇储备位居世界第一位。

另一方面,"十二五"期间,世情国情发生深刻变化,我国经济发展步入新常态。从国际看,世界经济处在危机后的深度调整期,呈现低增长、不平衡、多风险的特征,地缘政治等非经济因素影响加剧,我国发展面临的外部环境更趋复杂。近年来,中国经济呈现增速下行态势,国内经济仍处于"去产能、去库存、去杠杆、降成本、补短板"过程中,国家出台了一系列稳增长、促改革政策,经济运行缓中趋稳,稳中有进。

三、中国对外贸易发展规模扩大

受世界经济复苏缓慢,中国新劳动法实施以来劳动力成本上升等因素的影响,中国进出口贸易增长进入平衡期。寻求新国际贸易形式势在必行。受世界经济增长放缓、国际市场需求萎缩、大宗商品价格下跌以及国内因结构调整而导致的投资需求放缓等多重因素影响,2015 年我国外贸进出口出现"双降"。面对困难局面,中国政府加大外贸稳增长调结构政策力度,着力推进外贸供给侧改革,努力完成稳增长、调结构、转动力、提质量的工作目标任务,推动外贸稳定增长。2015 年我国继续保持第一贸易大国地位,出口国际市场份额稳中有升。同时,中国外贸结构全面优化,质量效益继续改善。从中长期看,中国外贸正处于从"提速增量"的成长期向"提质增效"的成熟期过渡的关键阶段,培育综合竞争新优势和夯实持续发展基础是这一时期的重点任务。如图 2-2 所示。

图 2-2　2010—2017 年我国跨境电商交易规模图

数据来源：国家统计局、中国电子商务研究中心

2014 年我国跨境电商交易规模为 4.2 万亿元,增长率为 35.48%,占进出口贸易总额的 15.89%。跨境电商平台企业超过 5000 家,境内通过各类平台开展跨境电子商务的企业超过 20 万家。2016 年我国跨境电商交易规模从 2008 年的 0.8 万亿元增长到 6.5 万亿元,占整个外贸规模的 19%,年均增速近 30%。

四、人民币汇率双向波动,国际地位进一步强化

受美元持续走强的影响,我国经济形式增速缓慢,降低投资者的信心,人民币贬值预期再次增强。日本经济走向衰退,更大幅度的量化宽松推动日元持续贬值。欧元区经济持续低迷,量化宽松迟迟未能出台,欧元不断贬值。地缘政治因素和资本外流等因素拖累新兴经济体货币。这些外围环境的变化在一定程度上影响到人民币汇率的波动,进而影响到中国的传统外贸行业和跨境电商行业的发展。可以肯定的是,未来人民币汇率的双向波动将是新常态,不过人民币不会出现大幅度的贬值,有望维持总体平稳。同时,人民币国际化地位将得以进一步强化,人民币在国际贸易及外汇交易中支付结算使用占比进一步上升。值得注意的是,作为全球第二大经济体和世界第一大贸易国,2016 年 10 月 1 日人民币以 10.92% 的权重,成为国际货币基金组织(IMF)特别提款权(SDR)货币篮子中的第三大货币。这是人民币国际化六年来取得的关键性和阶段性成果。

五、"中国创造"国外市场认可度逐渐提高

从中国加入 WTO 到"中国制造"遍布全世界,再到"中国创造"逐渐被国外消费者所熟知,中国经济发展进入了崭新的阶段。

在这个过程中,跨境电商从薄利多销的低价策略,逐渐转变经营思想,注重产品的品牌建设和产品的差异化设计,并主动了解海外当地消费者的需求和消费习惯,不断推出适合海外市场的产品。目前,中国制造逐渐摆脱了"轻质量、低价格"的印象,产品功能和产品质量不断提高,品牌影响力逐渐加强,为出口电商的可持续性发展提供了良好的基础。

六、资本市场对跨境电商的青睐

2015 年 1 月,洋码头宣布,完成 B 轮 1 亿美元的融资,这个金额创下当时跨境电商行业的融资新高。但很快纪录就被打破。3 月,街蜜对外宣布,获得 IDG(美国国际数据集团,International Data Group)的数百万美金投资。6 月,小红书宣布早在去年就已经完成数千万美元的 B 轮融资。7 月,海外购物平台么么嗖获数千万人民币 B 轮投资。8 月,淘世界宣布完成 3000 万美元 B 轮融资。9 月,蜜芽完成 1.5 亿美元的 D 轮融资,由百度领投,估值近 10 亿元。紧接着 10 月,波罗蜜放出完成 3000 万美元的 B 轮融资的消息。2016 年,跨境电商遭遇新政,蜜淘这家跨境电商甚至倒在新政到来之前,投资人更加谨慎,但资本还是表示出对跨境电商公司和服务商的青睐。新政对于那些从事海外直邮业务和 B2B 进口业务的企业是利好。例如,55 海淘、天天海淘都拿到了大额融资,转型 B2B 进口的尿布师也在 A 轮获得了 5500 万元。进口跨境电商中,服务业越来越受关注,小而美的企业更受青睐。2016 年 1—10 月中国跨境电商领域重点投融资事件如表 2-2 所示。

表 2—2　2016 年 1-10 月中国跨境电商领域重点投融资事件

融资轮次	公司名称	融资时间	融资金额	投资方
天使轮	礼物淘	2016 年 1 月	数百万人民币	未透露
天使轮	桃花岛	2016 年 1 月	数百万人民币	真格基金
天使轮	Mobuy	2016 年 1 月	数百万人民币	安芙兰创投、青山资本
天使轮	懒熊跨境	2016 年 1 月	数百万人民币	知初资本
天使轮	邻耘科技	2016 年 1 月	数百万人民币	上海掌门科技
天使轮	繁石科技(Bigshop)	2016 年 2 月	数百万人民币	知初资本
天使轮	Morningo	2016 年 3 月	200 万人民币	未透露
天使轮	扫货网	2016 年 3 月	数千万人民币	吴克忠

续　表

融资轮次	公司名称	融资时间	融资金额	投资方
天使轮	够赞	2016 年 4 月	未透露	澎湃资本
Pre－A 轮	51 订	2016 年 1 月	3000 万人民币	祖禾资本
Pre－A 轮	妈妈去哪儿	2016 年 1 月	数千万人民币	友田资本、华睿投资、云加速、萝卜社、头狼资本、尚坤资本
Pre－A 轮	BellaBuy	2016 年 3 月	1000 万人民币	安芙兰创投
Pre－A 轮	KK 馆	2016 年 3 月	1500 万人民币	深创投
Pre－A 轮	折疯了海淘	2016 年 4 月	500 万人民币	初心资本
Pre－A 轮	西狗全球购	2016 年 4 月	数千万人民币	王刚
Pre－A 轮	你好世界	2016 年 5 月	3000 万人民币	绩优投资
A 轮	跨境淘	2016 年 1 月	数千万人民币	上海悠唐
A 轮	奶牛家	2016 年 1 月	数千万人民币	未透露
A 轮	洋葱小姐	2016 年 1 月	数千万人民币	力鼎资本
A 轮	值得买	2016 年 1 月	1 亿人民币	华创资本
A 轮	海淘天堂	2016 年 2 月	未透露	华滨创投、越榕资本
A 轮	55 海淘	2016 年 2 月	1 亿人民币	竞技创投
A 轮	天天海淘	2016 年 2 月	数千万人民币	华滨创投
A 轮	豌豆公主	2016 年 2 月	数千万美元	银泰资本、韬蕴资本
A 轮	瓦拉淘	2016 年 3 月	数千万人民币	松和远望资本
A 轮	中铁互联	2016 年 3 月	3500 万人民币	赋哲投资
A 轮	格格家	2016 年 3 月	数千万人民币	经纬中国、平安创投
A 轮	鲜生活	2016 年 3 月	未透露	BAI(贝塔斯曼亚洲投资基金)、鼎晖投资
A 轮	质男 XY	2016 年 3 月	数百万美元	晨兴资本、IDG(美国国际数据集团)资本
A 轮	全球 U 选	2016 年 3 月	1340 万人民币	联络互动
A 轮	尿布师	2016 年 4 月	5500 万人民币	海通证券、能图资本等
A 轮	旺集科技	2016 年 8 月	4500 万人民币	红石诚金、海西创投
A 轮	雅娜购	2016 年 9 月	4000 万人民币	赛马资本
A⁺ 轮	通拓科技(Tomtop)	2016 年 3 月	数千万人民币	纵联资本

续 表

融资轮次	公司名称	融资时间	融资金额	投资方
A$^+$轮	豌豆公主	2016 年 5 月	1000 万美元	伊藤商事、真格基金、株式会社 MTG、银泰资本
B 轮	聚店商城	2016 年 1 月	600 万美元	未透露
B 轮	Ezbuy（65 代购）	2016 年 2 月	数千万美元	IDG 资本、华创资本、嘉御基金
B 轮	美购全球购	2016 年 3 月	1.1 亿人民币	大众交通集团
B 轮	阿侠谷	2016 年 6 月	未透露	未透露
C 轮	小红书	2016 年 3 月	1 亿美元	腾讯、元生资本、天图资本
C 轮	达令 App	2016 年 8 月	3 亿元人民币	领投未透露、红杉资本、IDG 资本、今日资本跟投
D 轮	贝贝网	2016 年 6 月	1 亿美元	新天域、北极光、今日资本、高榕资本
E 轮	蜜芽	2016 年 10 月	未透露	未透露

数据来源：此表数据系根据网络公开信息统计，截止时间为 2016 年 10 月

第三节　跨境电子商务与微电商的社会文化环境

一、人口环境分析

（一）人口数量分析

人口数量是决定市场规模的一个基本要素。人口数量直接决定市场规模和潜在容量，人口的性别、年龄、民族、婚姻状况、职业、居住分布等也对市场格局产生着深刻影响，从而影响着企业的营销活动。如果收入水平不变，人口越多，对食物、衣着、日用品的需要量也越多，市场也就越大。2015 年末，中国大陆总人口数 137462 万人，其中，男性人口 70414 万人，女性人口 67048 万人，男性人口比女性人口多 3366 万人。城镇常住人口 77116 万人，乡村常住人口 60346 万人，城镇人口占总人口比重约为56.1％，2011—2015年中国人口数量统计图如图 2-3 所示。发展跨境电商和微电商应重视对人口环境的研究，密切关注人口特性及其发展动向，及时地调整营销策略以适应人口环境的变化。

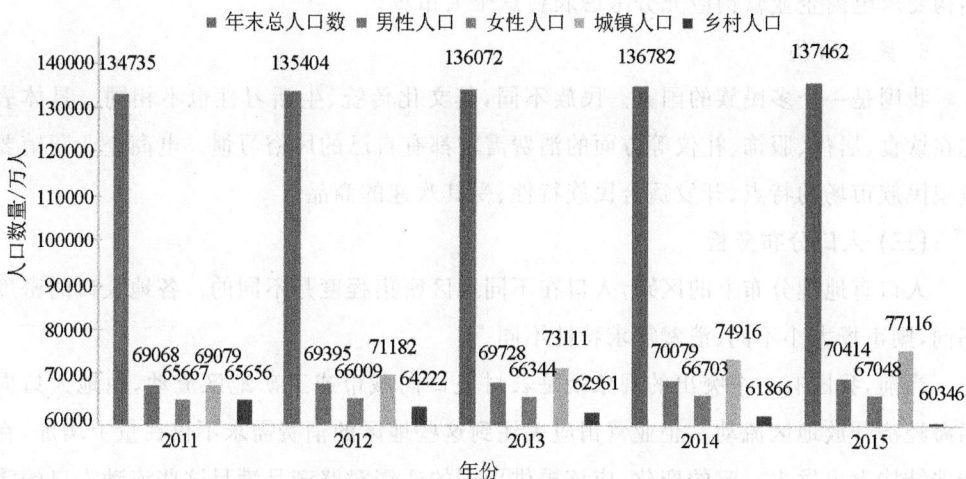

图 2 - 3　2011 年—2015 年中国大陆人口数量统计

数据来源：国家统计局数据网站

（二）人口结构分析

1. 年龄结构

不同年龄的消费者对商品和服务的需求是不一样的。不同年龄结构就形成了具有年龄特色的市场。发展跨境电商和微电商应了解不同年龄结构所具有的需求特点，就可以决定产品的投向，寻找目标市场。

2. 性别结构

性别差异会给人们的消费需求带来显著的差别，反映到市场上就会出现男性用品市场和女性用品市场。发展跨境电商和微电商应针对不同性别的不同需求，生产和销售适销对路的产品，制定有效的营销策略，开发更大的市场。

3. 教育与职业结构

人口的教育程度与职业不同，对市场需求表现出不同的倾向。随着高等教育规模的扩大，人口的受教育程度普遍提高，收入水平也逐步增加。发展跨境电商和微电商应关注人们对报刊、书籍、电脑这类商品的需求的变化。

4. 家庭结构

家庭是商品购买和消费的基本单位。一个国家或地区的家庭单位的多少以及家庭平均人员的多少，可以直接影响到某些消费品的需求数量。同时，不同类型的家庭往往有不同的消费需求。

5. 社会结构

我国绝大部分人口为农业人口，农业人口约占总人口的 80% 左右。这样的社会结构要求电商企业营销应充分考虑农村这个大市场。

6. 民族结构

我国是一个多民族的国家。民族不同,其文化传统、生活习性也不相同。具体表现在饮食、居住、服饰、礼仪等方面的消费需求都有自己的风俗习惯。电商企业营销要重视民族市场的特点,开发适合民族特性、受其欢迎的商品。

(三) 人口分布分析

人口有地理分布上的区别,人口在不同地区密集程度是不同的。各地人口的密度不同,则市场大小不同、消费需求特性不同。

当前,我国有一个突出的现象就是农村人口向城市或工矿地区流动,内地人口向沿海经济开放地区流动。企业营销应关注到这些地区的消费需求不仅在量上增加,在消费结构上也发生一定的变化,应该提供更多的适销对路产品满足这些流动人口的需求,这是潜力很大的市场。

二、收入及消费水平

国家统计局 2016 年 1 月 19 日公布了 2015 年国民经济情况,全年全国居民人均可支配收入 21966 元,比上年名义增长 8.9%,扣除价格因素实际增长 7.4%。按全国居民五等份收入分组,高收入组人均可支配收入达 54544 元。收入的增加蕴藏着巨大的消费潜力。

1. 海淘用户规模交易量迅速增长

PayPal 发布的《全球跨境电子商务报告》显示,2013 年我国海淘族达 1800 万人,消费金额 2000 多亿元;2014 年底,海淘人数突破 2000 万人;2015 年底海淘人数达到 2400 万人。预计到 2018 年,我国海淘族将达 3600 万人,消费金额超过 1 万亿元,中国已经成为世界上最大的"海淘"市场。

2. 消费需求和消费观念升级

中国中产阶级电商用户目前在 5 亿人左右,中国中产阶级人群数量的增加,他们的消费观念和消费水平支撑他们把消费眼光投向海外市场的消费品,促进了海外代购、海淘,乃至跨境电子商务的飞速发展。80、90 后人群购买商品的关注点倾向于食品安全、品质优良、品类多样、价格合理等方面。

3. 海外商品认知提升

旅游、海归群体的消费习惯辐射带动周围亲友海淘,对海外品牌认知度不断提高。

商务部的数据显示,2015 年中国游客在境外消费约 1.2 万亿元,其中中国消费者全球奢侈品消费达到 1168 亿美元,全年中国人买走全球 46% 的奢侈品。这其中,910亿美元在国外发生,约占总额的 78%。也就是说,中国人近八成的奢侈品消费是"海外淘货"的。专家预计,未来中国消费者对中高端耐用消费品牌的需求将进一步增加。

三、网购的普及化

根据中国互联网络信息中心(CNNIC)发布的《第 37 次中国互联网络发展状况统计报告》显示,截至 2015 年 12 月,中国网民规模达 6.88 亿人,全年共计新增网民 3951 万人。互联网普及率为 50.3%,较 2014 年底提升了 2.4 百分点(见图 2-4)。其中,中国手机网民规模达 6.19 亿人,较 2014 年底增加 6303 万人。网民中使用手机上网人群占比由 2014 年的 85.8%提升至 90.1%(见图 2-5)。

图 2-4 中国网民规模及互联网普及率

数据来源:CNNIC 中国互联网络发展状况统计调查

图 2-5 中国手机网民规模及其占总体网民比例

数据来源:CNNIC 中国互联网络发展状况统计调查

随着互联网与商务领域的融合不断深化,电子商务逐步成为互联网经济最为活跃的领域。中国电子商务市场交易总额从 2004 年不足 1 万亿元增长至 2014 年的 13.4 万亿元,十年间的年均复合增长率高达 30.6%。目前,中国成为世界第一大网络零售市场,2014 年网络零售额达到 2.8 万亿元,占社会消费品零售总额的 10.6%。而 2015 年的前 10 个月,网络零售总额已达 2.95 万亿元。

互联网的普及,网民规模的扩大,收入的持续增长,再加上国际物流体系的不断完善等,带来的是网购的普及和海淘人数、消费金额的扩大。比达咨询(BigData-Research)相关统计数据显示,2013 年,中国海外代购市场的交易规模超过 700 亿元,2014 年市场规模达到 1500 亿元。2015 年底,我国海淘市场规模达到 2400 亿元,比 2014 年增长 60.0%(见图 2-6)。

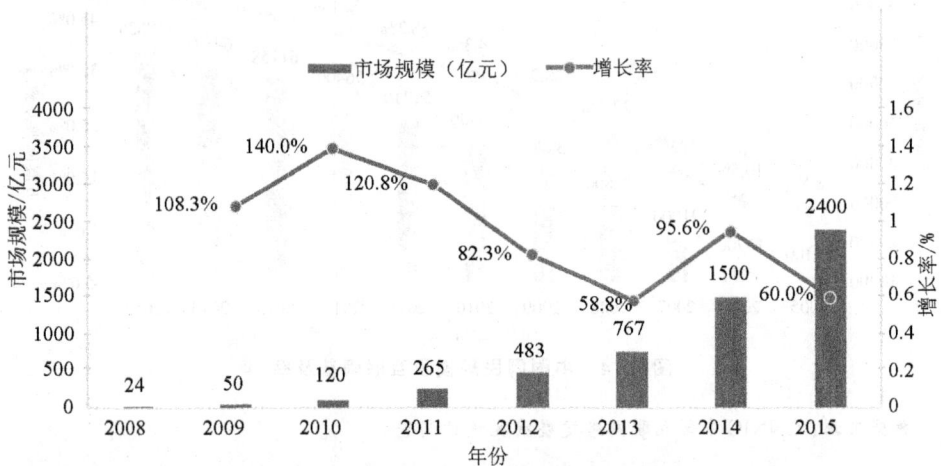

图 2-6　2008 年—2015 年我国海淘市场规模

数据来源:比达(BigData-Research)数据中心

在特殊时代下产生的海外代购存在偷税漏税的现象,这种非正常的购物模式不可能持久,必然会被依法纳税且受到国家政策鼓励的跨境电商取代。2014 年 8 月 1 日,海关总署"56 号文"生效。"56 号文"实施后,个人物品将按行邮税进行征税,未经备案的私人海外代购将被定为非法。至此海外代购走出灰色地带。

第四节　跨境电子商务与微电商的技术环境

一、网络技术

（一）EDI 电子数据交换

起源于 20 世纪 60 年代的电子数据交换（Electronic Data Interexchange，EDI）是电子商务的初级形式。由于 EDI 采用计算机与计算机之间的直接信息传输，减少了重复的输入与输出，大大减少了纸张交换的票据，所以被大家习惯地称作"无纸贸易"。随着 20 世纪 90 年代因特网在全球的快速普及，跨境电子商务成了因特网应用的热点。基于因特网的跨境电子商务以其费用低廉、覆盖面广、功能全面和使用灵活等优点红火至今。

（二）GCDN 全球网络加速

GCDN（Global Content Delivery Network）技术。在相应地区的部署网站服务器。再通过海外服务器 GCDN 节点，把网站服务器的内容快速地发布到全球各节点地区，让全球各地的访客都能够快速浏览访问。GCDN 技术帮助企业实现了海外客户访问速度的倍数提升。

（三）移动网络技术

移动网络技术促进了移动电子商务的发展。移动电子商务就是利用手机、PDA等移动终端进行的 B2B、B2C 或 C2C 的电子商务。移动电子商务得以实现的主要技术有：无线应用协议（WAP）、通用分组无线业务（GPRS）、移动 IP 技术、蓝牙技术、移动定位技术、第三代（3G）和第四代（4G）移动通信技术等。移动电子商务将因特网、移动通信技术、短距离通信技术及其他信息处理技术完美地结合，使人们可以在任何时间、任何地点进行各种商贸活动，实现随时随地、线上线下的购物与交易、在线电子支付以及各种交易活动、商务活动、金融活动和相关的综合服务活动。

二、Web 浏览技术

HTML5 是近十年来 Web 开发标准最巨大的飞跃。和以前的版本不同，HTML5并非仅仅用来表示 Web 内容，它的新使命是将 Web 带入一个成熟的应用平台，强化了 Web 网页的表现性能。在 HTML5平台上，视频，音频，图像，动画，以及同电脑的交互都被标准化。HTML5 中拥有了一些新的特性：用于绘画的 canvas 元素；用于媒介回放的 video 和 audio 元素；对本地离线存储更好地支持；新的特殊内容元素，比如 article，footer，header，nav，section；新的表单控件，比如 calendar，date，time，email，url，search；<details> 标签用于描述文档或文档某个部分的细节。HTML5 使网站具备更高的功能，使互联网访问更加安全和高效。

在跨境电子商务中，用户安全是极其重要的一个因素，这不仅直接影响到了用户的财产和个人信息的安全，同时也会影响用户体验和网站信誉。病毒、木马蠕虫、钓鱼软件等通过 Web 服务的方式大肆在互联网上传播，严重威胁到了 Web 服务的业务系统。更安全的技术将有助于我们解决这一问题，HTML5 将带来革命性的飞跃。

一方面，电子商务制作的网页页面服务于客户，HTML5 制作的页面具有清晰的结构和语义让人一目了然，自然更加吸引客户。并且，HTML5 的三维、图形及 CSS3 特效特性，具有更强的视觉效果，因而更能吸引客户眼球，留住客户的心。另一方面，HTML5 的本地存储特性、性能与集成特性。HTML 拥有更短的启动时间，更快的联网速度。从 5 秒钟准则可以看出，用户大多没有耐心。没有用户愿意花更多的时间去加载网页。租用海外服务器，海外地区网站打开速度得到保障，在线销售转化率提升。

三、安全技术

分属不同关境的交易主体进行交易，离不开交易平台和互联网。如何确保网络交易平台的安全是从事跨境电子商务首先要考虑的问题。现有的网络安全技术主要有：防火墙技术、加密技术、杀毒软件。

四、数据库技术

数据库技术是现代信息科学与技术的重要组成部分，是计算机数据处理与信息管理系统的核心。数据库技术研究和解决了计算机信息处理过程中大量数据有效地组织和存储的问题，在数据库系统中减少数据存储冗余、实现数据共享、保障数据安全以及高效地检索数据和处理数据。

（一）大数据

麦肯锡全球研究所给大数据下的定义是：一种规模大到在获取、存储、管理、分析方面大大超出了传统数据库软件工具能力范围的数据集合，具有海量的数据规模、快速的数据流转、多样的数据类型和价值密度低四大特征。

从技术上看，大数据与云计算的关系就像一枚硬币的正反面一样密不可分。大数据必然无法用单台计算机进行处理，必须采用分布式架构操作模式。它的特色在于对海量数据进行分布式数据挖掘。但它必须依托云计算的分布式处理、分布式数据库和云存储、虚拟化技术。

大数据技术的战略意义不在于掌握庞大的数据信息,而在于对这些含有非传统价值意义的数据进行专业化处理。换而言之,如果把大数据比作一种产业,那么这种产业实现盈利的关键,在于提高对数据的"加工能力",通过"加工"实现数据的"增值"。

大数据运用对跨境电子商务意义重大。在跨境贸易中,不同市场拥有各自不同的特征,商家在进行出口贸易中,对国外市场的理解和把握很重要,大数据的运用在帮助商家理解国外市场,做有针对性的商品销售和策略方面具有非常重要的意义;另外境外仓的运营,同样依赖大数据的支持。

(二)云服务器

云服务器(Elastic Compute Service,简称 ECS)是一种处理能力可弹性伸缩的计算服务,其管理方式比物理服务器更便捷高效。云服务器帮助用户快速构建更稳定、安全的应用,降低开发运营维护的难度和整体 IT 成本,使用户能够更专注于核心业务的创新。云服务器按需付费,有效降低综合成本。其次,独享带宽可以提高服务器的访问速度。集中化的远程管理平台可以让用户更方便地进行远程维护。对于建立境外仓和租用境外服务器的跨境电子商务商家来说,管理更加方便快捷。

五、电子支付技术

随着网络时代电子商务的崛起,货币支付手段与方式发生了创新性变革。网上银行所提供的电子支付服务是电子商务中最为关键的要素和最高层次,有了网上银行服务,才能实现直接网上购物。电子支付方式的出现,便是这种变革的典型表现。电子支付技术是电子商务中的核心技术,也是目前制约电子商务发展的一个根本性问题。

电子支付是指以金融电子化网络为基础,通过电子信息化的手段实现交易中的价值与使用价值的交换过程,即完成支付结算的过程,英文表示为 electronic payment,或简称 e-payment。电子支付实际上是把交易中使用的货币及各种传统形式的单据等转换为一定格式的数据流来表示,以电子信息传递形式实现流通和支付。

电子支付的方式主要有:网上支付、移动支付、金融专网支付、固定电话支付、有线电视网络支付等形式。而在微商和跨境电子商务活动中,最重要的是网上支付和移动支付两种形式。

网上支付是指用户通过互联网实现的资金转移,网上支付采用先进的技术通过数字流转来完成信息传输,客户和商家之间足不出户即可完成交易。网上支付主要有以下四种模式:面对商务的 MOSET(merchant oriented SET)模式、无证书 SET(cert less SET)模式、完全 SET 模式、单纯 SSL 模式。

移动支付是指允许用户使用移动终端(包括手机、PDA、移动 PC、智能支付手表等)对所消费的商品或服务进行款项支付的方式。

电子支付技术主要涉及安全和方便快捷等问题。其中,电子支付安全技术主要是指电子身份验证、加密、防毒技术;而方便快捷则涉及移动支付技术。

由于用户时间的碎片化,催生了消费者购物场景的随时随地化。而支付是电子商务中重要的一环,用户对于无卡支付的需求越来越高,尤其是基于手机终端的线下即时场景支付。

移动支付技术实现方案主要有五种:双界面 JAVA card,SIM Pass,RFID - SIM,NFC 和智能 SD 卡。如 Apple Pay 就是基于 NFC 技术的非接触支付模式。《中国支付清算行业运行报告》显示,2014 年,支付机构共处理互联网支付业务 215.30 亿笔,业务金额 17.05 万亿元,分别比上年增长 43.52% 和 90.29%,整体保持平稳高效运行,其中移动支付行业表现最为亮眼,业务规模实现爆发式增长,去年全年支付机构共处理移动支付业务 153.31 亿笔,8.24 万亿元,同比分别增长 305.9% 和 592.44%。这充分说明移动互联网时代,移动支付行业前景一片光明。移动电子支付技术促进了移动电子商务和微电商的发展。

六、物联网技术

跨境电子商务的快速发展离不开信息流和物流环节的支撑。而物联网技术的成熟及推广将大大加速国际物流。随着互联网和云计算技术的快速发展,物联网技术在国内外很多大型物流企业中的应用已经比较成熟,并取得了一定的成果。物联网技术被应用于实现全球范围内的物流控制,并获得了巨大的成功。物联网技术在我国冷链物流、危险品物流、农产品物流、粮食物流、邮政物流、集装箱运输等领域都得到不同程度的应用。物联网技术在物流领域主要应用在以下几个方面:加快物流信息化进程;优化物流管理流程;提高物流效率,降低物流成本,提高物流企业竞争力;增加物流过程的可视性,供应链更加紧密。可以帮助企业乃至整个供应链在最短的时间内做出快速的反应,从而推动跨境电子商务的发展和提升服务的满意度。

第五节　微电商的移动互联网发展环境

一、现阶段我国移动互联网业务发展现状

(一)移动类业务快速增长

针对我国移动互联网业务发展现状可以看出,有关移动互联网的业务发展非常迅

速,与传统业务一起拓宽网络业务的种类。与传统的移动互联网相关业务相比,比如彩铃、彩信等,如移动互联网业务的形态非常丰富,时下比较流行的物联网、手机游戏、移动支付等等,都是目前热门业务,为消费者提供了更好的服务体验。

在移动互联网时代,互联网业务的种类日新月异,丰富的业务类型拓展了互联网的价值属性,如社交类手机游戏、手机导航、移动搜索业务(以百度为代表)、手机炒股、手机支付(以微信支付、支付宝为代表),这些不同类的业务类型一经推出,通过互联网的传播,收获了大量的忠实用户,业务量出现井喷。

(二)移动互联网覆盖水平受经济发展程度影响

这种现象非常明显,特别是对比东部发达地区与西部地区,互联网覆盖度的差距是非常大的,出现这种现象的原因是互联网业务的推进要根据一定的市场欢迎度进行,在一些东部发达地区,移动互联网相关的基础设施建设已经趋于成熟,同时当地的经济活跃度是非常高的,对于技术创新也非常热衷,与此同时,互联网企业高度集中的发达地区形成了良性的竞争环境,不断推动技术创新。与此形成鲜明对比的西部地区,由于受本地区经济发展、用户消费习惯以及互联网基础设施滞后等因素影响,移动互联网在该地区的发展相对缓慢,并且本地区的互联网人才相对稀缺,人才外流现象严重。

(三)个性化业务深受大众喜爱

移动互联网业务迅猛发展的同时,一些问题也就暴露出来,其中一个典型的问题就是业务产品同质化太严重,从而导致质量良莠不齐,干扰用户选择,用户体验非常不好。所以一些功能(需求)驱动型的业务产品逐渐开始站稳市场,这一类业务的一个共同特点就是对用户的精确定位。

(四)我国移动互联网业务发展的趋势分析

随着4G的普及和VR虚拟显示设备的火热,在可遇见的将来,移动互联网的业务又将迎来一次新的增长点。同时,由于资费的下调,以及上网速度的提升,用户对于移动互联网的需求将更加旺盛,当然,在巨大需求的背后,这也在推动整个移动互联网产业格局的重塑。信息化、娱乐化、商业化以及行业化,成为未来移动互联网业务发展的4个方向。

二、移动电子商务与微电商的发展

随着中国智能手机的普及以及移动互联网的发展,手机已经成为人们生活中非常重要的一部分,手机已经不是过去传统意义上的通信产品,而是更多地承载了人们的娱乐、消费、商务、办公等活动。在此背景下,中国移动电商行业快速成长起来,用户的移动购物习惯也在逐步养成。

(一)移动购物消费渐成气候

随着智能手机、平板电脑步入千家万户,移动购物已经得到了部分人的应用,并且越来越多的人正在参与。当然,移动购物普及程度与经济发展程度仍然呈正相关性。

iCTR 的在线调研数据显示,在过去的半年里,有 59% 的被访网民用过手机购物,20% 的被访网民用过平板电脑购物,可见,已经有至少六成的被访网民有过移动购物的经历,中国网民的移动购物习惯已逐步养成(见图 2-7)。

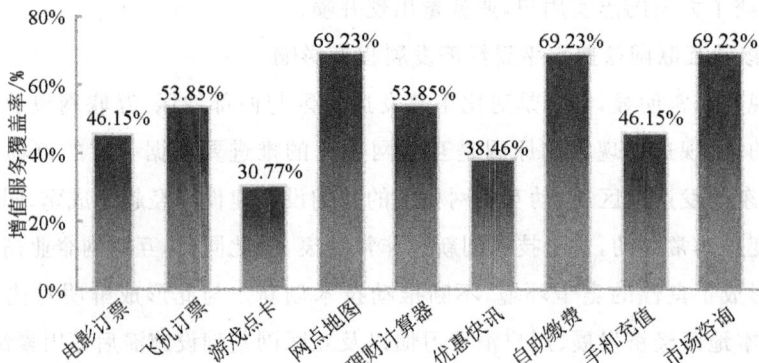

图 2-7　主要移动银行客户端的增值服务覆盖率

数据说明:以上数据通过对国内主要银行的 iPhone 手机银行客户端功能统计获得。

来源:易观国际·易观智库　　　　　　　　　　　www.eguan.cn

SOURCE:EnfoDesk © Analysys International　　　　　www.enfodesk.com

而移动购物的兴起,势必会对 PC 端的购物造成影响。iCTR 在线调研数据显示,7% 的被访网民表示,他们已经有超过 80% 的商品从 PC 端转移到移动端购买,可见这部分用户已经成为移动购物的重度用户;而有 15% 的被访网民表示,其有 50% 左右的商品已经从 PC 端转移到移动端购买;另外,有 35% 的被访网民表示,他们有 30% 左右的商品购买行为开始向移动端转移。

由此可见,已经有接近一半的用户,其购买行为已经从 PC 端向移动端转移。iCTR 认为,随着 4G 时代的到来以及移动购物用户体验的不断改善,移动端购物对 PC 端购物,乃至传统的购物行为都会造成很大的影响,这种影响不仅表现在对 PC 端、传统购物市场的抢夺,还有可能会对两个市场的发展起到拉动作用,带来新的客户和市场空间。所以,在此趋势下,电商企业以及传统企业都需要抓住此时机,布局移动端业务,不断优化移动端购物体验,才能在未来的发展中占得一席之地。

(二)移动购物入口多样化

现阶段,移动购物对 PC 端购物产生了一定的影响,而移动购物的入口也在悄然发生着变化。除了传统的站内搜索、通用搜索(如百度等)等方式外,二维码、移动社交产品也成了用户选择移动购物入口的方式。

iCTR 的在线调研数据显示,目前移动购物入口主要分为三大类。第一类,与 PC 端的网络购物类似,一方面,搜索(包括站内搜索和通用搜索)依然是用户移动购物时查找商品的主要方式。另一方面,首页推荐及分类浏览、折扣类及返利类网站查找也是用户较常使用的方式;第二类,二维码作为连通移动购物线上线下的重要应用,目前仅占到被访网民的 13.2%。iCTR 分析认为,二维码的安全性依然是用户使用时考虑的核心因素,如果未来针对二维码的监管力度加大,降低其使用的安全隐患,二维码在移动购物的发展中还将起到更重要的作用;第三类,移动社交。在移动社交产品中,iCTR 的在线调研数据显示,"分享购物类"产品成为用户选择比例最高的项目,而在此阶段,微信、微博作为移动购物入口的作用还不太明显。

iCTR 认为,虽然目前移动社交在移动购物入口方面还没有表现出太大的优势,但是,在以微信为首的移动社交产品已经成为移动互联网重要入口的前提下,移动社交在移动购物的转化率方面还有很大的提升空间。以微信"企业公众服务号"为例,在微信对认证的企业开放了微信支付后,"企业公众服务号"将成为传统企业进行微信营销的一种很好的形式,接通微信支付后,可以更好地将营销转变成实实在在的销售额。虽然目前用户的使用程度还较低,但是未来此部分业务还有很大的发展空间。

总之,移动电商正在快速成长,但同时我们也需要清醒地认识到,与 PC 端购物以及传统市场相比,移动电商的发展依然处在起步阶段,还远没有到达爆发的阶段。所以,这就要求移动电商的从业者,依然需要戒骄戒躁,抓住行业发展大势,探索出真正适合自己的发展模式,从而进一步推动行业的发展。

复习思考题

1. 阐述影响我国跨境电商发展的政治法律环境。

2. 阐述影响我国跨境电商发展的经济环境。

3. 分析我国跨境电商发展的社会文化环境。

4. 分析我国跨境电商发展的技术环境。

5. 谈谈你对国家完善跨境电子商务法律制度环境的认识。

6. 杭州综合试验区取得了哪些方面的经验?对我国发展跨境电子商务有何借鉴意义?

跨境电子商务政策法规

第三章

学习目标

通过本章的学习和对跨境电商相关法律法规的梳理,加强对跨境电商法律法规的认识和了解,为指导跨境电商发展打下法制基础。了解国际电子商务立法、相关协议及发展趋势、国际国内出台的对促进跨境电商的竞争力政策以及跨境电商中涉及的诸如支付、税收、物流、电子合同等方面的政策规则框架等相关知识。

开篇案例

上海"跨境通"跨境电商试点获利好政策支持

在中国进出口外贸需求趋紧的背景下,由政府部门运作的跨境电商正蓬勃兴起。2013年8月29日,国务院办公厅转发了商务部等9个部委《关于实施支持跨境电子商务零售出口有关政策的意见》,自2013年10月1日起在已经开展电子商务通关服务试点的上海、重庆、杭州、宁波、郑州等5个城市展开新政策试点。随后,上海市出台《上海海关关于在中国(上海)实验区开展跨境贸易电子商务进口通关模式试点业务的公告》和《关于跨境贸易电子商务进口业务相关事宜的公告》。《上海海关关于在中国(上海)实验区开展跨境贸易电子商务进口通关模式试点业务的公告》中推进直购进口、网购保税进口、一般出口三种主要模式。《关于跨境贸易电子商务进口业务相关事宜的公告》中明确:(1)参与企业的备案要求要提高,完善海关对企业及商品的监管;(2)完善服务平台数据(订单、运单、支付),以便海关集中审核放行;(3)明确海关审核、查验及物流企业在收件时的查验内件权利等。

上海跨境电子商务贸易试点模式为网上直购进口模式、网购保税进口模式和一般出口模式,城市跨境电商在于直购和保税进口以及一般出口。上海跨境贸易电子商务平台(简称"跨境通")自2013年12月28日上线以来,逐步完善跨境服务三大模式,目前已经形成直邮中国和自贸赚取模式,"跨境通"销售的产品类别主要是母婴、保健食品、箱包、服装服饰、化妆品五大类产品,集中在快消品领域,商品价格与实体店相比,可优惠30%左右。

截至2014年12月,上海海关直购进口模式成交约2.4万单,网购保税进口模式成交约3.2万单,合计货值逾1700万元。同时,上海海关已为55家电商企业、12家物流仓储企业完成跨境电商备案工作,业务涵盖美国、韩国、澳大利亚、新西兰等多个跨境网购热点国家和地区,跨境电商品牌集聚规模效应初步显现。

目前,上海在自贸区外,松江区、嘉定区和普陀区均成为开展跨境电商区域。至2014年前三季度,上海市电子商务交易额达9066亿元,同比增长28.1%。

第一节 国内外跨境电子商务政策分析

一、国际电子商务立法概述及发展

国际电子商务立法的真正发展时期是以第18届贸法会研究解决计算机可靠数据的证据价值开始的。

①联合国国际贸易法委员会于1996年6月通过了《联合国国际贸易法委员会电子商务示范法》,也就是通常人们所说的《电子商务示范法》,这个示范法为各国立法者提供了一整套国际电子商务规则。第一个世界性的电子商务立法正式诞生。近年来,世界上已有许多国家和国际组织,制定了相关调整电子商务活动的法律规范,形成了许多电子商务法律文件。联合国国际贸易法委员会还主持制定了一系列调整国际电子商务活动的法律文件,主要包括《计算机及记录法律价值的报告》《电子资金传输示范法》《电子商务示范法实施指南》以及《统一电子签名规则》等。

②欧盟分别于1999年和2000年通过了《电子签名指令》和《电子商务指令》,这两部法律规范了电子商务立法的基本内容,构成了欧盟国家电子商务立法的核心和基础。随后,通过了系列指令或指南,希望通过制订电子商务政策,努力协调内部关系,并积极将其影响扩展到全球。

③美国在电子商务方面制定了《统一商法典》《统一计算机信息交易法》和《电子签名法》等多部法律,其中,《统一计算机信息交易法》为美国网上计算机信息交易提供了基本的法律规范。虽然《统一计算机信息交易法》属于模范法的性质,并没有直接的法

律效力,但在合同法律适用方面比如格式合同法律适用等问题上,融合了意思自治原则和最密切联系原则,最大限度地保护了电子合同相对人的合法权益。

二、我国跨境电商相关政策法规

2005年4月1日,《中华人民共和国电子签名法》(简称《电子签名法》)开始实施,我国信息化告别了过去无法可依的历史。随着技术的不断发展,电子商务活动的进一步开展和普及,《电子签名法》对规范电子签名活动,保障电子交易安全,维护电子交易各方的合法权益,促进电子商务的健康发展起到了重要作用。目前,我国现有与互联网相关的法律法规规范性文件,有《中华人民共和国合同法》《涉外民事关系法律适用法》《互联网信息服务管理办法》《关于网上交易的指导意见(暂行)》《网络商品交易及有关服务行为管理暂行办法》以及《第三方电子商务交易平台服务规范》等。随着近几年跨境电子商务的蓬勃发展,我国现有国际贸易法律体系也受到严重的冲击,跨境电子商务更亟须完整的法律体系加以调整和规范。

如果说2003年因"非典"成为电商元年,那么2013年就是跨境电商元年。2013年之前,外贸电子商务基本呈现一种"疯长式"的发展。2013年开始,政府开始出台政策并促进外贸电子商务稳步发展,具体政策:

(一)《关于实施支持跨境电子商务零售出口有关政策意见的通知》

此通知在2013年8月由国务院办公厅颁发。提出如下意见:

①确定电子商务出口经营主体(以下简称经营主体)。经营主体分为三类:一是自建跨境电子商务销售平台的电子商务出口企业,二是利用第三方跨境电子商务平台开展电子商务出口的企业,三是为电子商务出口企业提供交易服务的跨境电子商务第三方平台。经营主体要按照现行规定办理注册、备案登记手续。在政策未实施地区注册的电子商务企业可在政策实施地区被确认为经营主体。

②建立电子商务出口新型海关监管模式并进行专项统计。海关对经营主体的出口商品进行集中监管,并采取清单核放、汇总申报的方式办理通关手续,降低报关费用。经营主体可在网上提交相关电子文件,并在货物实际出境后,按照外汇和税务部门要求,向海关申请签发报关单证明联。将电子商务出口纳入海关统计。

③建立电子商务出口检验监管模式。对电子商务出口企业及其产品进行检验检疫备案或准入管理,利用第三方检验鉴定机构进行产品质量安全的合格评定。实行全申报制度,以检疫监管为主,一般工业制成品不再实行法检。实施集中申报、集中办理相关检验检疫手续的便利措施。

④支持电子商务出口企业正常收结汇。允许经营主体申请设立外汇账户,凭海关

报关信息办理货物出口收结汇业务。加强对银行和经营主体通过跨境电子商务收结汇的监管。

⑤鼓励银行机构和支付机构为跨境电子商务提供支付服务。支付机构办理电子商务外汇资金或人民币资金跨境支付业务,应分别向国家外汇管理局和中国人民银行申请并按照支付机构有关管理政策执行。完善跨境电子支付、清算、结算服务体系,切实加强对银行机构和支付机构跨境支付业务的监管力度。

⑥实施适应电子商务出口的税收政策。对符合条件的电子商务出口货物实行增值税和消费税免税或退税政策,具体办法由财政部和税务总局有关部门另行制订。

⑦建立电子商务出口信用体系。严肃查处商业欺诈,打击侵犯知识产权和销售假冒伪劣产品等行为,不断完善电子商务出口信用体系建设。

(二)《关于跨境电子商务零售出口税收政策的通知》(财税〔2013〕96 号文)

电子商务出口企业出口货物(财政部、国家税务总局明确不予出口退(免)税或免税的货物除外,下同),同时符合下列条件的,适用增值税、消费税退(免)税政策:

①电子商务出口企业属于增值税一般纳税人并已向主管税务机关办理出口退(免)税资格认定。

②出口货物取得海关出口货物报关单(出口退税专用),且与海关出口货物报关单电子信息一致。

③出口货物在退(免)税申报期截止之日内收汇。

④电子商务出口企业属于外贸企业的,购进出口货物取得相应的增值税专用发票、消费税专用缴款书(分割单)或海关进口增值税、消费税专用缴款书,且上述凭证有关内容与出口货物报关单(出口退税专用)有关内容相匹配。

(三)国家税务总局关于外贸综合服务企业出口货物退(免)税有关问题的公告(2014 年第 13 号)

该公告指出,为进一步发挥外贸综合服务企业提供出口服务的优势,支持中小企业更加有效地开拓国际市场,经财政部、商务部同意,做如下规定:

外贸综合服务企业以自营方式出口国内生产企业与境外单位或个人签约的出口货物,同时具备以下情形的,可由外贸综合服务企业按自营出口的规定申报退(免)税:

①出口货物为生产企业自产货物;

②生产企业已将出口货物销售给外贸综合服务企业;

③生产企业与境外单位或个人已经签订出口合同,并约定货物由外贸综合服务企业出口至境外单位或个人,货款由境外单位或个人支付给外贸综合服务企业;

④外贸综合服务企业以自营方式出口。

（四）《支付机构跨境电子商务外汇支付业务试点指导意见》

该《意见》包括总则在内共有六章，政策涵盖试点业务申请、试点业务管理、支付机构外汇备付金账户管理、风险管理、监督检查等，为便利机构、个人通过互联网进行电子商务交易、规范支付机构跨境互联网支付业务发展、防范互联网渠道跨境资金流动风险起到了重要作用。

（五）《海关总署公告 2014 年第 56 号（关于跨境贸易电子商务进出境货物、物品有关监管事宜的公告）》（56 号文）

公告明确了跨境电商进出境货物、物品的海关监管流程。公告明确规定了通过与海关联网的电子商务平台进行跨境交易的进出境货物、物品范围，以及数据传输、企业备案、申报方式、监管要求等事项。

公告中"电子商务企业或个人通过经海关认可并且与海关联网的电子商务交易平台实现跨境交易进出境货物、物品的，按照本公告接受海关监管"的规定，明确了公告的适用范围，即同时满足以下三个条件的纳入公告调整范围：一是主体上，主要包括境内通过互联网进行跨境交易的消费者、开展跨境贸易电子商务业务的境内企业、为交易提供服务的跨境贸易电子商务第三方平台；二是渠道上，仅指通过已与海关联网的电子商务平台进行的交易；三是性质上，应为跨境交易。对于未在上述条件范围内的进出境货物、物品，海关仍按照原有方式（比如一般贸易、邮件、快件等）办理通关手续。

电子商务企业或个人、支付企业、物流企业应在电子商务进出境货物、物品申报前，分别向海关提交订单、支付、物流等信息。电子商务企业在以《货物清单》方式办理申报手续时，应按照一般进出口货物有关规定办理征免税手续，并提交相关许可证件；在汇总形成《进出口货物报关单》向海关申报时，无须再次办理相关征免税手续及提交许可证件。个人进出境物品，应由本人或其代理人如实填制《物品清单》，逐票办理物品通关手续。个人在以《物品清单》方式办理申报手续时，按照进出境个人邮递物品有关规定办理征免税手续，属于进出境管制的物品，需提交相关部门的批准文件。

（六）海关总署《关于增列海关监管方式代码"9610"的公告》和《关于增列海关监管方式代码的公告》（57 号文）

2012 年，海关总署联合发改委启动了跨境电商服务试点；2013 年，海关总署密切关注试点城市情况，并逐步扩大了试点范围；2014 年，海关总署颁布了一系列政策文件，建立了"9610"和"1210"：其中"9610"——全称"跨境贸易电子商务"，简称"电子商务"，适用于境内个人或电子商务企业通过电子商务交易平台实现交易，并采用"清单核放、汇总申报"模式办理通关手续的电子商务零售进出口商品（通过海关特殊监管区域或保税监管场所一线的电子商务零售进出口商品除外）；"1210"——全称"保税跨境贸易电子商务"，简称"保税电商"，适用于境内个人或电子商务企业在经海关认可的电子商务平台实现跨境交易，并通过海关特殊监管区域或保税监管场所进出的电子商务零售进出境商品（海关特殊监管区域、保税监管场所与境内区外（场所外）之间通过电子商务平台交易的零售进出口商品不适用该监管方式）。两种新型监管模式，并通过了 56 号文明确了跨境电商进出境货物、物品的海关监管流程。

（七）《关于促进跨境电子商务健康快速发展的指导意见》

2015 年，国务院办公厅印发了该意见，就促进跨境电商发展提出了五方面具体支持措施。业内认为，这些政策旨在营造更加宽松、便利的发展环境，将有效促进跨境电子商务这一新兴业态健康快速发展。近年来我国外贸增速放缓，跨境电商异军突起，正逐渐成为对外贸易新的增长点。据中国电子商务研究中心统计，2014 年中国跨境电商交易规模约 4.2 万亿元，同比增长 33.3%，其中出口占比约 85.4%。"跨境电商缩短了传统的供应链，有效降低中间环节成本，是外贸企业开拓国际市场的新渠道。"

正是顺应这种新形势，我国近年密集出台服务跨境电商发展的政策措施。仅 2015 年 5 月份以来，国务院就已先后发布了《关于大力发展电子商务加快培育经济新动力的意见》和《国务院关于加快培育外贸竞争新优势的若干意见》，商务部也制定了《"互联网＋流通"行动计划》，进一步明确了鼓励电子商务快速发展的态度。

（八）另一个政策变化是国家批准的跨境电商试点城市明显增多

2012 年批准了上海、重庆、杭州、宁波、郑州作为跨境贸易电商试点城市。2013 年，又有部分城市陆续纳入跨境贸易电商试点城市，而义乌、厦门等城市已经开始着力于建设当地的跨境贸易电商平台、物流平台与支付平台，2014 年 3 月，哈尔滨加入试点城市，主攻俄罗斯市场。

对于试点城市的跨境电商，各市也出台了相关政策。

1. 上海"跨境通"

《上海海关关于在中国（上海）实验区开展跨境贸易电子商务进口通关模式试点业务的公告》中推进了三种主要模式：

①直购进口：消费者——平台公司——国际物流（个人业务）。

②网购保税进口：进口商品进入保税区——消费者订单——保税区直邮。

③一般出口：订单核发、汇总申报。

《关于跨境贸易电子商务进口业务相关事宜的公告》中明确了以下几点：

①参与企业的备案要求提高（主要是向海关申报备案及商品备案），完善海关对企业及商品的监管。

②服务平台上数据要求的完善(订单、运单、支付),以便海关集中审核放行。

③明确海关审核、查验及物流企业在收件时的查验内件权利。

2. 重庆"e 点即成"跨境电商

渝办发〔2011〕236 号《重庆市加快电子商务产业发展有关优惠政策的通知》,对工商行政管理、财政政策、税收政策、建立金融融资服务及建立健全第三方机构,充当独立监管、人才培养和供给保障等做相关规定。在此基础上,重庆市以政府名义出台《关于进一步推动互联网产业发展的若干政策》《重庆市人民政府关于促进网络零售产业加快发展的意见》,积极制造重庆市发展电商的氛围及政策支持。市经信委将电子商务产业重点发展领域写入《重庆市软件和信息服务业"十二五"规划》,成立重庆国际电子商务交易认证中心在进出口业务中充当资格认定、检验平台的作用,通过网络自动检验认证和人工检验认证同时进行的方式,核发通关货品。同时还有市商委参与引进企业及平台公司,市外经贸委参与举办相关培训及园区建设。

《高新区促进电子商务发展暂行办法》:在上述政策的基础上,高新区出台了具体承接方案,具体规定了企业认定范围及奖励方式。在区域政策的制定上,值得借鉴。

3. 杭州"跨境一步达"

《杭州市跨境贸易电子商务服务试点实施方案》:选择在政策法规、建设平台、创新监管办法、制定规范标准、负面清单制度(两类产品、加强监管)等大的方面明确了责任单位和服务方式。依托杭州产业园,模式上采取:"直购进口""网购保税"。

2017 年 3 月 1 日,中国(杭州)跨境电子商务综合试验区(以下简称:杭州综试区)发布《杭州跨境电商促进条例》,它是国内首个由地方制定的跨境电商法规。对杭州跨境电商发展的管理体制、发展规划、平台服务和体系建设、促进措施等进行了明确的规定。

该条例明确规定,杭州综试区管理办公室负责杭州综试区的建设和统筹管理工作;海关、检疫检验、外汇管理、税务等部门配合协作,简化优化监管流程,推动体制机制创新;区、县(市)应当明确跨境电子商务管理部门,具体负责推动本行政区域内跨境电子商务的发展。建设线上单一窗口综合服务平台,与海关、检验检疫、税务、外汇管理等监管部门进行数据交换,推进监管部门之间信息共享、监管互认、执法协助;建设线下综合园区平台,提供通关、物流、金融、人才等一站式综合服务,承接线上单一窗口综合服务平台功能,促进线上平台和线下园区联动发展。

4. 宁波"跨境购"

宁波市《关于推进我市跨境贸易电子商务服务试点工作的通知》中提出以下几点:

①创新监管模式:通过由良好出口的企业,在平台上试点,加强监管、扩散推广的

方式逐步进行。推广类似上海"保税区直邮"的方式。

②创新通关模式：通过建立国际邮件交换站点，实现宁波周边地区邮件在宁波通关。推广"清单核发、汇总申报"的方式应用在 B2C 中。

③建设服务平台：搭建综合性服务平台。规范数据、提供物流、通关、数据交换、远程办公等功能。

5. 郑州"e 贸易"

郑州出台《郑州市电子商务发展实施意见》和《加快推进郑州市跨境贸易电子商务服务试点工作方案》。

在《郑州市电子商务发展实施意见》中明确：

①资金扶持：平台建设（经认定和验收后的平台，按实际投资额 20% 给予，总额不超过 300 万）、重点企业（择优 20 家左右的商户给予连续 2 年，每年 30 万的奖励）、应用第三方电商服务的企业（首期网络服务年费市财政、第三方平台和企业各承担三分之一）等的资金扶持和奖励。

②在岗培训、人才引进、学校人才输送、从事研究团体的奖励和扶持。

③另在组织架构和协会推动法律保障上提出探索解决的需求。

在《加快推进郑州市跨境贸易电子商务服务试点工作方案》中强调：

①前期筹备阶段：明确责任单位，从税收、监管、统计、稽查、技术五个方面完成细化方案，并测试通过。

②建设阶段：完善信息技术平台建设工作，并交由海关检测通过投入使用。依托"港区联动"，形成河南保税中心与郑州航空口岸"一次申报、一次查验、一次放行"的快速通关方式。开通邮政国际业务试点支持、推进知名电商的招商。

③运行阶段：平台运行的管理、优化。

④提升阶段：行程成熟的运营体系。

随后，郑州市政府与天猫国际签署《跨境电子商务战略合作协议》，河南进口物资公共保税中心有限公司分别与中外运敦豪国际航空快件有限公司、深圳昇扬商贸有限公司签订《战略合作框架协议》，围绕郑州市跨境贸易电子商务服务试点项目，以河南保税物流中心为平台，在物流、商贸、信息等方面，展开全方位深度合作。只有保税模式，尚未开通一般贸易模式，在保税模式下采取备货和集货两种方式，这方面走在全国的前列。

6. 广州"状元谷"

广州跨境电商主要有 B2B、B2C 两种渠道，货品主要来自欧美和日韩，品类主要涉及母婴、轻奢化妆品和鞋服等，在跨境电商试点业务模式主要是 B2C 一般出口（邮件/

快递)、B2B2C 保税出口和 B2B 一般出口三类。

①B2C 一般出口(邮件/快递):通过线上信息平台进行试点企业备案、商品备案及全程信息管理,允许试点企业凭交易或物流清单先申报放行,月度汇总填写出口货物报关单向海关申报,凭汇总的月度出口报关单办理退税、结汇手续。海关根据企业管理类别实施分类通关。

②B2B2C 保税出口:按"整进、散出、汇总申报"的模式进行。整进是指整批出口货物填写备案清单或出口货物报关单向海关申报进入园区。散出是指个人网购后填写清单向海关申报并由电商企业提供税款担保,海关先凭清单分批分散出园区。汇总申报就是定期将清单汇总后,填写出口货物报关单向海关申报,个人网购商品涉及许可证管理的可免许可证。

③B2B 一般出口:适应新的贸易发展需求,将大型外贸综合服务企业或大型电商平台作为外贸改革试点,通过专业的外贸供应链服务平台及全程信息化手段解决及规范监管问题,由当地政府对此类大型平台企业制定专项的退税保障基金,并由财政统筹此类试点企业的退税款项,提供优先退税、快速通关等服务。

2014 年 11 月 27 日,广州正式开通"21 世纪海上丝绸之路"跨境电商平台,并与中国东盟商务理事会签署了"21 世纪海上丝绸之路产业合作行动计划书",以此支持广州跨境电商的发展。

7. 深圳前海跨境电商:

2014 年 7 月,海关总署发布《关于跨境贸易电子商务进出境货物、物品有关监管事宜的公告》(2014 年第 56 号),为进口试点启动提供政策依据,深圳海关紧紧依托前海深港现代服务业合作区的政策和区位优势,在前海湾保税港区试行跨境贸易电子商务网购保税进口模式。

2014 年 9 月 9 日,深圳首票跨境贸易电子商务进口物品,由快递车辆运载驶出前海湾保税港区。这标志着深圳市跨境贸易电子商务进口试点正式启动。在出口试点已启动的情况下,深圳在全国率先建立起涵盖进出口的跨境贸易电子商务新型海关监管模式。

三、国外跨境电商的相关政策法规

(一) 美国:给予电商一定的发展空间

美国是世界上最早发展电子商务的国家,同时也是全球电子商务发展最为成熟的国家。美国在电子商务方面制定了《统一商法典》《统一计算机信息交易法》和《电子签名法》等多部法律,其中,《统一计算机信息交易法》为美国网上计算机信息交易提供了基本的法律规范。《统一计算机信息交易法》属于模范法的性质,本身并没有直接的法律效力,但在合同法律适用方面,比如格式合同法律适用等方面,融合了意思自治原则和最密切联系原则,可以最大限度地保护电子合同相关人的合法权益。美国在电商的课税问题上一直坚持税收公平、中性的原则,给予电商一定的自由发展空间。从 1996 年开始美国实行电子商务国内交易零税收和国际交易零关税政策。1998 年美国国会通过《互联网免税法案》,规定三年内禁止对电商课征新税、多重课税或税收歧视。2001 年国会决议延长了该法案的时间,直到 2004 年,美国各州才开始对电子商务实行部分征税政策。

2013 年 5 月 6 日,美国通过了关于征收电商销售税的法案——《市场公平法案》,此法案以解决不同州之间在电子商务税收领域划分税收管辖权的问题为立足点,对各州年销售额达 100 万美元以上的网络零售商征收销售税(在线年销售额不满 100 万美元的小企业享有豁免权),以电商作为介质进行代收代缴,最后归集于州政府。美国目前仍然沿用对无形商品网络交易免征关税的制度,在税负上给予电商更多的发展空间。而对入境的包裹关税起征点为 200 美元,其综合关税由关税和清关杂税构成。

(二)欧盟:主张对电商减少限制

作为世界经济领域中最有力的国际组织,欧盟在电商领域的发展一直处于世界领先水平。在电子商务税收问题上,欧盟委员会在 1997 年 4 月发表了《欧洲电子商务动议》,认为修改现行税收法律和原则比开征新税和附加税更有实际意义。1997 年 7 月,在有 20 多个国家参加的欧洲电信部长级会议上通过了支持电子商务的宣言——《波恩部长级会议宣言》。该宣言主张,官方应当尽量减少不必要的限制,帮助民间企业自主发展以促进互联网的商业竞争,扩大互联网的商业应用。这些文件初步阐明了欧盟为电子商务发展创建清晰与中性的税收环境的基本政策原则。

1998 年,欧盟开始对电子商务征收增值税,对提供网上销售和服务的供应商征收营业税。1999 年,欧盟委员会公布网上交易的税收准则:不开征新税和附加税,努力使现行税特别是增值税更适应电子商务的发展。为此,欧盟加紧了对增值税的改革。

2000 年 6 月,欧盟委员会通过法案,规定对通过互联网提供软件、音乐、录像等数字产品的,应视为提供服务而不是销售商品,和目前的服务行业一样征收增值税。在增值税的管辖权方面,欧盟对提供数字化服务实行在消费地课征增值税的办法,也就是由作为消费者的企业在其所在国登记、申报并缴纳增值税。只有在供应商与消费者处于同一税收管辖权下时,才对供应商征收增值税。这可以有效防止企业在不征增值税的国家设立机构以避免缴税,从而堵塞征管漏洞。因个人无须进行增值税登记而无法实行消费地征收增值税,因而只能要求供应商进行登记和缴纳。为此,欧盟要求所有非欧盟国家数字化商品的供应商至少要在一个欧盟国家进行增值税登记,并就其提供给欧盟成员国消费者的服务缴纳增值税。其从 2003 年 7 月 1 日起施行的电子商务增值税新指令将电商纳入增值税征收范畴,包括网站提供、网站代管、软件下载更新以及其他内容的服务。增值税征收以商品的生产地或劳务的提供地为判定来源地,并且对于电子商务收入来源于欧盟成员国的非欧盟企业,如果在欧盟境内未设立常设机构的,应在至少一个欧盟成员国注册登记,最终由注册国向来源国进行税款的移交。其中,德国对来自欧盟和非欧盟国家的入境邮包、快件执行不同的征税标准。除了药品、武器弹药等限制入境外,对欧盟内部大部分包裹进入德国境内免除进口关税。对来自欧盟以外国家的跨境电商商品,价值在 22 欧元以下的,免征进口增值税;价值在 22 欧元及以上的,一律征收 19% 的进口增值税。商品价值在 150 欧元以下的,免征关税;商品价值在 150 欧元以上的,按照商品在海关关税目录中的税率征收关税。德国网上所购物品的价格已含增值税,一般商品的普通增值税为 19%,但图书的增值税仅为 7%。

2002 年 8 月,英国《电子商务法》正式生效,明确规定所有在线销售商品都需缴纳增值税,税率分为 3 等,即标准税率(17.5%)、优惠税率(5%)和零税率(0%),根据所售商品种类和销售地不同实行不同税率标准。

(三)日本:强调公平、简化原则

1998 年,日本公布电子商务活动基本指导方针:在税收方面强调公平、税收中性及税制简化原则,避免双重征税和逃税。日本《特商取引法》规定,网络经营的收入也需要缴税,但如果网店的经营是以自己家为单位的,那么家庭的很多开支就可以记入企业经营成本。在这种情况下,如果一年经营收入不足 100 万日元,是不足以应付家庭开支的,就可以不用缴税。据统计,日本年收益高于 100 万日元的店主都会自觉地报税。日本自民和公明执政两党已确定 2015 年度税制改革大纲,从 2015 年 10 月起,通过互联网购自海外的电子书及音乐服务等将被征收消费税。一般的做法是将消费税加到商品价格中去,由消费者承担。

第二节　跨境电子商务规则制定框架

一、跨境电商人民币结算政策管理框架

(一)跨境电商人民币管理

当前,跨境电商人民币结算政策虽然已无障碍,但如何完善管理框架,以更好地促进跨境电商人民币结算业务的发展,仍是一个亟待解决的问题。为有效防范跨境电商

人民币结算的资金流动风险,同时考虑到跨境电商人民币结算的特点,可以按照结算主体、信息报送、真实性审核、监督管理等四个层次,将跨境电商人民币结算服务全面纳入跨境人民币结算管理中。

1. 将第三方支付机构作为结算主体

在跨境电商业务中,第三方支付机构主要提供跨境资金结算服务,同境内结算银行的地位和作用类似。因此,可将第三方支付机构作为特殊结算主体,按照结算银行管理模式进行管理。要求其接入 RCPMIS(人民币跨境收付信息管理系统)系统,对跨境电商人民币支付的真实性进行审核,按照统一报文格式报送跨境电商人民币收付信息。跨境电商涉及的境内主体为个人时,在国际收支申报上,可由第三方支付机构代境内主体进行申报。

2. 信息报送可采取单独报送和批量报送并行的方式

参照《关于优化人民币跨境收付信息、管理系统信息、报送流程的通知》(银办发〔2013〕188 号)中关于 RCPMIS 信息、报送的最新要求。根据跨境电商单笔交易金额确定是单独报送"人民币跨境收入支出信息"还是报送"小额批量人民币跨境收入支出信息"。对于大额的信息、采用实时方式报送,大额交易标准可参照反洗钱的有关规定。对于银行卡人民币账户跨行跨境清算业务涉及的人民币跨境收付信息,则由境内银行卡清算机构通过其境内结算银行统一向人民币跨境收付信息、管理系统报送。

3. 业务审核以交易真实性为主要原则

银行主要是以物流与资金流的拟合程度来审核货物贸易进出口业务的真实性,目前,国内电子商务交易支付主要采取"快递公司录入物流信息、收货人跟踪物流信息、收货验货后付款"流程,保证交易的真实性。因此可以要求第三方支付机构以物流信息为依据,审核交易的真实性,对于无物流信息或物流信息无法确定真实性的交易,不得提供支付服务。

4. 以事后非现场监测为主要监督管理原则

按照现行跨境人民币业务坚持市场化管理,坚持事后非现场检查管理为主的特点,对于跨境电商中介支付结构及其提供的资金结算业务也应坚持上述监督管理原则。人民银行主要依托 RCPMIS 系统对跨境电商中介交易信息、报送的及时性、准确性和完整性、交易的物流和资金流匹配情况进行监测,发现错误要求及时更正,违反反洗钱、国际收支申报等有关规定的依法给予处罚。

(二)跨境电子商务支付相关重要法规

1.《关于开展支付机构跨境电子商务外汇支付业务试点的通知》(5 号文)

2013 年 3 月,国家外汇管理局制定和下发了《支付机构跨境电子商务外汇支付业务试点指导意见》《支付机构跨境电子商务外汇支付业务试点管理要求》等多项文件，决定在上海、北京、重庆、浙江、深圳等地开展支付机构跨境电子商务外汇支付业务试点，获得支付业务许可证的第三方支付机构均可申请通过银行为小额电子商务（货物贸易或服务贸易）交易双方直接提供跨境电子商务支付所涉及的外汇资金集中收付及相关的结售汇服务。

2013年10月，包括财付通、支付宝、汇付天下、重庆易极付公司在内的17家第三方支付公司已接获国家外管局正式批复，成为首批获得跨境电子商务外汇支付业务试点资格的企业，标志着国内支付机构跨境电子商务外汇支付业务迎来实质性的进展，将有效推动外汇跨境支付一站式解决平台的发展，提升支付机构结售汇的能力与效率，推动中国电子商务企业的国际化进度。

外汇管理局同时规定，试点支付机构为客户集中办理收付汇（foreign currency payments and receipts）和结售汇（foreign exchange trading）业务，货物贸易单笔交易金额不得超过等值1万美元，留学教育、航空机票和酒店项下单笔交易金额不得超过等值5万美元。17家获得资格的公司获得的业务资格有所侧重，分别涉及跨境电子商务外汇支付、货物贸易、留学教育、航空机票以及酒店住宿业务。

2.《支付机构跨境外汇支付业务试点指导意见》(7号文)

7号文提出鼓励银行机构和支付机构为跨境电子商务提供支付服务。支付机构办理电子商务外汇资金或人民币资金跨境支付业务，应分别向国家外汇管理局和中国人民银行申请并按照支付机构有关管理政策执行。完善跨境电子支付、清算、结算服务体系，切实加强对银行机构和支付机构跨境支付业务的监管力度。为了进一步推动跨境电商支付的改革，国家外汇总局于2015年1月20日发布了《支付机构跨境外汇支付业务试点指导意见》，在全国范围内开展支付机构跨境外汇支付业务试点。该指导意见规定支付机构办理"贸易外汇收支企业名录"登记后可试点开办跨境外汇支付业务，同时将跨境支付的单笔交易限额由1万美元提高至5万美元。《指导意见》允许支付机构集中办理收付和结售汇业务，事后完成交易信息逐笔还原，从而更加提高支付机构的办理效率，以满足跨境电子商务巨量的支付需求。

二、跨境电商的税收政策

目前跨境电商出口退税政策门槛较高，大部分跨境电商企业享受不到优惠政策，主要体现在以下方面：

(一)出口退税政策门槛较高

《财政部、国家税务总局关于跨境电子商务零售出口税收政策的通知》(财税

〔2013〕96 号)对电子商务零售出口实现退税或免税的条件作了清楚的界定。第一类是符合下列条件的,适用增值税、消费税退(免)税政策:电子商务出口企业属于增值税一般纳税人并已向主管税务机关办理出口退(免)税资格认定;出口货物取得海关出口货物报关单(出口退税专用),且与海关出口货物报关单电子信息一致;出口货物在退(免)税申报期截止之日内收汇;电子商务出口企业属于外贸企业的,购进出口货物取得相应的增值税专用发票、消费税专用缴款书(分割单)或海关进口增值税、消费税专用缴款书,且上述凭证有关内容与出口货物报关单(出口退税专用)有关内容相匹配。第二类是电子商务出口企业不符合上述条件,但同时符合已办理税务登记、出口货物取得海关签发的出口货物报关单、购进出口货物取得合法有效的进货凭证,适用增值税、消费税免税政策。

2015 年—2016 年,国家积极推进中国(杭州)跨境电子商务综合试验区的建设经验,并在新设的跨境电子商务综合试验区允许实行"有票退税""无票免税"的出口退税政策。但现行政策规定,综合试验区外的跨境电商企业不具备退税条件,又无合法进项凭证,应视同内销征收增值税和消费税。据了解,符合货物劳务出口退(免)税政策条件、享受出口退(免)税政策的跨境电商寥寥无几。

(二) 跨境电商享受退税优惠政策存在困难

1. 跨境贸易电商企业取得增值税专用发票存在一定难度

跨境电商企业为适应"碎片化"订单需要,一般都是向个体经营户采购货物用于出口。而个体经营户大多为小规模纳税人,无法开具增值税专用发票。一方面,代开增值税发票实行"即开即征"方式,且购方只能按征收率 3% 退税;另一方面,销方担心无法再享受小规模纳税人起征点免税或小微企业税收优惠政策。

2. 跨境电商企业无法提供退税单证备案相关凭证

跨境电子商务是一种新业态,一般传统贸易"大单"被小且分散的"碎片化"订单所取代,物流形式以邮寄、快件方式分批运送,无法提供物权提单、装货单等相关备案单证。如以海运方式出境,海关凭清单先行核放出境,通过"跨境贸易电子商务通关服务平台"反馈给海关,再以贸易国别、商品税号、金额和时间段定期为电商把已核放清单数据汇总形成出口报关单,存在货物流、资金流与单据上显示信息内容不相符的问题,不符合现行出口退税有关规定。

三、跨境电商的物流规则

当前,我国跨境电商一般通过邮政、包裹、快递等物流模式配送商品,这些传统物流方式缺乏健全的物流配套体系,使得物流费用高,产品失去价格优势;物流时间长,买家购物体验不佳;物流通关麻烦,导致很多电商选择灰色通关方式;物流保障体系不完善,运送过程中货品损坏率高;退货换货程序极为繁杂,这些都严重影响了买家的信誉和销售业绩,并且也不符合跨境电商"交货快、种类多、服务优、个性化"的服务理念。

为更好地进一步发展跨境电商,要不断创新物流发展模式,保证跨界电商物流快捷、畅通;同时,应加大政府政策支持力度,找准物流发力点。

(一)加大物流政策出台力度,促进跨境电商发展

商务部新闻发言人沈丹阳 17 日表示,2016 年商务部接下来将加快落实《政府工作报告》中提出的相关要求,采取有效措施支持有实力的企业设立"境外仓",进一步提高通关效率、降低物流成本、缩短营销环节、改善配送效率、帮助企业更好地融入境外流通体系。与此同时,有报道称,跨境电商新政已原则上获得国务院批准,并将于 4 月初落地。种种迹象显示,跨境电商的风口正逐渐从 B2C 转移到 B2B 模式,发展出口产品"境外仓"正成为实现外贸稳增长和优化升级的一项重要部署。

2015 年,《国务院关于大力发展电子商务加快培育经济新动力的意见》《关于促进跨境电子商务健康快速发展的指导意见》,商务部《"互联网＋流通"行动计划》等重要政策更是接连出台。2016 年,这些政策开始步入"落地期"。2016 年首次国务院常务会议即点题"跨境电商",新设 12 个跨境电商综合试验区试点。海关总署也表示,正在研究制定综试区可复制推广的制度措施,下一步将尽快研究完善海关监管模式,加快推进跨境电子商务综试区建设。

值得注意的是,与过去几年大力扶持跨境电商有所不同,当前的政策导向开始有所侧重:一是推动企业走出去的"境外仓"成为政策扶持的重点;二是 B2B 模式成主流。所谓"境外仓",是指跨境电商企业按照一般贸易方式,将商品批量出口到境外仓库,电商平台完成销售后,再将商品送达境外的消费者。对企业而言,有利于降低成本。传统出口模式需经过外国进口商、外国批发商、外国零售商三个环节才能将产品送到消费者手中。境外仓的建设可以让出口企业将货物批量发送至境外仓库,不仅扩大产品品类、节约成本,还减少了中间环节,实现本地销售,本地配送。此外,境外仓也是展示品牌、售后、咨询的窗口。

商务部 2015 年发布的《"互联网＋流通"行动计划》提出,将推动建设 100 个电子商务境外仓。2016 年的政府工作报告明确提出"扩大跨境电子商务试点,支持企业建设一批出口产品'境外仓'"。沈丹阳表示,商务部已形成了对推进"境外仓"建设的一些工作思路,下一步将重点推进五项工作:一要进一步提高通关效率,二要降低物流成本,三要缩短营销环节,四要改善配送效率,五要帮助企业更好地融入境外流通体系。

(二)创新物流模式,保证跨界电商物流快捷、畅通

第一,利用报税仓库及其物流体系的作用,针对跨境电商在出口加工区设置报税仓库,在境内构建关外物流仓储中心。进口货物经企业集中采购后,先由海关运送至该仓储中心,等到跨境电商交易平台上出现零售订单时,企业就可凭订单,将其作为个人物品向海关处申报货物进口,而后配送至买家手中,由此不仅减少了商品成本,又防止了税收过多的流失。

第二,建立境外仓储中心与物流配送网络,利用互联网和信息技术,在境内外建立管理系统,提高物流效率、提高利润,增加消费者体验。企业也可根据条件,选择第三方外包物流企业。

第三,构建跨境电商展示平台,着重发展 O2O 模式。在线上做好在线支付与电商服务,在线下提供商品展示、展现购物体验,进一步融合线上线下贸易。

第四,利用互联网建立国内外统一的售后服务中心,使境外客户也可以得到相关商品的咨询投诉等服务,建立健全电商售后服务平台。

四、跨境电商电子合同问题规则

(一)电子合同及电子合同的法律适用

电子合同是电子商务交易的核心内容,根据联合国《电子商务示范法》以及我国《合同法》的有关规定,电子合同可以定义为:双方或多方当事人之间通过网络为媒介,以电子数据的形式发出要约和承诺,并最终达成一致的意思表示,确立双方民事权利义务关系的协议。电子合同是以电子的方式订立的合同,我国合同法已经确认其法律地位,并界定为一种书面形式。

电子合同具有主体广泛化虚拟化、合同内容无纸化标准化、签约方式电子化数据化、合同生效地点不确定等显著特征。

跨境电子商务交易,同样依托电子合同,只是合同中或主体有一方在境外,或交易的标的物在境外,或交易行为在境外。为区别于传统的涉外合同,笔者将跨境电子商务交易所订立的合同定义为涉外电子合同,涉外电子合同不仅具有电子合同的全部特征,还有交易跨境化、无国界化的特征。

合同的法律适用,从广义上来说,是指解决合同的订立、效力及争议处理等全部问题所应适用的法律;在狭义上,仅指确定合同效力的法律。

(二)涉外电子合同的法律适用应继续合同自体法原则

在电子商务相关法律空白,系列法律问题尚没有完美解决方案的情形下,延续合同自体法原则来解决法律适用的问题,无疑是目前最合适的方式。合同自体法理论最早是牛津大学的法学教授戴西提出的,它是意思自治原则和最密切联系原则的结合,即当事人在选择合同适用的法律时,以意思自治原则为优先,又以最密切联系原则作为补充。

? 复习思考题

1. 我国跨境电商相关竞争力政策法规有哪些？

2. 简述跨境电商的税收政策。

3. 跨境电商物流模式有哪些创新？

第二篇

微电商与跨境电子商务操作流程(一)

第四章

微电商与跨境电子商务市场项目分析

学习目标

通过本章的学习,了解全球电子商务发展现状和特点,理解中国电子商务发展的现状、特点及存在的问题,掌握中国微电商市场客户开发,为跨境电商与微电商业务的开展做好先期的市场环境分析。

开篇案例

唯品会入围腾讯星 APP 排行榜 Top10,跨境电商成下一个增长点

2016 年 5 月份腾讯星 APP 排行榜正式出炉。榜单显示,唯品会成功入围 5 月流行 APP Top10(见图 4-1)。唯品会副总裁冯佳路认为,对电商行业而言,打造良好的购物体验是重中之重。未来,唯品会不但继续扩大品类,还将大力发展海淘。同时将深度挖掘大数据,满足多样化的购物需求。

图 4-1 应用宝 2016 年 5 月"星 APP 榜"

随着移动互联网的快速发展以及电商规模的不断扩大,手机购物越来越成为人们热衷的购物方式。加上"双11"、"6.18"等购物狂欢节的形成,相比其他品类 APP,购物应用越来越受欢迎。唯品会副总裁冯佳路接受记者采访时表示,目前唯品会平台85%以上的订单量来自移动端,唯品会已经成为纯粹的移动购物平台。作为垂直购物电商平台,唯品会涵盖衣服鞋包等主要品类,自2008年上线以来就主打"品牌特卖、超低折扣、限时优惠"等特色,极大地激发了用户又要优惠又要品质的购物热情,逐渐成为备受用户欢迎的剁手神器。

会员数超过1亿的唯品会 APP 具有扁平化的设计,改变了传统电商的商品搜索模式,推出限时抢购等特色版块,更加贴近年轻人的购物习惯。冯佳路认为,腾讯星 APP 排行榜评选的重要维度就是下载量,这也直接反映了一款 APP 在用户间的流行程度。唯品会能够成功入围 Top10 不仅缘于 APP 本身扁平化的设计,更离不开良好的用户体验。

冯佳路表示:"口碑对唯品会来说非常重要,唯品会一直坚持95%以上商品的自营,从选货、采买、到进入仓库、再到配送,这样可以最大程度地保证商品是正品。坚持自营,保证正品,这是唯品会数年来得以发展的重要原因,也是为什么唯品会能够保持行业内较高的复购率。其次,对电商行业而言,用户的体验是非常重要的。由于唯品会主营商品品类多样,衣服占据60%以上的销售份额,而且一商品会有尺码、款式、颜色等多个维度的考量,因此为了最大程度地保证用户体验,唯品会在成立之初就立下了7天无理由退货的规矩,用户甚至无须通过交涉,直接就可以在 APP 上实现退货,并且会有人上门取货。只要是老用户,当即就可以收到唯品会提前垫付的退款,实现退货先退款。"

随着消费的不断升级,国人已经从最初的"屌丝购物"逐渐升级为中产阶级海淘,购物潜力不断激发。过去一年中,淘宝、京东等主流的电商平台相继进军海淘,唯品会也成为其中的一员。而海淘也已经被唯品会推至重要的战略地位。冯佳路表示:"未来唯品会的发展仍会坚持服装鞋包等主要品类不变,但也会加快其他品类的拓展,比如母婴、家居等。此外,还将继续发力海淘。目前唯品会已经建立20个保税仓,已经在11个国家和地区成立买手团队,海淘将成为未来主要的增长版块。在技术层面,唯品会还将深挖大数据,实现个性化推广,满足千人千面。移动时代,搜索已经不再是用户获取信息的唯一手段,而利用大数据分析用户需求,推送对的信息才更为重要。"

腾讯应用宝"星 APP 榜"是以一种直观的方式,向用户介绍一定时期内受欢迎的移动应用。据了解,星 APP 排行榜综合下载指数、飙升指数、新鲜指数、反馈指数、好评指数、分享指数等六大维度来评选出当月最受欢迎的 APP,从而为用户推荐新热的优质应用。

(资料来源:李方.唯品会入围腾讯星 APP 排行榜 Top10 跨境电商成下一个增长点[N/OL].中国网,2016 − 06 − 23. http：//www.ce.cn/cysc/tech/gd2012/201606/23/t20160623_13126687.shtml.)

第一节　跨境电商市场定位

一、跨境电商市场定位概述

市场定位最重要的就是满足需求。但由于身处国内,中国卖家对海外市场和海外消费者需求的了解却无法和国内相提并论。卖家想要做好定位,就需要去做一些前期的调研,在不断的积累中,培养对买家需求的敏感度。

在对国外市场调研阶段,卖家要去关注市场国总体物价水平和销售产品所属行业的价格水平。终端零售价格非常重要,只有了解了终端零售价格才有可能清楚海外消费者处于怎样的购物环境中,最终才能更好地给产品定价。而地域、文化等因素的差别,海外消费者的购物喜好与国内消费者相比,一定会有差异存在。所以,调研过程中卖家还要了解海外消费者的喜好。

目前速卖通主要市场有俄罗斯、巴西、美国、西班牙、法国等国家和地区。

国内卖家可以多和这些国家的卖家交流,进行市场调研。经调研发现,俄罗斯轻工产品价格是中国的 3 倍,巴西吃穿相当于中国的 2~3 倍,美国整体物价相对于工资水平来说较低,但是也有一部分商品价格很高。

美国普通数码周边产品和婚纱产品与我国有较大差别(见图 4 − 2、图 4 − 3)。

图 4 − 2　美国普通数码周边产品价格

图 4 - 3　美国婚纱产品价格

在美国,一些个性化商品的价格很高,卖家在选品时可以考虑(见图 4 - 4)。

图 4 - 4　个性化商品价格

卖家通过海外消费者的购买需求,进行定位。看看自身产品是否具有独特的产品功能和款式,是否拥有价格优势,是否在质量上拥有绝对的保证,是否是国外消费者了解的品牌。可以通过以下途径调研:

①可以去国外考察。可以去欧美国家,尽量不要去亚洲国家,亚洲国家的习惯和文化背景与我国是相似的,而且卖家的主要市场大部分偏欧美,俄罗斯消费者的喜好和欧美也是相似的。

②多和外国人沟通。最简单的方法就是询问在中国的外国朋友,他们网购一般都买什么,这对我们选品是有着提示作用的。

③看国外的零售网站。推荐几个美国的零售网站,如图 4 - 5 所示。

- 1. http://www.target.com/(综合性超市)
- 2. http://www.macys.com/(综合性百货)
- 3. http://www.costco.com/(综合性批发超市)

图 4 - 5　推荐几个美国的零售网站

④看看卖家产品在国外类似品牌官方旗舰店的价格等是怎样的,可以去模仿和超越。

⑤看国外电影、电视剧。去了解国外消费者的生活习惯及日常涉及的生活用品等。

⑥看买家频道,分析销量高的商品的特点和共性。卖家有时会忽略这点,其实看买家频道,就是为了了解买家需求,站在消费者的角度思考分析。

⑦数据分析。此外,目前国内竞争相当激烈,价格战、同质化严重。卖家在选品时要尽量规避这些问题,可以通过细分市场,找寻合理定位。

细分市场,可以从产品出发,分成高、中、低端细分;也可以做品类专业化,从消费者年龄层、性别等条件进行具体划分;还可以从风格差异化入手,拥有自己风格,让人轻易记住。

找寻自己的定位,具体可以分为三步。第一,前期调研,从细分市场切入,选品、店铺装修尽量统一,给人专业的印象;第二,市场时间的检验,设置一段时间让市场检验产品,看产品是否符合市场需求,可以通过曝光数据、销量、评价等判断;第三,经过检验后,选出明星产品优化发展,调整市场定位。

在定位产品时,卖家可以想想自己的品牌、店铺、商品的记忆点是什么,而不是千篇一律的卖同质化产品。找对了方向和市场定位,就可以增加产品的附加值,提高客单价。

二、跨境电商品牌定位

卖货而没有定位、没有清晰的产品路线,那么很容易给人以杂货店的感觉。给跨境电商产品或企业品牌定位是为了在市场上吸引消费者的关注和获得品牌期望认知,从而获得消费选择优势。那么如何做到给品牌正确地定位呢?

当你要海外搜索时,你第一时间想到谷歌;当你在国内上网购物时,你第一时间想到淘宝;当你上网购书时,你首先想到上当当网(即使它已经不再只是一个卖图书的网站了);而当你想要购买品质比较有保证的商品时,你又可能会选择京东,因为你知道京东对企业商家把控比较强。所以品牌不是企业简单制定的服务口号或标语,而是消费者的认知。

跨境电商没有定位,就没有清晰产品路线,那可能只会成为杂货店。品牌就是消费者对产品/企业的感性和理性认知,品牌定位要知行一致,要言行一致。再小的企业,也有自己的品牌。这一点,无论国内还是国外都是一样的。因此,一个跨境电商企业如何快速打造自主的品牌,品牌定位是很重要的,至于品牌5要素(①品牌名称;

②品牌标识;③品牌信条;④品牌受众;⑤品牌故事)都是为其服务的。

品牌定位是消费者对产品/企业的感性和理性的认知,改变消费者的认知是很难的。比如,淘宝现在是 C2C 第一大网购平台,若说要做一个比淘宝还要大的 C2C,消费者是不会信的,这个定位使几乎不会成功。百度的有啊,腾讯的拍拍,即使中国第一搜索平台百度有再多的流量导入,腾讯再多的 QQ 会员导入,都是改变不了的消费者的认知的。

如何给跨境电商产品(企业)品牌定位?如何找到准确的品牌定位而在市场赢得有利的位置?现在大平台价格战吞吃一切小品牌的"鳄鱼"口下,中小企业卖家如何定位?在确定品牌定位之前,研究目标市场需要回答以下问题:

①什么情况下引起消费者对产品的需要及购买?

②经营销售的产品具体特征是什么以及处在哪个商品类目下?

③在消费者的认知里,产品市场的领导者及竞争者所占市场份额是怎样的?

④消费者喜欢什么?不喜欢什么?

⑤有没有什么市场缺口是品牌可以填补的?

根据以上几个问题,这里给中小跨境电商企业提供四个有效的定位策略:

品牌定位策略一:

成为品类第一。比如 lotsofbuttons.com 成为第一的品牌定位策略是 The largest button website in the world(全球最大的在线纽扣商店)。lotsofbuttons.com 是一家中国香港的垂直时尚跨境电商企业,凭其超全的品类,数量之多,还提供各种类型、大小、形状和设计,采购自中国大陆成本低,总部驻立在香港效率高,满足世界各地客户的需求,使之在消费者认知里成为第一。

品牌定位策略二:

对立面(是什么,不是什么)。对立面品牌定位,就是相对或相反(是什么,不是什么)比如,年轻人的手机和老年人的手机。是男人袜,不是女人袜。

品牌定位策略三:

成为专家型产品。什么是专家型产品定位?就是专注于深造某一产品。比如,美国的一家在线卖餐具的企业 Don't Eat With Your Hands。他们每一套餐具都是由一些有名的工艺大师制作的,精益求精。还比如苹果手机(www.apple.com),专注于手机产品的垂直细分。一代一代地推陈出新,不断更新改进。

品牌定位策略四:

填补空隙。比如,美国一家专注为年轻时尚运动女孩制作胸衣的企业 The bra industry for young girls.(www.yellowberrycompany.com)

以上是四种品牌定位策略,可以运用到跨境电商产品企业中去。跨境电商产品或企业制定一个有利的品牌定位,可以在激烈的市场竞争中,占据或赢得消费者的心。但是打造一个品牌不是一天两天就可以完成的,品牌定位也是一样,它需要努力和时间的积累。

三、跨境电商市场分析

随着又一批试点城市的获批,以及相关政策的出台,国内跨境电商大有全面爆发之势,然而真的布局了的企业却是各有各的困惑。跨境电商市场的形势究竟如何?未来走向会是怎样?其中又蕴含着哪些新的机遇?以下将从政府意愿、企业探索以及未来趋势三个层面做一次深度解析。

(一)政府意愿:规范进口和鼓励出口

政府意愿是关联企业制定企业自身发展战略的根本出发点。

据商务部发布的统计数据显示,全国跨境电商交易规模从 2009 年的 0.9 万亿元上升到 2013 年的 3.1 万亿元,占进出口总值的比重由 9.3％上升至 31.3％,年均增速接近四成。2013 年,北京海关共监管进出口国际邮件包裹近亿件,其中,跨境电子商务出口货物包裹超过 7000 万件。来自艾瑞咨询的预测显示,跨境电商业务中有近 90％为出口业务,并且未来几年出口跨境电商还将保持 26％的年复合增长率。这对于解决中国经济的增长问题,无疑是一剂强心针。政府有意愿推,但目前流程尚待梳理,所以政策落地尚需时日。

根据海关总署官网披露的一组数据:从 2012 年 2 月开始,跨境电子商务在上海、重庆、杭州、宁波、郑州等地开展试点。出口方面,截至 2012 年 3 月 3 日,出口业务已在杭州、郑州、广州、重庆等地开展,累计验放出口清单 21 万份,归并形成出口报关单 1359 票,价值约 2200 万元。进口方面,截至 2012 年 3 月 3 日,进口业务已在上海、重庆、杭州、郑州、宁波等城市开展,累计验放进口包裹约 2.4 万票,货值 852 万元。现对于跨境电商市场的体量,试点城市的交易数据难言理想。

之所以出现这种局面,原因有两个方面,首先是对试点城市的跨境电商重在"监管",而非实打实的促进交易,加之没有现成经验可以借鉴,各地政府部门推得都比较谨慎。

另一方面跨境电商本身也是一个系统工程,要实现规模化规范发展,跨境信用、跨境支付工具以及国际物流三大要素缺一不可,而就目前情况而言,这三大因素都或多或少存在缺位现象(见图 4-6)。

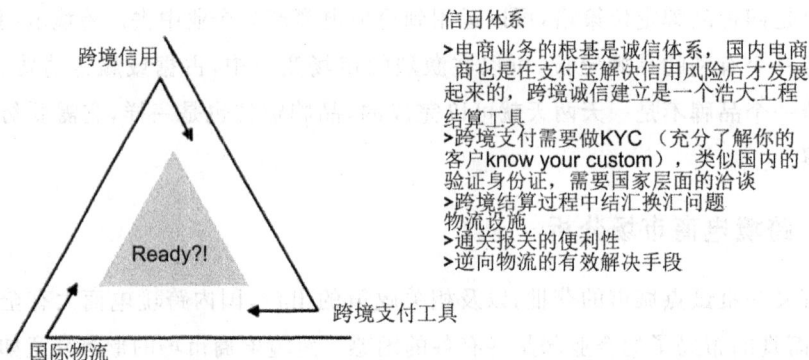

信用体系
> 电商业务的根基是诚信体系，国内电商也是在支付宝解决信用风险后才发展起来的，跨境诚信建立是一个浩大工程
结算工具
> 跨境支付需要做KYC（充分了解你的客户know your custom），类似国内的验证身份证，需要国家层面的洽谈
> 跨境结算过程中结汇换汇问题
物流设施
> 通关报关的便利性
> 逆向物流的有效解决手段

图4-6 跨境电商规模化发展的三大基础：跨国信用、跨境支付工具和国际物流

（二）企业格局：强者通吃与弱者打围

截至目前，跨境电商领域呈现出一种"强者通吃"的迹象，而后进者则围绕着自身主业，在跨境电商的产业链上分一杯羹。具体来说，在跨境电商交易方面，目前阿里巴巴一家独大，无论是出口的B2B，还是进口的速卖通，都占有压倒性的市场份额。而物流配送方面中国邮政则凭借其特殊的资源禀赋在市场上占据主导地位。其他电商企业如敦煌网、兰亭集势和递四方等，在某些细分市场也拥有一定的市场地位，但体量暂时都与阿里巴巴不在一个量级上。

物流方面，申通、顺丰、中远、东航物流等都纷纷围绕自身业务优势做了一些"转运"环节的布局，但业务结构和市场覆盖范围都与中国邮政不可同日而语。而近日阿里巴巴与中国邮政达成战略合作，给这个市场带来更多想象的空间。短期内两者在跨境电商领域的优势地位不会被撼动，但未来格局如何，现在很难断言，一旦有新的商业模式出现，原有的格局可能瞬间被打破。

在企业布局方面，有两个业务点特别值得一提——境外仓与保税网购。前者应用的代表性企业为盘踞在深圳，从货代起家的递四方，其在境外的仓库能够缩短配送时效，降低配送成本，同时还能在一定程度上扮演逆向物流的角色。而保税网购更是代表着进口跨境电商的未来，这一模式表现为：

进口跨境电商业务拥有三种代表性的模式：境外电商直邮，第三方转运以及大部分试点城市所推的保税网购模式(试点城市所说的"备货"模式)。其中保税网购模式因为能够将进口商品的仓储有效前移，在订单发生时，直接借助试点的便利通关系统通关，进而从境内保税仓发货，将以前跨境电商普遍的15天左右的配送时间缩短至2~3天。

目前因为受营销能力、价格优势以及服务质量方面的限制(售后服务和产品品类)，加之试点城市海关对跨境电商都采取比较谨慎的运营思路等，保税网购的交易量并不是很高，做得比较好的广州和宁波平均日单量也不过几百票左右。然而未来，随着通关流程的进一步理顺、京东天猫等本土电商领军企业深度参与,以及服务质量的进一步提升等,保税网购会迎来高速增长。

保税网购模式理想运输组合是通过海运/洲际铁路减少运输成本,通过高效清关和后段空运提升时效,因此,理想保税仓选址应同时具有空运和海运(未来洲际铁路的节点或也可以,甚至会比海运更具优势)区位优势,因此国内的深圳、广州、宁波、天津、青岛、沧州等具有明显地缘优势。

(三)未来趋势:多式联运与分销执行

跨境电商的发展将会给三个业态带来机会:跨境电商服务商、多式联运和供应链业务(尤其是分销执行)。

首先,跨境电商服务商。跨境电商的发展已经是大势不可逆转,而国内各种类型的企业纷纷涉足跨境电商也是不争的事实;然而受国际物流的不成熟、国际结算的缺位,国内通关体系待健全等因素影响,涉足其中的企业体验并不好。在形势尚不明朗的背景下,贸然投身其中,风险较大。一方面跨境电商业务还存在很多不确定的因素,而另一方面,试图做跨境电商的企业确有井喷的态势,此时服务跨境电商的消费者未必能够保证赚钱,但如果为跨境电商企业提供解决方案,亏损的概率应该会很小吧?结合前面的分析,仓库运营商、跨境结算实践者等应该会是最大受益者。

其次,多式联运。跨境电商模式下最显著的特征是通过仓储前置,用位移换实践,进而通过选择更经济的运输方式降低干线运输成本;而最后一公里再借助灵活快捷的配送,保障客户体验。因此未来跨境电商的代表物流模式,应该是干线海运(当然随着国内跨境铁路的成长,铁路也有可能从中分一杯羹,不过就目前来看,这一天的到来还要等上好一阵子),末端陆运加空运,不过这种多式联运要被中间的仓储环节所切分。在这一领域,最大的受益者是船运公司和保税仓储公司。

最后,分销执行。无论是国内品牌走向国际,还是国际品牌挺进国内,后端分销都是很大的挑战,尤其是对那些实力相对较弱的二三线品牌/中小企业更是如此。而未来跨境电商的生力军,恰恰是这些处在中间位置的二三线品牌或中小企业,因为一线品牌全球的分销网络比较成熟,他们不愿意,也不敢轻易尝试跨境网络直销,因为这样做会触动其分销商的利益。

如果哪个企业能够把欧美二三线品牌的国内分销体系做起来,将会是很有前途的,成立不久的一家主打 F2C(厂商到消费者,Factory to Consumer)的跨境电商网站——海选网吃了第一个"螃蟹",截至目前海选网已有数百家欧洲品牌商家入驻,其中 80% 以上品牌此前从未进入中国,此句后半句是亮点。在这一领域,最值得关注的是转型中的货代企业和发展中的供应链类企业。

第二节　跨境电商客户开发

一、跨境电商开发客户概述

中俄间的跨境电子商务往来变得越来越密切。俄罗斯电商市场研究报告显示，50％俄罗斯消费者至少每年会在国外网店购物一次,近四成消费者了解中国电商,中国网店销售的服装、鞋帽、手机和平板电脑特别受俄罗斯消费者的青睐。然而动辄60多天的运输时效浇灭了许多俄罗斯人的"海淘"热情。

获取客户信任是一件循序渐进且任重道远的事情。如何在海外成功开发客户达到打造自身独特形象提高知名度的效果是跨境电商从业者事业起飞之首要任务。在人人都是记者,人人都有一个麦克风的自媒体时代,跨境卖家完全可以利用网络自媒体把自己塑造成行内专家,从而使陌生的客人相信自己,为开发海外客户做出第一步。那么,从以下几点做起:

(一) 利用博客

在 BLOGGER 或者 Tumblr 上面开一个博客,坚持每天或者每周发布一篇和行业或者产品有关的文章,介绍产品特征或者对该行业的某些见解。当然如果你文笔够好,创意够新,也可以将自己对行业或产品的观点以故事的形式,幽默的语气表达出来。毕竟,"有意思"和"够专业"的东西才会有人看。但需要记住一点就是,这个文章一定要是原创,是互联网上没有出现过的文章。

(二) 文章内容

除了每日的文章外,每周至少出一篇具有爆点内容的行业新闻或者高质量的行业动态观察。当然有的卖家会说,大新闻不可能每周都会发生。但是,新闻的视角是可以不断转化的,180度,360度,评论,观察,心得,总结等都可以写。这样做的目的是塑造一个专业人士形象。

其次,和客户交往的经过,客户订单生产中的困难和解决,也可以一一道来,这样既帮助解决了客户的疑惑,拉近了与他们的距离提升了形象,同时也获取了一批潜在客户。

最后偶尔写一些生活感悟随笔,留下自己生活的印记,这样能让客户感受到活生生的公司,活生生的人,从而减少距离感。

值得注意的是,每写一篇文章,最好都能围绕着一个产品关键词来展开。并充分利用好一些长尾关键词在文章中穿插出现。

(三) 视频

YouTube 是当前行业内最为成功、实力最为强大、影响力颇广的在线视频服务提供商,其系统每天要处理上千万个视频片段。其不容小觑的流量成为行业人士营销的首选。因此,在开发客户阶段,除了使用博客等平台,YouTube 也是一个必须考虑在内的工具。

所以,每个月拍一段或者几段视频,放在 YouTube 上面,或者 Google＋上面,然后写一段详细的描述,比如,公司发货、包装过程的视频,工厂生产的视频,公司组织集体活动的视频,也可以是产品创新的视频,标签设置好产品关键词,产品名称、公司名称或者公司品牌。

(四) 社交网络不停歇

海外营销,社交网络是必选平台。Facebook 作为全球最大的社交媒体平台,因此也成为目前最理想的营销平台。同样,Twitter 也是可认真考虑的用户开发平台。在这些社交平台上,积极参与话题,分享、转发、发表行业见解,解决行业难题,让越来越多的行业人士成为你的粉丝。

二、跨境电商开发客户的方法

(一) 搜索引擎

在搜索引擎上找客户是最直接最有效的方式,谷歌加上关键词进行搜索,变换不同的地区、不同的语言、不同关键词。也可以直接输入你的产品,然后加上邮箱的后缀,或者搜索产品的制造商、经销商等,找到潜在客户的联系方式。

(二) 参加展会

展会上的客户都是有针对性的、和行业相关的客户,只要你去展会就一定会遇到对你的产品感兴趣的客户,多参加几次足够开发客户资源,在展会上一定要记录好客户的信息,回去之后发邮件继续沟通。

(三) 邮件开发

很多外贸人最常用的方式是写开发信,开发信的标题要吸引眼球,让更多的人有想要打开这封信的冲动。内容要简短,没有人会愿意读你写的长篇大论,简单介绍一些自己的特色产品。另外邮件里面不要添加附件,因为有些邮箱可能不会接收附件,最好是利用图片形成将这些信息简单选择,直接放在信件里面。外贸新手写开发信可能会一直没有回复,或者有数不尽的退信,但在你坚持每天发送开发信之后,时间长了一定会有人诚心诚意给你回复,然后开始进行产品的详细介绍、报价、讨论产品付款邮寄等细节,最后成交。整个过程中外贸人员要坚持和有耐心,因为客户可能购买的时候也不着急,所以这需要用心来打动客户。

(四)电话开发

邮件开发只是需要编辑文章点击发送,而电话开发则需要你做好充分的准备,因为或许找不到主管这项事物的负责人,或者直接不需要的,或者前台不给转接的,种种情况都会发生,需要你做好心理准备,随机应变。在打电话之前最好是把要说的事情列出来,聊天的时候一定要自信,把他们当作自己的朋友。

(五)在 B2B 平台上投放自己公司的产品

如果公司有付费的平台当然最好,这种平台能够带给产品更多的曝光率,如果是免费的平台,要多注册,不同的平台规则不同,曝光的人群也不同,只有多多注册多发布产品信息,才会有更多的人看到,才会带来询盘和以后的订单。另外,要及时更新产品信息,不断地更新才能排到前面,潜在客户才会看到你的信息。

(六)社交网络

Linkin、Facebook、Twitter,社交网络是一种舒服地认识客户的方式。

(七)外贸论坛

尤其是家电外贸论坛,在外贸论坛不仅可以学到外贸知识还可以获得一些资源,找到有需求的客户。

(八)海关数据

这是最详细最真实的信息,不仅有客户的进货产品,还有他们的联系方式、公司情况等信息。

开发客户的方法有很多,本章中只是讲了一些常见的方式,当然,这些方法也适用于其他行业。其实,方法不在于多而在于坚持,很多外贸老手做业务时间长了之后,都会有自己开发客户的方式,适合自己的才是最好的。

三、跨境电商卖家寻找国外客户的 29 个途径

如何寻找国外客户一直是比较烦恼的问题。因为这需要花费大量的时间和精力来寻找国外客户,而不能集中精力在与客户的沟通和交流上。在这里,介绍一些在实践中非常有效的寻找国外客户的方法。

①在 google 中输入产品名称＋importers。也可以用 importer 代替 importers 进行搜索。不同的产品或者行业,这些网站的排名往往不太一样,大家要是用自己的产品测试,应选取排名比较靠前的网站加以利用。

②关键词上加引号,即搜索"product-a importer",在输入时将引号一起输入。这

种方法可以保障在搜索出来的网页中我们输入的关键词是连接在一起的,不像上一种方法得到的结果中那样,输入的关键词可能是分开的。这样搜索结果虽然数量上大大降低,但准确性必然大大提高。

③搜索产品名称+distributor,搜索时如果加上引号,能得到更准确的结果。虽然这样做可能牺牲很多潜在客户,但如果运气好的话就可以找到很多分销商的信息。

④其他类型目标客户搜索:产品名称+其他客户类型。相关目标客户的词语还包括:buyer,company,wholesaler,retailer,supplier,vendor及复数形式,可以用来和产品名称结合搜索。这样搜索的结果不会很多,但包含比较丰富的客户信息和其他市场信息,比如行业状况、竞争对手信息和技术资料等。

⑤搜索 price +产品名称。通过这种方法得到的信息,其中一部分往往能让你找到很多的在网上销售产品的零售商和经销商,还有一部分搜索结果是一些市场报告、谈论产品行情的文章。如果是比较新的资料可以作为参考。

⑥搜索 buy +产品名称。这种方法可以帮助你发现可能被我们忽略的求购信息。

⑦国家名称限制方法。在前面 6 种方法的基础上加入国家名称限制。一般从这种搜索结果中我们可以得到我们关心的产品在目标市场的情况,其中也包含不少客户信息和客户信息源。

⑧关联产品法。产品名称+关联产品名称。这样的搜索结果往往是一些目标客户网站和行业网站。

⑨著名买家法。产品名称+你的行业里面著名买家的公司简称或者全称。这种方法可以帮助我们找到行业市场的情况,并能在相关的网站中找到其他买家的名字。

⑩market research 方法。产品名称+ market research。这种方法用以搜索某种产品的市场研究报告。一般在这种报告的提要或者内容中,可能会提到很多著名的行业内的公司,包括制造商和分销商。

⑪观察搜索引擎右侧广告。搜索产品名称后,查看搜索结果右侧广告。我们经常可以看到在 google 右侧会出现一些文字广告。这是 google 为了防止影响搜索结果的公正性而特别置于右侧的,这种方式既照顾到了搜索人不想受广告干扰的心理,也照顾到了广告主的利益。当我们根据以上很多的关键词搜索目标客户信息时,往往那些广告主提供的服务也是值得我们关注的。

⑫寻找行业展览网站。到目前为止,出口营销最为有效的方式还是参加面向国际

贸易的行业展览。这类展览一般有专门网站,这个网站上往往会罗列上次展览的参展商名单和本次已经报名参展的客户名单。

⑬高级搜索的 title 方法。使用 google 高级搜索功能的 allintitle 功能,搜索上述各个项目的关键词。title 方法的原理是把客户在网页标题中描述自己的关键词找出来,然后在网页标题中搜索关键词。这时候搜索出来的内容相关性比以往大大提高,非常准确。

⑭寻找有链接到大客户网站的网页。即使用 google 查找大客户网站的链入网页。无论是什么情况,链入网页很可能是个比较专业的网页,考虑到该网页可能同时包含其他潜在客户,所以非常值得关注。

⑮寻找有引用有客户网址的网页。方法同上,只是查找的是引用客户网址的页面,而不是链入页面。

⑯网址包含大客户公司名。在 google 高级搜索功能里,输入大客户名称,在字词位置选择"网页内的网址"搜索。这种方法搜索出来的网页同方法⑭、⑮一样,都是非常专业的界面。而且一般如果某个网站会以某个客户的名称来命名网页,那么很有可能是在介绍一系列的公司,这其中很有可能还有其他潜在客户。

⑰多语言方法。搜索关键词的其他语言写法。这种方法对非英语的国家比较有用,如东欧、南美国家等。因为这种方法很少有人使用,所以非常值得尝试。

⑱专业文档方法。搜索引擎还提供类似于 ppt、pdf、word、excel 文档的高级搜索功能。一般互联网上这种文档数量比网页数量要少得多。而且这种文档一般都是专业的资料,绝对值得研究。

⑲网址目录方法。注重在网络上宣传自己的公司往往会将自己登录到 yahoo.com 和 dmoz.org 这两个世界最有名的网址目录中。因此,我们也可以到这两个网址目录中去寻找一些客户信息。

⑳企业名录网站方法。全球有一些专门提供买家名录的公司和网站。

㉑进口商与分销商名录网站方法。可以通过搜索 importers directory 和 distributors directory 来查找。

㉒行业网站方法。专业网站在买家、卖家信息的真实性、完整性方面一般都比综合商贸网站专业,而且分类更加细致,更容易找到对口的信息。

㉓综合商贸网站方法。

㉔黄页网站查找方法。在研究区域市场时,该区域的黄页是很有用的。特别是一些新兴市场。

㉕商务部世界买家网。中国商务部为中国广大出口商收集了世界上 40 多万进口

商的资料,并免费对中国出口商开放。

㉖商务部驻外机构。商务部驻外机构的信息在这里可以查询到。

㉗进出口协会或者商会。我们在开发区域市场时,往往需要罗列该区域的主要进口商,然后选择合适的代理。

㉘各国行业商会。在搜索引擎中搜索行业名称+association。一般来说,某国的行业协会都包含了制造商、经销商的相关信息。

㉙alexa工具。alexa网站可以检测一些行业网站、贸易网站的流量,据此来判断这些网站的知名度。

第三节　跨境电商商品开发——选品

近年来,跨境电商成了关注热点,尤其是两会报告中更是多次提到跨境电商,给跨境电商发展提供很好机遇和政策支持。尤其中国是世界制造中心,丰富的产品线,低廉的价格也有天然的优势,但是面对如此多的产品,如何选择符合国外客户需求的产品就成难题了。

一、选品综述

从市场角色关系看,选品,即选品人员从供应市场中选择适合目标市场需求的产品。从这个角度看,选品人员必须一方面把握用户需求,另一方面,要从众多供应市场中选出质量、价格和外观最符合目标市场需求的产品。成功的选品,最终实现供应商、客户、选品人员三者共赢的结果。此为选品价值之所在。

从用户需求的角度看,选品要满足用户对某种效用的需求,比如带来生活方便、满足虚荣心、消除痛苦等方面的心理或生理需求。

从产品的角度看,选出的产品,即在外观、质量和价格等方面符合目标用户需求的产品。由于需求和供应都处于不断变化之中,选品也是一个无休止的过程。

二、选品选型思路与方法

选型思路:网站定位→行业动态分析→区域需求分析→品相参考→产品开发与信息加工;在把握网站定位的前提下,研究需要开发产品所处行业的出口情况,获得对供需市场的整体认识;借助数据分析工具,进一步把握目标市场的消费规律,并选择正确的参考网站,最终结合供应商市场,进行有目的产品开发。

（一）网站定位

网站定位,即网站的目标市场或目标消费群体,通过对网站整体定位的理解和把握,产品专员选择适合定位的品类进行研究分析。

中国制造产品的优劣势分析:

优点:成本低,更新快,种类多,国外需求量大;

缺点:质量一般,缺少品牌,客户忠诚度低。

因此,立足中国的跨国电商 B2C 站点,建立销售品牌更优于建立产品品牌。

1. 从品类结构(产品、销售、订单)看

大类分别为儿童用品、摄像器材、汽车配件、手机周边、服装服饰、电脑周边、电子、美容保健、家居园艺、首饰手表、办公用品、体育用品、玩具收藏品、游戏配件。

2. 网站综合性定位对产品集成的要求(产品线的宽度和深度)

（1）宽度方面

①充分研究该类别,拓展品类开发的维度,全面满足用户对该类别产品的不同方面的需求,拓宽了品类宽度的同时,也提升了品类的专业度。

②开发产品时,应考虑该品类与其他品类之间的关联性,提高关联销售度和订单产品数。

（2）深度方面

①每个子类的产品数量要有规模,品相足够丰富;

②产品有梯度(如高中低三个档次),体现在品相、价格等方面;

③挖掘有品牌的产品进行合作,提高品类口碑和知名度;

④对目标市场进行细分研究,开发针对每个目标市场的产品。

（二）区域化用户需求分析

结合网站定位,并借助第三方信息(研究报告、行业展会等)及网络分析工具,明确自己所管理的品类的最优产品投放市场,进行区域化用户需求分析。

1. 行业动态分析

从行业的角度研究品类,每个品类,都是建立在中国制造的产品面向国外出口的整个行业背景下。了解中国出口贸易中该品类的市场规模和国家分布,对于认识品类的运作空间和方向,有较大的指导意义。目前,了解某个品类的出口贸易情况,主要有以下 3 种途径:

（1）第三方研究机构或贸易平台发布的行业或区域市场调查报告

第三方研究机构或贸易平台具备独立的行业研究团队,这些机构具备全球化的研究视角和资源,因此,他们发布的研究报告,往往可以给我们带来较系统的行业信息。

以下为目前公开发布的行业研究报告：

①行业分析报告—中国制造网。网址为 http：//www.made‐in‐china.com/communication/industry‐analysis/list‐1.html。

②行业视频教程——敦煌网。网址为 http：//edu.dhgate.com/videos.php。

③环企网：外国人眼中的中国公司调查。网址为 http：//www.gemag.com.cn/gemag/Uploadfile/file/2010127.pdf。

（2）行业展会

行业展会是行业中供应商为了展示新产品和技术、拓展渠道、促进销售、传播品牌而进行的一种宣传活动。参加展会，可以获得行业最新动态和企业动向。其中：

深圳会展中心展会排期网址为：http：//www.szcec.com/zgxgzx/zhpq/2011zlpq/；

中国行业展会信息网址为：http：//www.31expo.com/。

（3）出口贸易公司或工厂

产品专员在开发产品时，需要与供应商进行直接的沟通。资质较老的供应商，对所在行业的出口情况和市场分布都很清楚，通过他们，产品专员可以获得较多有价值的市场信息。需要注意的是，产品专员需要先掌握了一定的行业知识后，再与供应商进行沟通，否则会容易被"忽悠"。

2. 数据分析工具

电子商务是在信息技术化和互联网发展的背景下迅速兴起的行业，因此，懂得快速利用互联网获取有价值的商务信息是当今电子商务人士必须具备的生存技能。

数据驱动是指，通过对各个业务节点业务数据的提取、分析及监控，让数据成为管理者决策、员工执行的有效依据，成为业务运营中的一个统一尺度和标准。一切以数据说话，一切以结果说话，即是数据驱动在实际工作中应用的体现。

从数据来源看，数据分为外部数据和内部数据。外部数据是指企业以外的其他公司、市场等产生的数据，内部数据是指企业内部经营过程中产生的数据信息。知己知彼，百战不殆，要想做出科学、正确的决策，需要对内外部数据进行充分的调研和分析。

（1）外部数据分析

分析思路：灵活综合运用各个分析工具，全面掌握品类选型的数据依据。

组合方法：通过 Google Trends 工具分析品类的周期性特点，把握产品开发先机；借助 KeywordSpy 工具发现品类搜索热度和品类关键词；同时借助 Alexa 工具，选择出至少3家该品类中以该市场作为主要目标市场的竞争对手网站,作为对目标市场产品的品相分析和选择的参考。

①Google Trends。

工具地址:http://www.google.com/trends;

查询条件:关键词、国家、时间;

举例:以关键词泳装 Swimwear 为例,选择国家分别为美国和澳大利亚,搜索结果如图4-7所示。

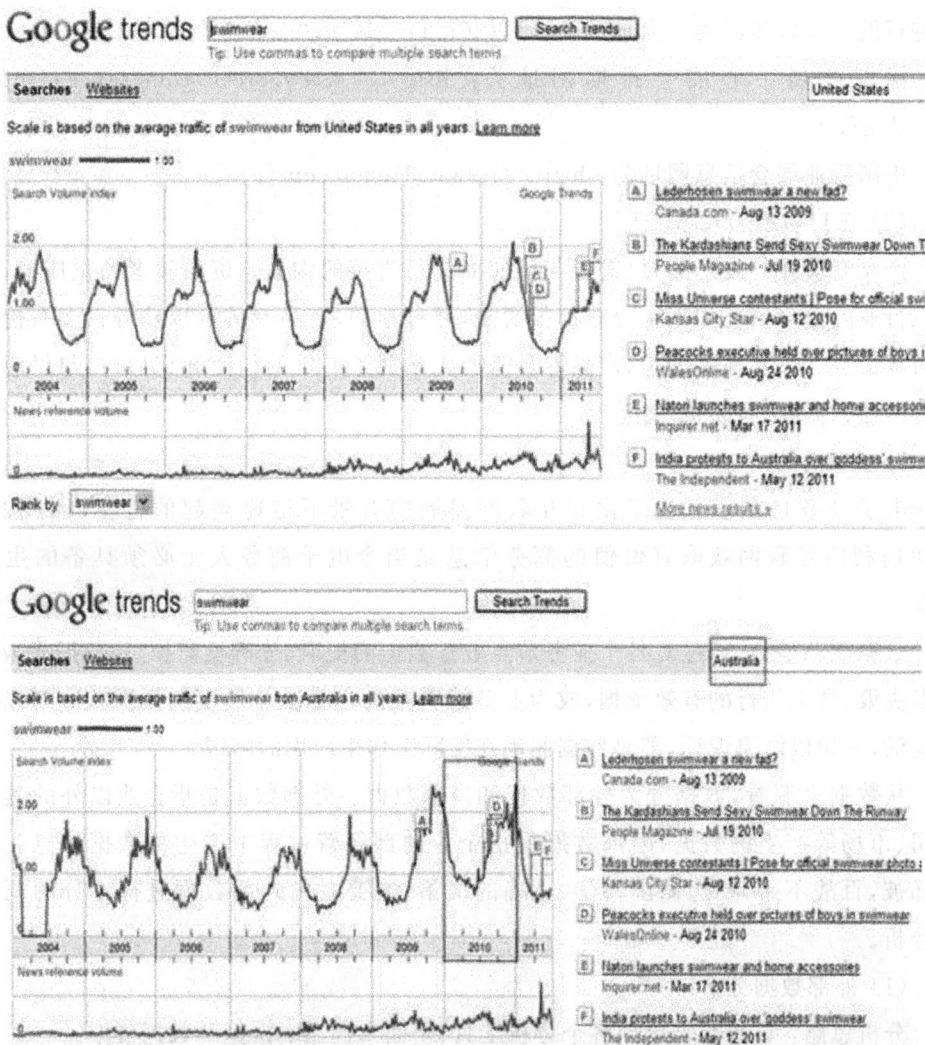

图4-7 美国和澳大利亚泳装搜索结果

图4-7显示,在北半球的美国,5—7月为泳装搜索的高峰期,而在南半球的澳大利亚,9—1月为泳装高峰期。因此,对于美国市场的产品开发,我们在3—4月就要完成;而对于澳大利亚市场的产品开发,则需要在8—9月内完成。如果不知道目标市场品类热度的周期规律,必定会错过市场高峰。再如:在全球范围内 christmas 圣诞节的关注热度如图4-9所示。

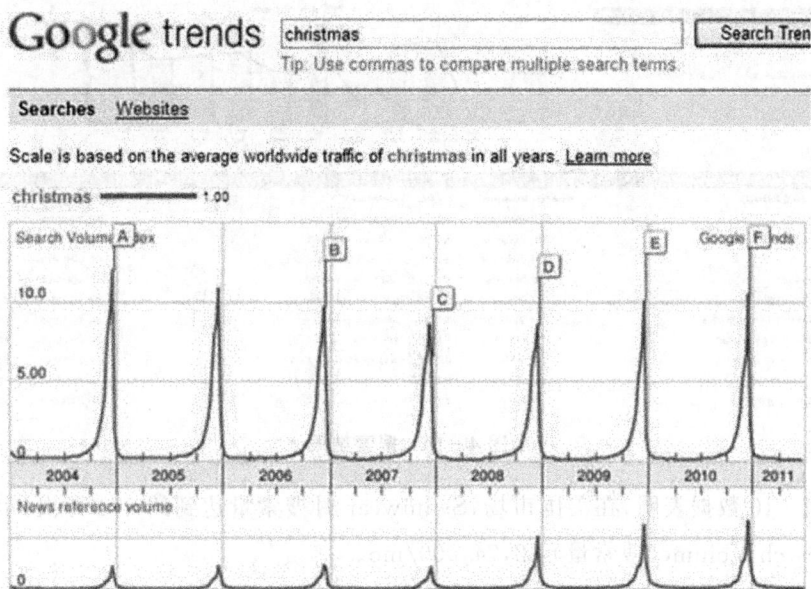

图4-8　圣诞节关注热度

由图4-8可见,圣诞节在一年之中只有一次最热的点即每一年的9月份市场关注度开始逐渐提升,10月、11月高速增长,到12月底进入最高峰,之后迅速跌至低谷。如果能提前准备产品和相关的推广活动,则能占领产品的整个热度周期市场,否则只能抓个圣诞节的尾巴。

在获得了品类开发的时间规律后,我们开始通过工具寻找需要参考的竞争对手网站。

②KeywordSpy。

工具地址:http://www.keywordspy.com/;

查询条件:关键词、站点、国家;

举例:仍以 Swimwear 为例,选择美国为分析市场,查询条件选择 Keywords,如图4-9所示。

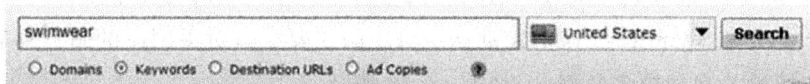

图4-9　查询条件选择 Keywords

搜索结果如图 4-10 所示。

Related (1,000)	Search Volume	CPC	Related	Search Volume	CPC
swimsuits	1,000,000/mo	$1.12	tankini top	12,100/mo	$1.29
swim suits	1,000,000/mo	$1.18	ladies swimwear	22,200/mo	$1.39
swimsuit	1,500,000/mo	$1.05	one piece bathing suits	90,500/mo	$1.23
swim wear	2,740,000/mo	$1.11	man swimwear	2,400/mo	$0.90
womens swimwear	22,200/mo	$1.44	sexy swimware	33,100/mo	$0.82
large cup size swimwear	390/mo	$1.30	string bikinis	18,100/mo	$0.47
large bust swimwear	1,600/mo	$1.15	bathing suit	368,000/mo	$0.99
brazilian swimwear	9,900/mo	$0.57	designer swimwear	27,100/mo	$1.11
bathing suits	550,000/mo	$1.09	bandeau swimsuit	6,600/mo	$1.09
women's swimwear	22,200/mo	$1.32	swimwear for women	135,000/mo	$1.42

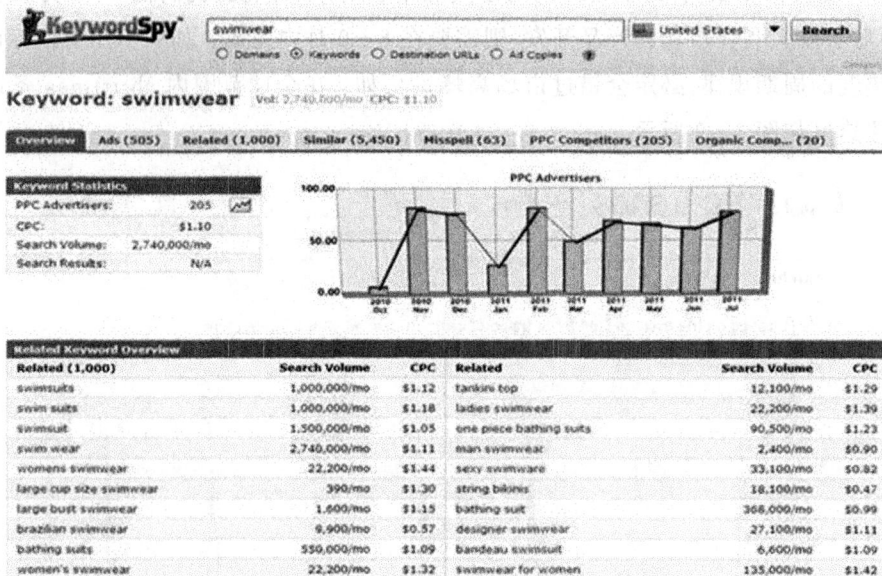

图 4-10 搜索结果

图 4-10 数据表明，在美国市场，Swimwear 月搜索量达到约 274 万次，市场热度较高，Search Volume(搜索量)：2,74,000/mo。

与 Swimwear 相关的热门关键词如图 4-11 所示。

Related Keyword Overview

Related (1,000)	Search Volume	CPC	Related	Search Volume
swimsuits	1,000,000/mo	$1.12	tankini top	12,100/mo
swim suits	1,000,000/mo	$1.18	ladies swimwear	22,200/mo
swimsuit	1,500,000/mo	$1.05	one piece bathing suits	90,500/mo
swim wear	2,740,000/mo	$1.11	man swimwear	2,400/mo
womens swimwear	22,200/mo	$1.44	sexy swimware	33,100/mo
large cup size swimwear	390/mo	$1.30	string bikinis	18,100/mo
large bust swimwear	1,600/mo	$1.15	bathing suit	368,000/mo
brazilian swimwear	9,900/mo	$0.57	designer swimwear	27,100/mo
bathing suits	550,000/mo	$1.09	bandeau swimsuit	6,600/mo
women's swimwear	22,200/mo	$1.32	swimwear for women	135,000/mo

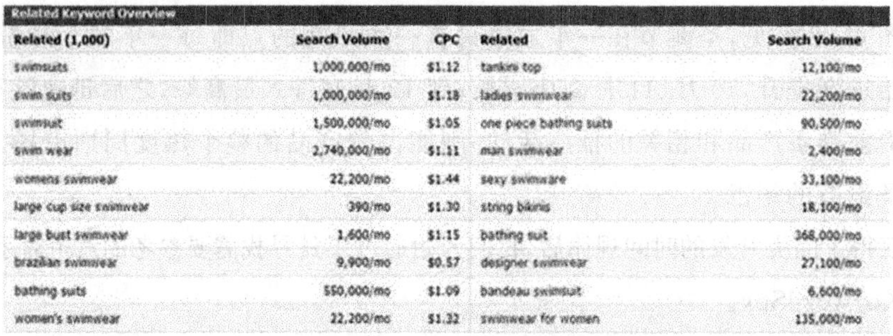

图 4-11 与 Swimwear 相关的热门关键词

搜索量最大的几个关键词是泳装的主关键词，如 Swimwear、Swim wear、Swimsuit、Bathing Suit 等，而其他关键词可以作为长尾关键词。这些关键词用于产品搜索、产品信息加工中的命名及描述中，会大大提升 SEO 的优化水平。

图 4-12 为 Swimwear 这个关键词所对应的主要竞争对手网站的站点列表，其中重点关注原始关键词较多的网站，如图 4-13 所示。

Competitors Overview			
PPC Competitors (205)	**Keywords**	**Organic Competitors (20)**	**Keywords**
Blair.com	61,922	everythingbutwater.com	923
sanctuane.com	1,797	venus.com	31,770
teenyb.com	153	swimwearboutique.com	0
Evreward.com	20,523	swimsuitsforall.com	2,401
rileyscloset.com	2,258	swimoutlet.com	38,773
tyr.com	987	4swimwear.com	1,431
Oakley.com	12,006	instyleswimwear.com	686
figleaves.com	6,756	landsend.com	140,488
samanthasage.com	1,281	ujena.com	550
h2owear.com	626	swimwearexpress.com	112
	View More »		View More »

图 4 - 12   关键词对应主要竞争对手网站的站点列表

Organic Competitors (20)	Keywords
everythingbutwater.com	923
venus.com	31,770
swimwearboutique.com	0
swimsuitsforall.com	2,401
swimoutlet.com	38,773
4swimwear.com	1,431
instyleswimwear.com	686
landsend.com	140,488
ujena.com	550
swimwearexpress.com	112

图 4 - 13   原始关键词较多的网站

下面将以图 4 - 13 中通过 Keywordspy 发现的 www.landsend.com 为例,利用 Alexa 工具对该网站进行进一步分析,以确定是否可作为适合的参考网站。

③Alexa——网站目标市场及分布。

工具地址:http://alexa.chinaz.com/。

举例:以 www.landsend.com 为例,如图 4 - 14 所示。

中文 Alexa 网站排名、流量、访问量、页面浏览量查询系统 Powered By Chinaz
请输入要查询的网址:HTTP://WWW. landsend.com   查询

图 4 - 14   搜索 www.landsend.com

在查询结果页面,我们重点关注该 landsend.com 网站的日均 IP 流量(代表网站的整体知名度)及该网站在各个地区的排名(代表网站在各个地区的知名度),如图 4-15 所示。

	日均 IP 访问量[一周平均]		日均 PV 浏览量[一周平均]	
	≈ 170,400		≈ 1,806,240	

Alexa 统计的 Lands' End 国家/地区排名、访问比例 列表

国家/地区名称 [11个]	国家/地区代码	国家/地区排名	网站访问比例	页面浏览比例
美国	US	889	89.4%	86.1%
加拿大	CA	3,831	2.6%	2.0%
法国	FR	16,911	0.5%	1.0%
中国	CN	77,189	0.2%	0.9%
日本	JP	32,421	0.5%	0.8%
澳大利亚	AU	6,264	1.8%	0.8%
印度	IN	80,448	0.1%	0.8%
德国	DE	48,787	0.2%	0.8%
英国	GB	28,757	0.3%	0.7%
瑞典	SE	5,453	0.7%	0.6%
O	O		3.7%	5.4%

图 4-15　查询结果页面

通过上图,可以得出结论:www.landsend.com 这个网站以美国为主要目标市场,且在美国有较高知名度。结合 Keywordspy 工具的分析,我们可以确定:www.landsend.com 可以作为我们在美国乃至北美市场的泳装类别的参考网站,用于研究适合美国市场的泳装产品的品相及价格。

(2)内部数据分析

分析思路:内部数据是已上架的产品产生的销售信息,是我们作为选品成功与否的验证,也可用于以后选品方向的指导。

GA 工具地址:http://www.google.com/analytics/。通过 GA 分析工具获得已上架产品的销售信息(流量、转化率、跳出率、客单价等),分析哪些产品销售好,整体动销率如何……从选品成功和失败的产品中逐步积累选品经验,结合外部数据,一步步成为选品高手。利用关键词和品相,确定产品主体和供应商,以最终的产品满足和引导客户需求,同时实现个人价值和企业价值。

第四节　微电商市场客户开发

一、微电商市场特征

(一) 品牌个性化

市场品牌繁多,没有特色的品牌很容易被市场淹没。微电商企业应强力塑造个性化品牌,同时挖掘品牌的深度与广度,赋予品牌形象足够的张力。

(二) 产品多样化

产品多样化,可以是形式多样化。强化商品设计,开发有自己风格的个性化产品。另外,产品多样化,也可以在外观色彩上多样化,紧跟时代流行色。

(三) 市场细分化

微信电商的发展,对目标市场同样是个细分化的过程,不仅仅细分到群体,而且细分到某个人。因此,微电商企业的市场应针对每个不同的客户。

(四) 渠道扁平化

微电商企业有必要缩减流通渠道,强化渠道信息沟通功能和服务功能。长的渠道会影响信息和沟通的及时性。

(五) 沟通实时化

现在的客户早已对传统商业模式以天为单位的回应速度失去耐心。他们要求的是商家在几分钟甚至几秒钟内就要做出反馈。沟通实时就是及时、即时、随时。

(六) 服务专业化

微电商的发展促进了客户与企业的动态交流。微电商可以获取客户详细信息,商家可以通过电子邮件或社交工具对客户提供及时服务。另外,现在的沟通工具具有储存功能,能储存大量信息,在对客户服务时,可以随时引用储存的信息对客户的问题提供专业回答。

(七) 活动灵活化

在促销手法上也要灵活、新颖。比如节假日的大派送活动、买一送一活动、展销活动、游乐活动等,以此增加店铺轻松愉快的氛围,促进销售。

(八) 广告偶像化

微电商企业如何吸引客户,首先得了解目标客户的基本信息。当下微电商企业客户年龄段普遍年轻,有活力、有魅力的明星对客户会有很强的吸引力,这能够有效提升客户转化率。

二、微电商市场客户开发方式

(一)朋友圈情感营销

情感营销从消费者的情感需要出发,唤起和激起消费者的情感需求,诱导消费者心灵上的共鸣,寓情感于营销之中,有情的营销胜过无情的竞争。微信更易于情感营销,因为做微商的本质就是以人为本。如今的微信消费者购物其实更倾向于一种情感上的满足,心理上的认可。因为微商的本质就是人,一切都以人为基础。

微商首先要把人营销起来,才能更好地营销产品。这就解释了为什么很多微商虽然目前拥有成百上千的用户群体,但是转化率总是不尽人意了。因为别人连你都不曾了解过,没有产生对你的信任,看不到真实感,那又怎么能接受你推荐的产品呢?

(二)朋友圈情感营销的具体方法

1. 个人信息

不要把产品名放在个人昵称、头像、签名上。应只展示最真实的自己,如果觉得自己不上镜,那就下个美颜相机,或者可以背影、侧脸出镜、保持神秘感。起码这样不会让用户觉得和你聊天。就好像对着产品聊天一样。

大家可以去翻一下自己的通讯录,里面带产品的头像或者昵称是不是让大家的心里有一种抵触感。营销的根本,就是把产品忘掉,以人为本。

2. 发布生活类的信息

发布自己的个人照片、出去游玩照片或者、朋友和团队合影的照片。建议照片要拍得充满能量,充满阳光,给人感觉你是正能量的,并且可以给别人带去正能量。

3. 轻松、诙谐幽默的互动

根据网络上的热点新闻,发起一个话题,或者修改某些段子来营造互动效果。并且可以把这些做成一个活动,让朋友圈的好友都能参与进来,如果策划得好,很容易达到推广的效果。并且会瞬间拉近和用户的距离,从而使用户产生信任感。

4. 和用户进行情感的沟通

和朋友聊天的时候,不要总是推销自己的产品。换个角度去想一下,如果你是对方,上来就一股脑地和你聊产品你还会继续聊下去吗?一定要多做换位思考,和用户进行情感沟通。

5. 专业知识必须具备

比如你是做护肤的,那么你应该对自己销售的产品知识了解透彻。经常发一些护肤小知识,用专业知识帮助朋友解答一些痛点问题。当你帮助到用户的时候,用户就会对你产生信任感,顺带产品就可以卖出去了。

6. 定制专属贺卡

在一定的节日,挑选客户发送专属贺卡。根据用户的特点别出心裁地策划文字,多花点心思。人与人相处,一定要真诚相待,不管是网络还是现实。只有当用户信任了人才能信任产品。

? **复习思考题**

1. 试述跨境电子商务如何进行市场定位。

2. 试述我国跨境电子商务如何进行市场开发。

3. 举例说明跨境电商如何进行选品,应当注意什么问题?

4. 当前微电商市场主要特征有哪些?

5. 常见的微电商市场客户开发方式有哪些?

第五章

微电商与跨境电商产品发布及平台选择

通过本章的学习,了解跨境电子商务主要交易平台及支付平台,理解常见的跨境电子商务交易平台及其工作流程,掌握以国际支付宝为例的第三方跨境支付平台的主要功能,了解微电商店铺的开设与推广,以及具有广东特色的跨境电商综合服务平台。

开篇案例

跨境电商平台分析

近年来,跨境电商以开放、多维、立体的多边经贸合作模式拓宽了企业进入国际市场的路径,跨境电商有效降低了产品价格,使消费者拥有更大的选择自由,不再受地域限制。此外,与之相关联的物流配送、电子支付、电子认证、IT 服务、网络营销等都属于现代服务业内容,这些得天独厚的优势,都大大促进了跨境电商的高速发展。一些跨境电商平台展现出了自己的特色和特点,在跨境电商的洪流中脱颖而出。

阿里巴巴

阿里巴巴平台有三个跨境网购业务——淘宝全球购、天猫国际和一淘网。淘宝全球购的商户主要是一些中小代购商。天猫国际则引进 140 多家海外店铺和数千个海外品牌,全部商品海外直邮,并且提供本地退换货服务。一淘网则推出海淘代购业务,通过整合国际物流和支付链,为国内消费者提供一站式海淘服务。阿里巴巴在进口购物方面采取海外直邮、集货直邮和保税三种模式。

亚马逊

亚马逊中国推出海外购、闪购模式,依托保税区和自贸区的创新模式,主打自营进口爆款,这也是亚马逊在华跨境电商战略从 1.0 时代跨入 2.0 时代的开端。亚马逊推出三项升级举措,即"一号通中美""一车载全球"和"一卡刷世界",以实现与本地网购无差别的海外购物体验,包括各种方便的本地化支付方式,本地客户服务以及本地退货政策。亚马逊中国的海外购包括三种模式:直邮、直采和闪购。此外,"海外购"将进一步拓展选品覆盖国家,包括欧洲国家和日本等。同时,也将针对中国用户推出"黑色星期五"海外购物节。

京东全球购

京东全球购采用 B2C 和 B2C 自营与 POP 商家入驻两种模式,提供定制化的配套服务。其中,自营模式是京东自主采购,由保税区内专业服务商提供支持;平台模式则是通过跨境电商模式引入海外品牌商品,销售的主题直接就是海外的公司。京东在法国、韩国、俄罗斯等国家和地区开通"国家馆"的跨境电商业务,保证境外产品、物流配送和营销推广的官方资源支持。

京东通过主打全品类高品质产品、品质为低价护航、微信朋友圈玩营销、全平台生态链联动出击等策略,意图将"黑五"打造成由京东全球购引领的跨境电商狂欢购物节。而且京东具备很强的供应链整合能力以及强大的物流配送体系,在正品与低价方面都有保障,从而为塑造用户口碑创造了基础条件。京东全球购在移动端还拥有微信和 QQ 的渠道和流量入口,但整体优势并未显现。

洋码头

洋码头是一家面向中国消费者的跨境电商第三方交易平台。该平台上的卖家可以分为两类,C2C 的个人买手模式和 M2C 的商户模式。洋码头通过平台模式整合供应链,提供"直邮+报关清关"服务,帮助国外的零售产业跟中国消费者对接,实现"直销、直购、直邮"。

洋码头作为跨境电商的先行者,面对阿里、亚马逊等大电商平台的挤压,还是要在海外供应商、产品体验、用户体验以及物流方面下足功夫。

此外,网易考拉、苏宁、聚美优品、唯品会等电商也都纷纷挤进跨境电商业务。随着电商大佬纷纷涉足跨境电商,大的电商平台已经吸纳了大多数国际零售商和品牌商入驻,而蜜芽宝贝之类的专业性垂直跨境电商则采取直采模式从母婴品类切入,同样缩短了供应链,用户定位也较为精准。

(来源:长益科技公众号)

第一节 跨境电子商务交易平台

一、跨境电子商务平台分类

我国跨境电子商务主要分为企业对企业(即 B2B)和企业对消费者(即 B2C)的贸易模式。B2B 模式下,企业运用电子商务以广告和信息发布为主,成交和通关流程基本在线下完成,本质上仍属传统贸易,已纳入海关一般贸易统计。B2C 模式下,我国企业直接面对国外消费者,以销售个人消费品为主,物流方面主要采用航空小包、邮寄、快递等方式,其报关主体是邮政或快递公司,目前大多未纳入海关登记。

目前,在我国境内运营的跨境电子商务企业,按商业模式分类:

B2B 跨境电商平台有:敦煌网、中国制造、阿里巴巴国际站、环球资源网、大龙网;

B2C 跨境电商平台有:速卖通、亚马逊、eBay、Wish、兰亭集势。

按不同的分类标准和商业模式归类,具体如表 5-1 所示。

表 5-1 跨境电商商业模式分类及代表企业

分类标准	商业模式	代表企业
产业终端 用户类型	B2B 平台	敦煌网、中国制造、阿里巴巴国际站、环球资源网、大龙网等
	B2C 平台	亚马逊、速卖通、兰亭集势、eBay 等
服务类型	信息服务平台	中国制造网、阿里巴巴国际站、环球资源网
	在线交易平台	大龙网、敦煌网、炽昂科技、DX、速卖通
平台运营方	第三方开放平台	阿里巴巴国际站、敦煌网、速卖通、环球资源网
	自营型平台	米兰网、大龙网、炽昂科技、兰亭集势

(资料来源:派代网论坛跨境电商专题整理)

常见的跨境电商交易平台对比如表 5-2 所示。

表 5-2 常见的跨境电商交易平台对比

平台名称	成立时间	平台运营	商业模式
全球速卖通	2010	第三方跨境电商平台	交易佣金＋服务费
eBay	1995	第三方跨境电商平台	刊登费＋交易佣金
亚马逊	1995	第三方跨境电商平台	平台月费＋交易佣金

平台名称	成立时间	平台运营	商业模式
敦煌网	2004	第三方跨境电商平台	交易佣金＋服务费
大龙网	2009	第三方跨境电商平台	商品经销差价＋服务费
兰亭集势	2007	第三方跨境电商平台	商品经销差价
Wish	2011	第三方跨境电商平台	交易佣金

二、常见的跨境电子商务交易平台

本书主要介绍速卖通、eBay、亚马逊、敦煌网、大龙网、兰亭集势、Wish 这几个主要的平台。

(一)电子商务 B2C 交易平台——速卖通

全球速卖通是阿里巴巴旗下面向全球市场打造的在线交易平台,被广大卖家称为国际版"淘宝"。

像淘宝一样,把宝贝编辑成在线信息,通过速卖通平台,发布到海外。类似国内的发货流程,通过国际快递,将宝贝运输到买家手上,就这样轻轻松松与 220 多个国家和地区的买家达成交易,赚取美元。但由于多国为保护本国电商,目前俄罗斯、阿根廷已实施相应政策,限制或禁止本国人员跨境网购。

速卖通于 2010 年 4 月上线,经过 3 年多的迅猛发展,2013 年已经覆盖 220 多个国家和地区的海外买家,每天海外买家的流量已经超过 5000 万,最高峰值达到 1 亿;已经成为全球最大的跨境交易平台。在 2014 年"双 11"速卖通当天成交 680 万个订单,比 2013 年增长 60%,截至美国太平洋时间 11 月 11 日 24 点,速卖通订单最多的国家和地区包括俄罗斯、巴西、以色列、西班牙、白俄罗斯、美国、加拿大、乌克兰、法国、捷克、英国,订单总量超 680 万。

(二)eBay

1. eBay 平台简介

eBay 在线交易平台成立于 1995 年,是全球领先的线上购物网站,于 2007 年在中国开展跨境电子商务贸易,目前拥有 1.45 亿活跃用户,遍布 100 多个国家和地区。借助强大平台优势、安全便捷的支付解决方案,eBay 成为中国电商零售出口产业的主力军,推动着跨境电商产业的发展。其一项盈利模式为刊登费,即商家在 eBay 上刊登物品所收取的费用;另一项是交易佣金,即当商家交易成功时,收取一定比例的成交费和佣金。

2．eBay 外贸基本流程

eBay 外贸基本流程如图 5-1 所示。

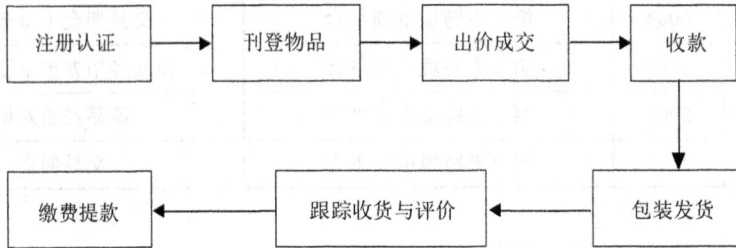

```
注册认证 → 刊登物品 → 出价成交 → 收款
                                      ↓
缴费提款 ← 跟踪收货与评价 ← 包装发货
```

图 5-1　eBay 外贸基本流程

（三）亚马逊

1．亚马逊简述

亚马逊公司（Amazon.com，简称亚马逊，NASDAQ：AMZN），是美国最大的一家网络电子商务公司，位于华盛顿州的西雅图。是网络上最早开始经营电子商务的公司之一。成立于 1995 年，是一家财富 500 强公司，在全球 13 个国家拥有电子商务网站，2004 年通过收购卓越网正式进入中国市场，开启了"全球开店"项目，为第三方卖家提供出口电商服务。卖家在亚马逊全球开店，亚马逊将收取平台月费和交易佣金。

2．跨境电商亚马逊基本工作流程

跨境电商亚马逊基本工作流程如图 5-2 所示。

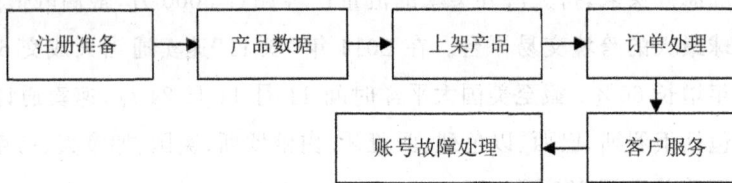

```
注册准备 → 产品数据 → 上架产品 → 订单处理
                                      ↓
             账号故障处理 ← 客户服务
```

图 5-2　跨境电商亚马逊基本工作流程

（1）注册准备

做好注册亚马逊账号的相关信息材料准备。

（2）产品数据

正式开卖之前，做好以下数据资料的文档并备份：

①确保合乎平台尺寸，分辨率，文字规范的图片；

②测量包裹的大小，重量，库存，SKU 码，编写翻译产品名称，关键词，使用人群，简介，描述，参数，定价。

（3）上架产品

按照上面已做好的产品数据上传相关图片并填写基本信息。

（4）订单处理

①掌握询盘的技巧。

②及时确认订单，发送发货订单确认信，保证节日店铺的管理和操作设置。

③联系仓库取货。

④正确无误地填写完运单信息，尤其是运单号。

（5）客户服务

做好 feedback（质馈）管理，想办法移除差评，做好与客户的沟通工作。

（6）账户故障处理

做好账号被封以后的申辩流程的准备资料。

知识拓展

亚马逊跨境电商开店全攻略

第一步：注册店铺

1. 准备工作

（1）双币信用卡：开通境外支付功能的个人双币信用卡。

（2）注册地址填写：在中国注册，那就一定要填中国。因为这涉及货运时间的问题。

亚马逊给每个地区的卖家的货运时间不一样，中国可以长达20多天，而美国只有几天。但卖家发货还是要照常。

（3）美国银行卡：这卡主要是收款/税号用，后期订单多了需要用到。

有以下3种渠道：

①美国个人银行卡/个人税号，美国公民拥有的个人银行卡，对于国内卖家来说可以不考虑。

②美国公司银行卡/美国公司联邦税号，美国公司银行卡需要通过注册美国公司完成，注册美国公司后可以向银行申请美国公司银行卡（可申请多张副卡），银行卡用于亚马逊的收款。同时注册好的美国公司会配有唯一的一个美国公司联邦税号。但费用较高、小卖家难以承受。

③P卡，也就是第三方跨境支付公司 payoneer 的借记卡，好用，也挺方便，只是收费颇高，想省事的卖家可以选择。

（4）物流选择：卖家选择发货地点是在中国，标准配送时间为 17～28 天，根据情况可以选择邮政小包、EMS 快递等，也可采用亚马逊 FBA 头程运输。

2. 账号注册

（1）登录 www.amazon.com；

（2）在主页的最下方点击 sell on amazon；

（3）注册地址根据你的信用卡账单地址来，实事求是地填写；

（4）确认电话号码，记住 PIN 码，点击 CALL ME；

（5）AMAZON 打电话过来，要求你输入 PIN 码 ；

（6）完成验证；

（7）点击 Continue→点击 Start selling。

（注：注册时如果要求填写税号就按照中国卖家的实际情况填写申请免税，直接点开税收申报的那个链接按要求填了就可以了。要认真翻译好每句英文的意思，切忌乱填。）

第二步：店铺运营

1. 几点关于店铺运营的技巧

（1）亚马逊是一个公开、公平的跨境电商平台，卖家不能投机取巧。

亚马逊与其他跨境电商平台、国内电商平台不同。在亚马逊平台，用户检索产品时，产品的排序完全依据卖家对产品描述的优化和用户检索词的匹配程度，而不是卖家在这广告上投了多少钱，或者刷了多少销量。但是亚马逊对优秀卖家或使用 FBA 头程的产品会有推荐。

（2）亚马逊——最严格最严厉的跨境电商平台，拒绝高仿、假货。

亚马逊时刻考虑的是用户体验，对违规操作，高仿、假货等违法产品等都会惩罚，甚至封号。如你卖的是 iphone5s 的数据线，售卖的时候在产品描述里写了"iphone"的字样，但还没有获得苹果的授权，就算你有自主的品牌，亚马逊也会立即下架此产品，并且给你警告，严重时就会封号。

（3）设法避开与国外现有渠道的冲突

亚马逊平台上的买家除了购买各种名牌商品也会购买其他，因此卖家可以建立自身品牌或者代售国内外品牌。Vicky 表示如果中国卖家的产品品牌只是在中国大陆进行注册的，那么无论他要在美国或者是英国进行销售，都需要在那些地方重新注册。

（4）亚马逊美国站：男装有很大空间

亚马逊一直都被称为品牌的摇篮，但品牌和名牌却是不一样的。Vicky 说，在美国市场,男装仍然有很大的空间,目前中国商家进入的并不多。女装销售很好,销量前100名很多都是来自中国的商家。同时,鞋类市场也还未达到饱和状态。户外类型的商品,尽管在国内市场的需求并不大,但在欧美地区,诸如帐篷、户外穿戴和自行车配件等的销量都很大。

(5)注重选品

选定了产品,选择以FBA进行发货,那就要把控放在境外仓库的商品数量,新卖家需要格外谨慎把控数量。

(资料来源:福步外贸论坛)

(四)敦煌网:第三方B2B跨境交易平台(中小企业家的快速外贸平台)

1. 平台简介

敦煌网成立于2004年,是中国第一个跨境电商B2B交易平台,主要提供在线交易平台及相关的外贸服务,致力于帮助中国中小企业通过电子商务平台走向全球市场。平台上销售的产品品类主要是电子产品、手机及配件、计算机及网络、婚礼用品等,主要目标市场是欧美、澳大利亚等发达市场,目前拥有120万家国内供应商、550万买家和2500万种商品,遍布全球224个国家和地区以及1000万买家在线购买的规模。每小时有10万买家实时在线采购,每3秒产生一张订单。

敦煌网10年专注外贸电商领域,是全球领先的在线外贸交易平台,敦煌网开创了"为成功付费"的在线交易模式,突破性地采取佣金制、免注册费,只在买卖双方交易成功后收取费用。敦煌网一直致力于帮助中国中小企业通过跨境电子商务平台走向全球市场,开辟一条全新的国际贸易通道,让在线交易不断地变得更加简单、安全和高效。

2. 敦煌网跨境电商工作基本流程

其工作基本流程如图5-3所示。

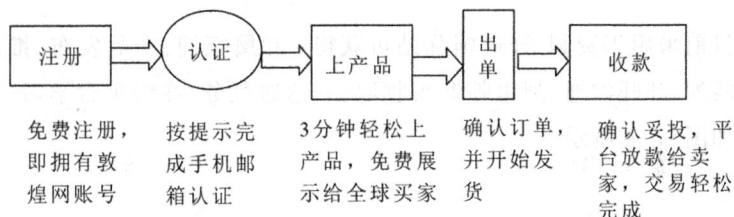

图5-3 敦煌网跨境电商工作基本流程

（五）大龙网

大龙网，跨境电商的商机平台。大龙网重点布局跨境电商 B2B 全套解决方案。首先，大龙网着力为中国品牌商提供跨境电商 B2B 出口解决方案：约商（OSell APP）＋网贸会（OConnect）。约商（OSell APP）为全球商人提供跨越文化、语言、时差的即时通信；网贸会则能让中国商人跟世界各地的商人"面对面"，体验产品，建立信任，促成交易。其次，大龙网本着"就近就地"原则，为各个中国产业带城市提供跨境电子商务 B2B 基础交付及通关综合服务解决方案，助力打造跨境电子商务基础生态服务圈和产业集群，铺设跨境贸易高速通道，助力外贸转型升级。为跨境贸易提供跨境电商通关服务平台、跨境电商公共服务平台、跨境电商综合服务平台、跨境电商在线交易平台、跨境电商公共监管仓等一揽子跨境贸易解决方案。

（资料来源：大龙网）

（六）兰亭集势

兰亭集势成立于 2007 年，是目前我国最大的外贸 B2C 网站，兰亭集势最初以销售定制婚纱礼服为主，后来进行品类扩张，目前销售产品品类涵盖服装、电子产品、玩具、饰品、家居用品等 14 大类，共 6 万多种商品，主要市场为欧洲、北美洲等。兰亭集势主要的运营模式是将中国本土商品，售卖到海外个人消费者手中，依靠产品采购和销售产品中间的差价来获取利润。目前兰亭集势只开放了服装品类，对国内的品牌进行招商，收取商家销售额的 15％作为分成，但是兰亭集势的收入仍以自营的商品进销差价为主。

（七）阿里巴巴国际站

阿里巴巴跨境业务分为 B2C 平台速卖通及 B2B 平台国际站，国际站是马云创立的最早的贸易平台，如今已经是全球领先的 B2B 贸易平台，主要是为了帮助国内中小企业把产品卖到国外，通过该平台向海外买家展示商家的产品，获得买家询盘商机，从而促成订单。现已有 4500 万用户，业务涉及 190 多个国家，超过 200 万卖家店铺。

国际站目前采用年费制，开通国际站可获得：专属旺铺、产品发布、推广营销、买家采购需求匹配、旺旺沟通、阿里邮询盘收取、一达通服务、在线平台学习等特权。其业务全景图如图 5－4 所示。

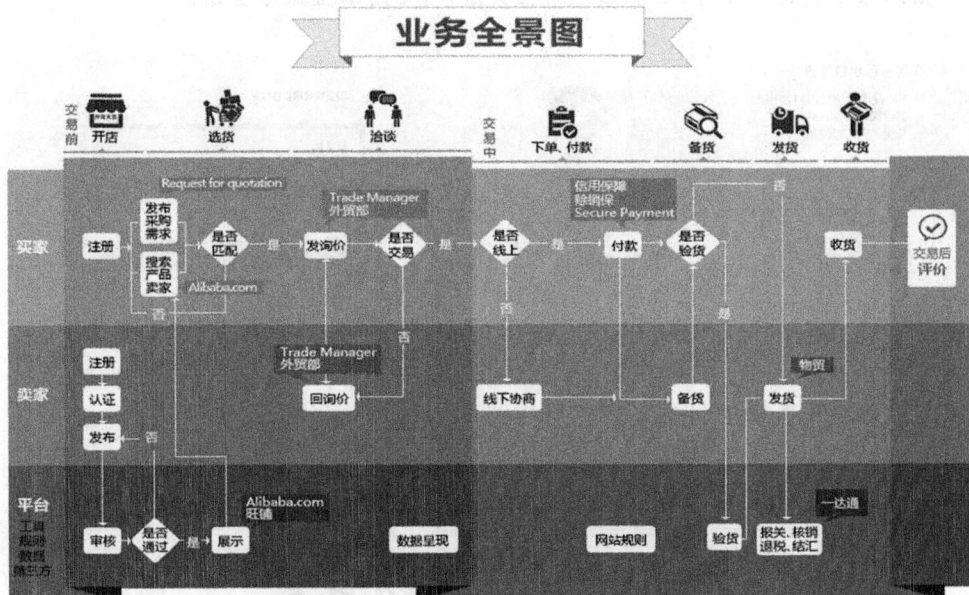

图 5-4 业务全景图

🗨 **知识拓展**

阿里巴巴国际站的认识与操作

1. 国际站登陆

国际站网址为 www.alibaba.com。输入网址进入平台,点击右上角 My Alibaba 即可进入登录页面。

输入账号和密码即可,若非国际站会员账户,可用淘宝账号登录。

进入国际站首页。

2. 认识 My Alibaba

一般通过以下方法在国际站获取商机：搜索采购直达（RFQ）（RFQ＝request for quotation），采购直达是指买家主动填写采购信息委托阿里巴巴平台寻找合适卖家，供应商可查看采购需求，根据买家要求及时报价。

在这个公开的大市场中，买家会主动发布采购需求，供应商可以自主挑选合适的买家进行报价。采购直达服务能够在大幅度提升买家采购效率的同时，帮助供应商更好地完成订单转化，并赢取更多高质量买家。

（1）服务流程

买家需求发布→ 需求审核→供应商报价→报价审核→ 买家查看→ 双方沟通。

（2）发布产品

产品发布流程与方法

登陆"My Alibaba"→产品管理→点击"发布产品"。

发布前需做好以下准备：产品主图、产品名称及关键词表、产品参数表、处理好的展示图（包括：产品展示图、产品优势图、公司实力图等）。准备好之后就可进入发布产品页面。

在产品发布信息表单中填写各项信息：

1. 产品类目选择	2. 产品名称	3. 产品关键词	4. 产品主图（6张）	5. 产品属性
6. 产品交易信息	7. 产品详情	8. 产品分组		

（3）图说步骤

①进入 My Alibaba，左边导航栏找到："产品管理"→"发布产品"。

②正式进入发布产品页面,首先第一步是选择正确的类目。

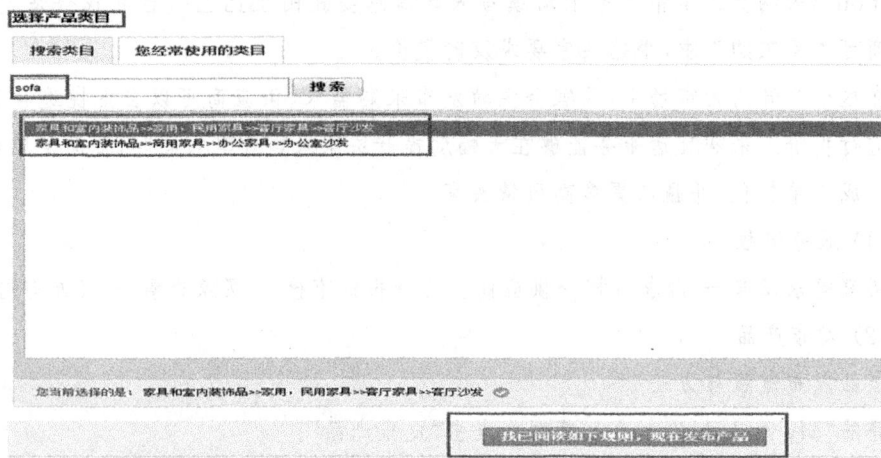

　　一般在类目搜索框中输入关键词,系统会给出推荐类目,根据当前发布产品的属性选择最适合的即可。千万不能错放,错放会导致买家搜索不到你的产品,并且平台会有处罚。类目选择后点击"我已阅读如下规则,现在发布产品"。

第二步:

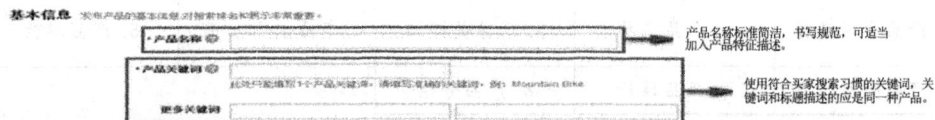

第三步

第四步

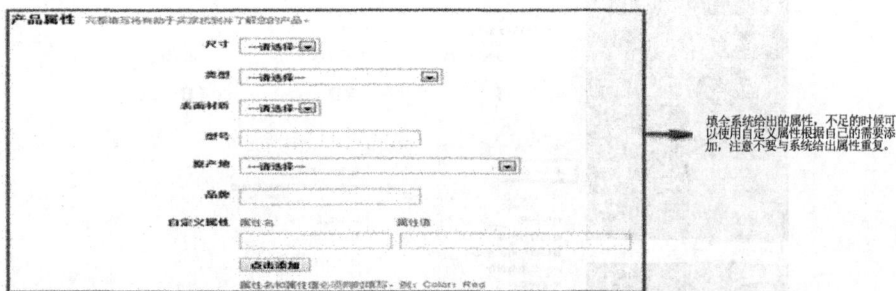

第五步

选择"不支持"或"支持"在线批发，有助于提升买家线上对您实力的详细认识

第六步

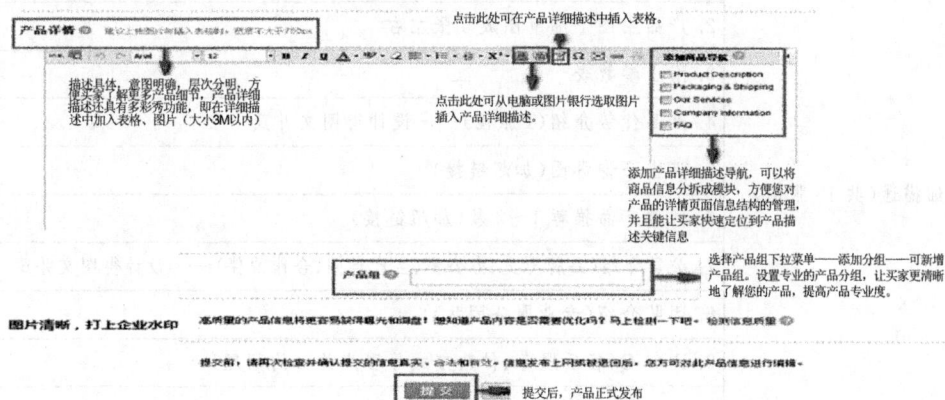

点击此处可在产品详细描述中插入表格。

描述具体、意图明确、层次分明、方便买家了解更多产品细节，产品详细描述还具有多彩秀功能，即在详细描述中加入表格、图片（大小3M以内）

点击此处可从电脑或图片银行选取图片插入产品详细描述。

添加产品详细描述导航，可以将商品信息分拆成模块，方便您对产品的详情页面信息结构的管理，并且能让买家快速定位到产品描述关键信息

选择产品组下拉菜单——添加分组——可新增产品组，设置专业的产品分组，让买家更清晰地了解您的产品，提高产品专业度。

图片清晰，打上企业水印

提交后，产品正式发布

产品发布内容参考表：

产品类目	1. 用关键词在阿里首页搜，参考自然排名前五名的类目
	2. 发布产品时输入关键词，系统自动推荐
产品名称	营销词＋产品实点(产品本身属性和客户关注点)＋关键词(关键词后置)
产品关键词	1. 具有热度的
	2. 三个关键词为不同关键词
产品图片	1. 设计统一边框(750×750)
	2. 多图展示(主图＋细节图)
	3. 图片清晰具体吸引人点击
系统属性	1. 根据产品信息正确填写
	2. 必须填写完
自定义属性	1. 10个必须填写完
	2. 参考自然排名前五名属性
	3. 填写热门搜索词里的修饰词为属性(产品符合)
交易信息	写价格区间，根据公司情况设置，合理情况下尽量写低，吸引询价

续　表

最小起订量	MOQ 尽量写低，影响排序规则
付款方式	能接受的尽量全选
供货能力	根据实际情况填写
发货期限	根据实际情况填写
包装方式	货运是客户担心的问题，包装尽量写详细
详细描述（共 15 张图）	1. 使用系统导航条
	2. 产品主图＋细节图放 5 张左右
	3. 附上参数表
	4. 产品优势介绍（1 张图）——设计得图文并茂
	5. 点击下询盘图（加超链接）
	6. 同类产品推荐 1～2 款（加超链接）
	7. 公司介绍（品牌历史、办公室、生产车间、合作伙伴）——设计得图文并茂
	8. 团队介绍（专业服务团队）
	9. F & Q（售后服务、付款方式等客户关心的问题）
	10. 返回首页（加超链接）

（资料来源：广州大洋信息技术股份有限公司 阿里巴巴国际站协议讲师 莫嘉敏）

（八）Wish 平台——移动端跨境电商平台

Wish 成立于 2011 年，于 2013 年进入外贸电子商务领域，仅仅用了 3 年时间就成为北美最大的移动购物平台，与其他跨境电商不同的是，Wish 是一款根据用户喜好，通过精确的算法推荐技术，将商品信息推送给感兴趣用户的移动优先购物 App。Wish 的核心竞争力是平台对商户和用户的引导较自然。在商业行为中不存在太多限制规则，比如入驻该平台的商户需要缴纳手续费，对于关键词等流量导入还需要支付额外的费用等。在收费方面，目前主要是对每笔成功交易订单收取 15％的服务费。

第二节　跨境电子商务支付平台

网络支付是电子商务的一个重要环节，尤其在跨境电子商务中，对网上支付的安全性与方便性要求更高，因此选择那些安全可靠、服务到位的支付平台更为重要。一些国外的跨境支付公司很少在国内有办事处，虽然平台很好，但是服务跟不上。如

PayPal这么知名的跨境电子商务支付平台,其支付习惯也偏向国外。作为国内的外贸商家以及跨境电商的从业人员要了解相关跨境电子商务支付平台,以便做出选择。本书编者介绍以下几个主要的跨境电子商务支付平台。

一、跨境支付的概念和分类

跨境支付(Cross-border Payment)是指对于因贸易或投资发生的资金,通过一定的结算工具和支付系统,实现两个或两个以上国家或地区之间转移的行为。

跨境支付场景主要分布在跨境转账汇款、境外线下消费和跨境网络消费。其中,跨境转账汇款途径主要包括第三方支付平台、商业银行和专业汇款公司三种;境外线下消费途径主要有信用卡刷卡、借记卡刷卡、外币现金和人民币现金;跨境网络消费途径较多,有第三方支付平台、网银线上支付、信用卡在线支付、电子汇款、移动手机支付和固定电话支付。

二、国际版支付宝(Escrow Service)

(一)国际支付宝介绍

在速卖通平台做生意,国际支付宝收付款非常重要。阿里巴巴国际支付宝由阿里巴巴与支付宝联合开发,旨在保护国际在线交易中买卖双方的交易安全所设的一种第三方支付服务。如果用户已经拥有国内支付宝账户,只需绑定国内支付宝账户即可,无须再申请国际支付宝账户。如果用户还没有国内支付宝账号,可以先登录支付宝网站申请国内的支付宝账号,再绑定即可。

(二)国际支付宝的优势

1. 多种支付方式

支持信用卡、银行汇款等多种支付方式。后续将会有更多的支付方式接入进来。

2. 安全保障

先收款,后发货,全面保障卖家的交易安全。国际支付宝是一种第三方支付服务,而不是一种支付工具。对于用户而言,它的风控体系可以保护用户在交易中免受信用卡被盗卡的风险,而且只有当且仅当国际支付宝收到了用户的货款,才会通知卖家发货,这样可以避免用户在交易中使用其他支付方式导致的交易欺诈。

3. 方便快捷

线上支付,直接到账,足不出户即可完成交易。使用国际支付宝收款无须预存任何款项,速卖通会员只需绑定国内支付宝账号和美元银行账户就可以分别进行人民币和美元的收款。

4. 品牌优势

背靠阿里巴巴和支付宝两大品牌,海外潜力巨大。

(三)国际支付宝支付方式介绍

目前国际支付宝支持多种支付方式:信用卡、T/T 银行汇款、Moneybookers、借记卡,国际支付宝仍会拓展更多的支付方式。如果买家使用信用卡进行支付,资金通过美元通道,则平台会直接将美元支付给卖家;如果资金是通过人民币通道则平台会将买家支付的美元结算成人民币支付给卖家;如果买家使用 T/T 银行电汇进行支付,平台会直接将美金支付给卖家。

(四)Escrow 对阿里巴巴外贸平台的价值

交易安全是整个电子商务环节最关键环节,国内的淘宝网初期的突破性发展,是因为支付宝帮助网民解决了其对网上购物资金安全的担忧问题。Escrow 的服务模式与国内支付宝类似:交易过程中先由买家将货款打到第三方担保平台的 Escrow 账户中,然后第三方担保平台通知卖家发货,买家收到商品确认,货款放于卖家,至此完成一笔网络交易。Escrow 对阿里巴巴外贸平台的价值主要如表 5-3 所示:

表 5-3　Escrow 对阿里巴巴外贸平台的价值

卖家优势	凸显诚信,提升成交。海外买家更倾向于和开通 Escrow 的卖家交易;丰富真实的交易记录可以提升买家的信任。减少与买家沟通的成本,快速达成交易。
	免费服务,增加曝光。Escrow 服务向卖家免费开放,开通 Escrow 服务,点亮 Escrow 标志,提高国际站概率,赢得更多曝光。
	保证货物和资金安全。Escrow 收到买家全部货款后才会通知卖家发货,帮助卖家规避收款不全或钱货两空的风险。
买家优势	安全交易。买家打的货款将在 Escrow 账户上被暂时冻结,等待买家确认之后直接放给卖家。很受海外买家的欢迎。
	支付方便。只要海外买家有信用卡账户,并开通网银功能,就可以方便地全网上进行付款操作。即使没有信用卡账户,买家也可以通过传统的 T/T,西联等方式进行付款。不会增加海外买家的任何操作成本。

(资料来源:福步外贸论坛)

三、PayPal

(一)简介

PayPal 是美国 ebay 旗下的第三方支付平台。PayPal 是 eBay 旗下的一家公司,致力于让个人或企业通过电子邮件,安全、简单、便捷地实现在线付款和收款。PayPal 账户是 PayPal 公司推出的最安全的网络电子账户,使用它可有效降低网络欺诈的发生。PayPal 是全球使用最为广泛的国际贸易支付工具,即时支付,即时到账,全中文操作界面,能通过中国的本地银行轻松提现,为用户解决外贸收款难题,帮助用户成功开展海外业务。PayPal,就是大家通常说的"PayPal 贝宝国际",针对具有国际收付款需求的用户设计的账户类型。

(二)PayPal 贝宝国际的功能

①进行便捷的外贸收款、提现与交易跟踪;

②从事安全的国际采购与消费;

③快捷支付并接收包括美元、加元、欧元、英镑、澳元和日元等 25 种国际主要流通货币。

(三)PayPal 支付流程

通过 PayPal 付款人欲支付一笔金额给商家或者收款人时,可以分为以下几个步骤:

①只要有一个电子邮件地址,付款人就可以登录开设 PayPal 帐户,通过验证成为其用户,并提供信用卡或者相关银行资料,增加账户金额,将一定数额的款项从其开户时登记的账户(例如信用卡)转移至 PayPal 账户下。

②当付款人启动向第三人付款程序时,必须先进入 PayPal 账户,指定特定的汇出金额,并提供收款人的电子邮件账号给 PayPal。

③接着 PayPal 向商家或者收款人发出电子邮件,通知其有等待领取或转账的款项。

④如商家或者收款人也是 PayPal 用户,其决定接受后,付款人所指定之款项即移转予收款人。

⑤若商家或者收款人没有 PayPal 账户,收款人得根据 PayPal 电子邮件内容进入网页注册取得一个 PayPal 账户,收款人可以选择将取得的款项转换成支票寄到指定的处所、转入其个人的信用卡账户或者转入另一个银行账户。

从以上流程可以看出,如果收款人已经是 PayPal 的用户,那么该笔款项就汇入他拥有的 PayPal 账户;若收款人没有 PayPal 账户,网站就会发出一封通知电子邮件,引导收款者至 PayPal 网站注册一个新的账户。所以,也有人称 PayPal 的这种销售模式是一种"邮件病毒式"的商业拓展方式,从而使得 PayPal 越滚越大地占有市场。

(四)PayPal 优点与缺点

1. 优点

主要有以下几个方面的优点:全国用户广、品牌效应强、资金周转快(有即时支付、即时到账的特点;同时最短仅需 3 天,即可将账户内款项转账至国内的银行账户)、安全保障高、使用成本低、数据加密技术等优点。

2. 缺点

属于国外的公司,一些产品理念偏向于国外买家,同时对于一些国内的海淘群体(现在越来越多的国人加入到这一队伍)服务不是很好,经常出现国外商家不支持中国买家用 PayPal 付款的情况。

(五) PayPal 与 PayPal 贝宝比较

①PayPal 和 PayPal 贝宝是独立运作的两个网站。PayPal 是美国 eBay 公司的全资子公司。

②PayPal 贝宝是由上海网付易信息技术有限公司与世界领先的网络支付公司——PayPal 公司通力合作为中国市场度身定做的网络支付服务。由于中国现行的外汇管制等政策因素,PayPal 贝宝仅在中国地区受理人民币业务。如果是从事跨国交易的卖家,建议使用 PayPal 账户,注册了 PayPal 贝宝的邮箱不能用于注册 PayPal 账户。

③还是由于外汇管制,中国用户取钱的办法是自己的 PayPal 账户里的金额超过 150 美元后,要求 PayPal 开张支票,支票会寄往注册地址,拿到支票后,到银行去办理托收,整个过程大约 60～80 天;或者直接电汇到银行提现,提现手续费 35 美元一次,一次最高可提 10 万美元。

④PayPal 账户被允许在 190 个国家和地区的用户间进行交易。用户可以用该账户接收包括美元、加元、欧元、英镑、澳元和日元等 24 种货币的付款。同时通过简单地添加国际信用卡,用户也可以使用该账户在支持 PayPal 的网站上消费。

四、GlobalCollect(荷兰)

GlobalCollect 是世界顶级的支付服务供应商,为国际客户无卡业务类型(如互联网、邮件和电话订单)提供本地电子支付解决方案。可升级的在线支付平台,在 200 多个国家和地区提供 170 种货币的本地支付方式组合,能在世界范围内拓展电子商务活动。GlobalCollect 是电子支付行业的先行者,拥有 14 年的丰富经验,它独立于银行,拥有全球最大的收单行、银行和替代性支付供应商网络。

优点:结合本地支付方式,给买家带来更多的方便,同时也能侧面地增加商家的客户群体,更好地对目标市场进行推广,更广的支持面使 GlobalCollect 支付成功率高于其他对手。

缺点:只做大客户,因此申请 GlobalCollect 门槛很高,需要提供百万美元的财务报表,各种审核过程也是极其烦琐,每月有数千美元的最低消费。

五、国际信用卡支付

国际信用卡支付主要是以一个第三方信用卡支付公司提供一个支付通道达到收款的目的,是支付网关对支付网关模式(类似于网银支付),主要有速汇通支付、ChronoPay 环迅支付(IPS)、首信易(PayEase)、双乾支付(95epay)、ECPSS(E 汇通)、Gspay、YOURSPAY(优士支付)、网银在线、MOTOpay、2checkout 等等。

第三节　跨境电商综合服务平台

一、跨境电商综合服务平台的概念

随着国家对跨境电商监管政策的日渐明朗,各地海关和政府逐渐收紧监管缺口,一些传统中小型外贸企业和跨境电商平台个人卖家在面对新出现的监管政策时,产生了不适应和紧迫感。而一些大型跨境电商企业在对接政府、海关等部门,处理跨境电商长链条环节出现的问题上比较有经验,于是孕育出了跨境电商综合服务平台。

跨境电商综合服务平台一般由大型跨境电商企业建设,意在为中小企业和个人卖家提供代理服务,囊括了金融、通关、物流、退税、外汇等方面。目前业内知名的综合服务平台主要有阿里巴巴建设的一达通、大龙网建设的海通易达、海外通等。

跨境电商综合服务平台在降低外贸门槛、处理外贸问题、降低外贸风险等方面为相关企业提供了便利和解决方案。目前,这类平台适用于小包裹、小订单等多种业态,也将随着跨境电商的发展拓展出更深层次、更专业的服务。

二、海外通跨境电商综合服务平台

(一) 平台简介

"海外通"是威时沛运集团旗下广州市威云供应链管理有限公司全新的跨境电商综合服务平台,旨在为跨境电商客户提供更加快捷、高效、低成本、高质量、阳光操作、规范经营的跨境综合服务。项目提供跨境电商进口、出口全流程一站式解决方案。

基于保税区备货模式,"海外通"为国内经营进口产品的电商平台及商家提供境外仓收货—进口运输(空运、海运)—保税区仓储—分拣包装增值服务—关务数据交换—

电子清关—境内派送的全流程服务,整个过程以行邮税形式清关,降低环节综合成本,实现当日清关当日发货,提升物流时效,阳光、正规操作,保证货物流通的可靠性,为电商平台及商家提供强大的市场竞争力。

(二)服务介绍

海外通是威时沛运全新的跨境电商综合服务项目,旨在为跨境电商提供更加快速、便捷、低成本、高质量、高规范的综合服务。

主体服务有:

进口 B2B2C 服务,主要为跨境电商平台提供从国外运输、国内保税区备货、保税仓储、并在订单产生时直接从保税仓通关、分拣包装并发货的一体化服务。

进口 B2B2C 服务按照"整批进、分散出"的形式进行:"整批进"就是整批进口货物通过海外通综合服务平台向海关备案并申报进入海关保税区;"分散出"就是跨境电商将个人网购后产生的订单传送至海外通服务平台,平台立即向海关申报,实现自动化电子清关,清关成功后将根据订单分批运出保税仓并安排派送。

(三)服务构成

主要由海外收货、海外清关、国际运输、备货报关、保税仓储、分拣包装、进境电子清关、国内派送等八个服务项目构成。

(四)服务流程

服务流程如图 5-5 所示。

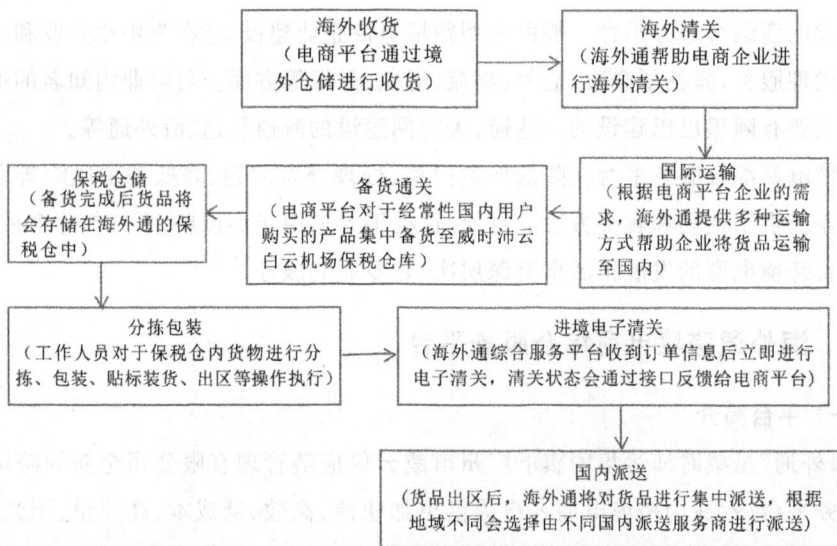

图 5-5　海外通服务流程

(资料来源:根据海外通跨境电商综合服务平台网站"了解我们"专栏内容整理)

(五)服务优势

1. 更加快捷

当日清关、当日发货。相比传统用户购物后直接从海外发货经过漫长的等待才能收到货品,海外通服务能够在用户下单后当日进行清关并于当日集中发货,效率提高数倍,极大地提升用户体验及口碑。

2. 更简化流程

流程更简单清晰,操作方便,便于管控。海外通服务整体流程清晰简便,操作方便,且全程由海外通人员进行效率、质量管控,完全不像传统的全程需要亲力亲为进行管理,且中间涉及大量专业操作及管理,稍有不慎便容易出现差错,海外通一站式服务让您全程无忧。

3. 更快清关

全程电子清关,5 分钟即可清关放行。由于采用与海关系统直接对接的方式处理清关,且清关产品均已先期进行商品备案,故全程采用自动放行,相比以前的传统清关方式效率高出数倍,这也能够保证用户更快得到所购物品,极大提高用户体验。

4. 规范安全

全程在海关新政策支持下运行,规范安全。以往跨境商品购物更多采用快递、包裹等方式进行,效率较低且限于报关方式,单一海关数量总体有限,且有相当比例采用冲关等非法方式入境,有法律风险且无法保证货品的有效通关时间,将整体风险转嫁于用户,不利发展。

5. 全程系统

全程系统对接及跟踪,高效便于掌控。海外通在提供高效低成本的进口服务的同时,开发了海外通跨境电商综合服务平台,通过系统 API 接口可以实时地将订单指令、清关指令、备货指令等进行传输,且可以实时返回货品及订单状态,便于结算、对接、掌控。

6. 更低成本

更低运费、更低操作费、更低清关费、更低派送费、更低税费。相比以往通过一般贸易进口的方式,省却了关税及增值税,只交免税额外的行邮税,通过海外通空运、中港车等运输方式亦可省却大部分运费,同时操作费及清关费均为最低。

(六)应用场景

①需要将国外产品进口至国内进行在线售卖并最终将商品发送到用户手中的电商企业。譬如经营进口产品的电商平台,独立电商网站、淘宝天猫专门售卖进口产品的企业等。

②国外企业将产品运输至中国境内,需要商品通关和配送服务的企业。譬如国外电商平台。

③需要提高进口清关速度,降低成本的电商企业。

④其他任何需要进口商品的运输、存储、清关、配送服务的电商平台或企业。

三、深圳一达通

深圳一达通企业服务有限公司成立于 2001 年,为中国第一家面向中小企业的外贸综合服务平台,通过互联网一站式为中小企业和个人提供金融、通关、物流、退税、外汇等所有外贸交易所需的进出口环节服务,改变传统外贸经营模式,集约分散的外贸交易服务资源,为广大中小企业和个人减轻外贸经营压力、降低外贸交易成本、解决贸易融资难题。

2010 年 11 月加入阿里巴巴后,形成了从"外贸资讯"到"外贸交易"的中小企业外贸综合服务平台,为广大中小企业和个人从事对外贸易提供了更为全面的外贸服务,是典型的中小企业外贸综合服务平台。

四、广东跨境贸易电子商务综合服务平台

广东跨境贸易电子商务综合服务平台是由软通动力集团打造的跨境电子商务通关服务,跨境电子商务软件服务,跨境电子商务平台运营服务,跨境电子商务金融服务为一体的一站式跨境电商综合服务平台,为企业提供通关、电商、退税、金融相结合的一体化服务。下面主要介绍电商服务及进出口服务。

(一)电商服务

将企业的商品销往全球各地。订单、商品、库存、物流、客户、账单、报表在一个平台轻松搞定。提供店铺管理服务。

1. 订单管理

支持 eBay、Amazon、速卖通等多渠道订单自动下载、审核、分配;强大的规则引擎,让销售人员集中处理 5% 的异常订单;订单处理全程日志信息,为客户提供完整的反馈信息源。

2. 商品管理

支持在一账号下维护多销售渠道的商品。

3. 客户管理

支持在一账号下维护来自多销售渠道的客户信息。

4. 客服管理

支持在一账号下维护来自多销售渠道的站内信、评价管理、纠纷处理、退换货服务等。

(二) 进出口服务

1. 进口服务

针对进口电商企业物流成本较高、非正规通关存在法律风险等问题,平台为进口电商企业缩短通关时间、降低物流成本、提升利润空间、解决灰色通关问题,为其打造一条透明、阳光、便捷的跨境通道。

跨境进口解决方案如下:

①通过"直邮进口"和"保税进口"的模式,以"快速通关、便捷服务"为目标,引导境内消费者通过"阳光"通道进行跨境网购活动,全程电子化管理实现商品追溯。

②通过"进口商品体验中心"模式,将保税商品前置到商业区,使之更加接近消费者。消费者在体验中心中可看到实物商品,并通过O2O订购系统完成线上支付,订单实时传递到保税库,并由保税库负责分拣、包装、发货。

2. 出口服务

针对传统外贸企业面对的外需下滑、国际订单量减少、制造成本一路走高等诸多企业困惑,平台将出口电商渠道与传统外贸及制造企业对接,提供营销、物流、通关、金融相结合的一体化服务,协助企业把国内商品以自己的品牌直接卖给境外终端消费者,显著提高售价,有效提升中国制造的利润。

针对出口电商企业面临的无法正常收结汇、无法申请退税、运作模式存在政策风险、企业无法做大做强等现状,平台为出口电商企业提供通关、物流全程服务,将订单信息、支付信息、物流信息三维合一,形成通关数据,进行集中申报,解决收结汇和退税难题。

跨境出口解决方案如下:

利用信息化手段,优化通关流程,通过"清单核放、汇总申报"的业务模式,解决小额跨境贸易电子商务企业存在的难以快速通关、规范结汇以及退税等问题

第四节　微电商的开设与推广

一、微信公众平台

微信公众平台,简称 WeChat。曾命名为"官号平台"和"媒体平台",最终定位为

"公众平台",无疑让我们看到微信对后续发展更大的期望。和新浪微博早期的明星战略不同,微信此时已经有了亿级的用户,挖掘自己用户的价值,为这个新的平台增加更优质的内容,创造更好的黏性,形成一个不一样的生态循环,是平台发展初期更重要的方向。利用公众账号平台进行自媒体活动,简单来说就是进行一对多的媒体性行为活动,如商家通过申请公众微信服务号通过二次开发展示商家微官网、微会员、微推送、微支付、微活动、微报名、微分享、微名片等,已经形成了一种主流的线上线下微信互动营销方式。

二、微信公众账号怎么注册

①进入微信的官方网站:http://weixin.qq.com/,再点击【公众平台】如图5-6所示。

图5-6 在微信官网点击【公众平台】

②如果你没有账号的,则需要点击【立即注册】,如图5-7所示。

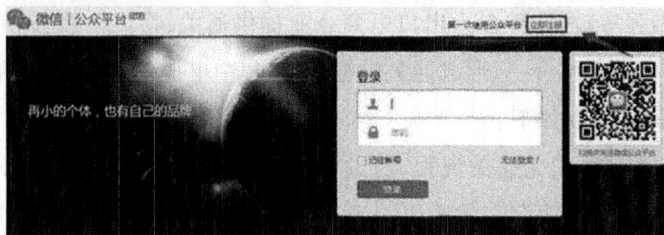

图5-7 点击【立即注册】

③输入你的邮箱地址和登陆微信公众平台的密码,点击【注册】,如图5-8所示。

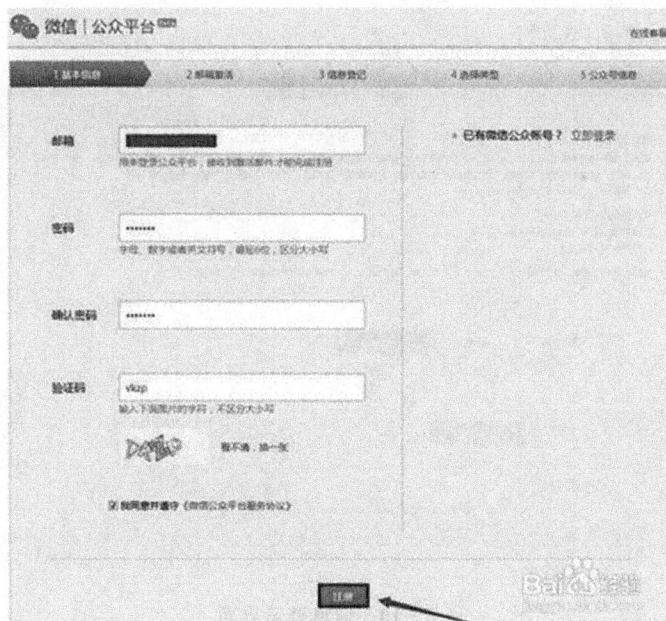

5-8　点击【注册】

④在如图 5-9 所示的界面，点击【登录邮箱】，进入之前输入的邮箱查看邮件，并激活公众平台账号。

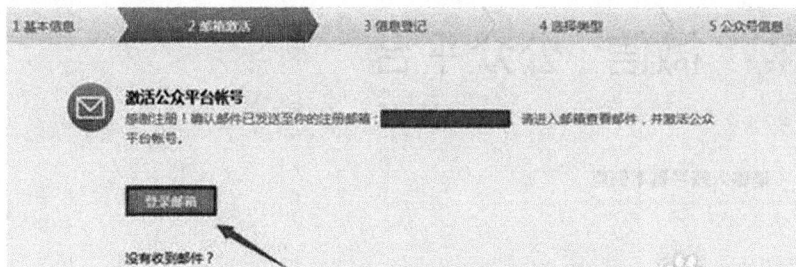

图 5-9　激活公众平台账号页面

⑤进入你的邮箱以后会看到一封激活微信账号的邮件，打开邮件后请点击链接激活账号。

⑥激活账号后在如图 5-10 所示的界面，输入你的相关信息，注意需要资料的真实并有效。

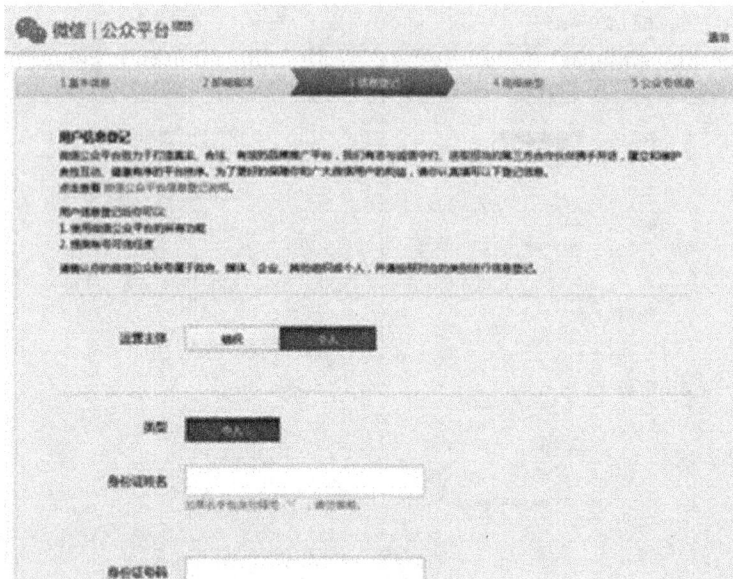

图 5 - 10　信息登记界面

⑦在如图 5 - 11 所示的界面输入账号的基本信息,注意公众号信息中的账号名称设置了就不能再更改,请想好了再输名称。其他的信息都根据个人的需求输入。最后点击【确定】。

图 5 - 11　基本信息输入界面

三、微信公众号微店怎么开怎么推广

①登录第三方后台,绑定公众号。如图 5 - 12 所示。选择扫码绑定即可,设置好
AppSecret 和相关参数。

图 5 - 12　登录第三方后台,绑定公众号

②进入后台点击【创建店铺】,选好主营分类,如图 5 - 13 所示。

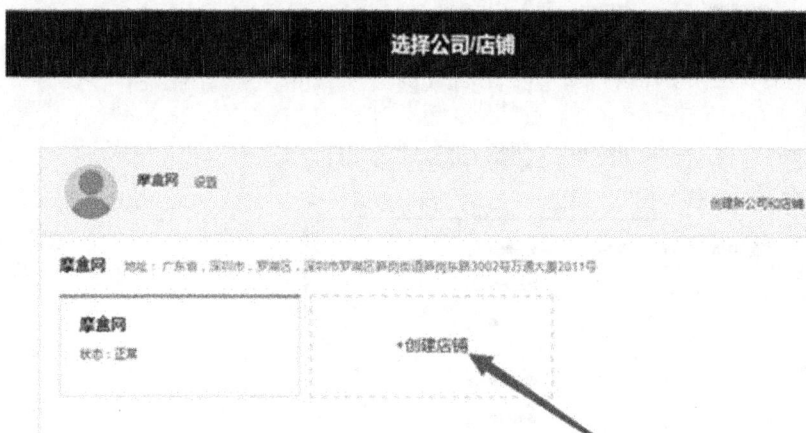

图 5 - 13　创建店铺

③上传商品,越详细越好,产品信息不完整,推广平台审核通过不了。如图5－14所示。

图5－14　上传商品

④设置分销价格,只有设置了分销价格的商品才会在推广平台展现。如图5－15所示。

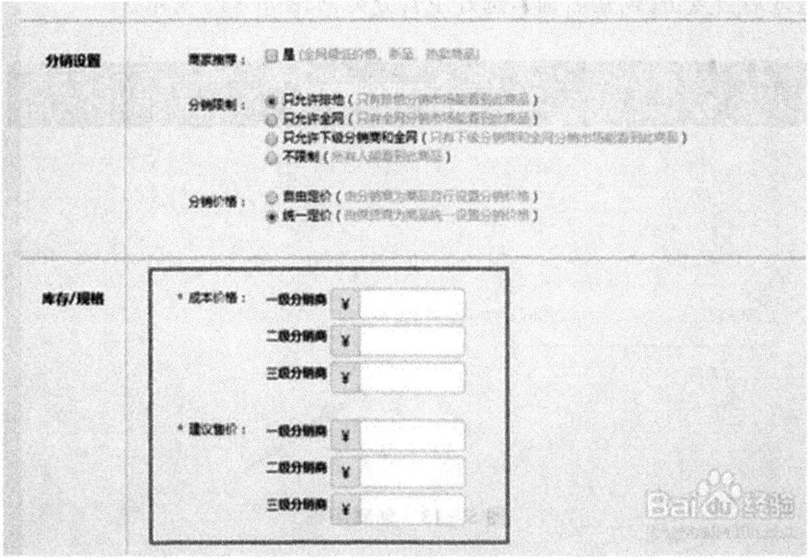

图5－15　设置分销价格

⑤设置微店首页,这里可以选择系统模版,也可以自定义。如图 5-16 所示。

图 5-16　设置微店首页

⑥设置底部导航菜单和购物车。如图 5-17 所示。

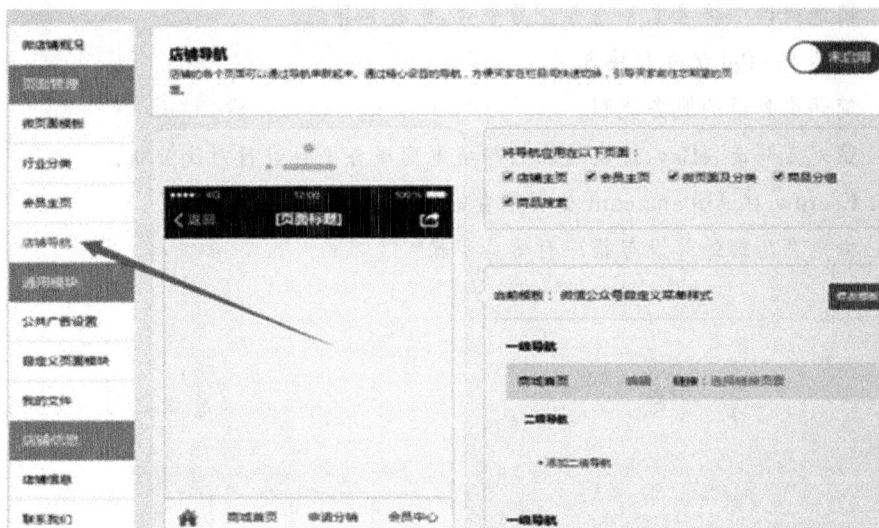

图 5-17　设置底部导航菜单和购物车

⑦微店设置完毕,点击预览。也可手机扫码预览。如图 5-18 所示。

图 5-18　微店首页

复习思考题

1. 请选择两个跨境电子商务交易平台,比较其异同。

2. 简述 PayPal 优点与缺点。

3. 简述海外通的服务流程。

4. 试对亚马逊、eBay、速卖通三大跨境电商服务平台进行对比分析。

5. Escrow 对 Alibaba.com 外贸平台的价值。

6. 微电商店铺的开设与推广有哪些步骤?

第六章

微电商与跨境电子商务网络营销与品牌管理

学习目标

通过本章的学习,掌握微电商与跨境网络营销的基本策略,包括网络产品策略、定价策略、渠道策略,掌握新兴电子商务技术在网络营销中的应用,掌握移动电子商务的概念、特征及运营模式。

开篇案例

是什么把 FocalPrice 逼到了大裁员的绝境?

深圳知名 3C 外贸 B2C 电商 FocalPrice 进行了大规模裁员。消息一出便在跨境电商行业内引起了轩然大波。

FocalPrice(炽昂科技),由李培亮创建于 2008 年 6 月,主营 3C 数码电子产品,最大业务来自电脑周边产品配件。目前网站产品有 10 多个大类,5 万多个 sku。

此次裁员从 2014 年 4 月中旬开始。减员全部完成后,FocalPrice 的员工数将从 200 多人缩减到 100 多人,裁掉大概一半的人马。关于减员原因,李培亮的解释是为了精简人力,提升效率。此外,Focal 产品品类也做了收缩,砍掉了部分不重要的品类,专注于 3C 数码等几个核心品类。

近两年,跨境电商行业经历了剧烈的变化,行业竞争加剧,产品利润迅速下滑。由于大量商家的涌入,市场已经接近饱和,同时产品同质化极其严重,导致疯狂的价格战,尤其是 3C 电子类外贸电商。由于深圳对于电子类产品有着得天独厚的货源优势,在深圳不算个人 SOHO 和夫妻店,光成规模的 3C 电商公司就不下千家。不仅仅是 FocalPrice,其他的外贸 B2C 也感受到了这种压力。2013 年在行业内排名前列的外贸 B2C 增速都有一定程度的放缓,同时利润普遍大幅下滑。

导致外贸 B2C 企业发展困难加剧还有另外一个重要的原因就是速卖通的急剧扩张。跨境电商市场份额正迅速转移到速卖通的手中。速卖通公布的数据显示，相比 2012 年，2013 年速卖通整体 PV 的增长是 700%，商品交易和订单量的增长均超过 600%。增速远远超过任何一家外贸 B2C 公司。

然而，就在英语国家市场已经饱和，各外贸 B2C 企业开始转战俄罗斯、巴西、中东等新兴市场的时候，速卖通也恰恰瞄准了这块大蛋糕，依托阿里巴巴的强大资源优势大举掠夺市场份额。速卖通在俄罗斯、南美、中东等新兴市场的拓展速度惊人。速卖通目前已经是俄罗斯排名第一的电商网站。2013 年，速卖通来自阿根廷、巴西等地的交易量的平均增幅高达 950%。

除了其野蛮的增长速度以外，速卖通更可怕的一点是它鼓励卖家打价格战。速卖通上的平台促销活动通常要求卖家产品折扣必须要 50% 以上，甚至更低。记得 2012 年速卖通搞过一次巴西专场促销活动，对卖家折扣的要求是 99%，而且不能是虚假折扣！

这种恶性竞争让跨境电商从业者们头疼不已。基本上每家网站的商品页面都有 price match（比价功能）来防止对手以低价挖走自己的客户。记得当年 lightake（深圳市创腾科技有限责任公司）和 dx（deale xtreme）为了一款游戏配件相互之间通过 price match 来打价格战，打得不亦乐乎。最终虽然 lightake 以更低的价格取胜，但是却把 dx 的老板陈灵健给惹毛了，找人黑掉了 lightake 的网站。可谓是两败俱伤，呜呼哀哉！

而现在这些"老外"客户也变得越来越狡猾了，他们会发出一些速卖通上相同的商品链接来要求降价。由于价格战的影响，竞争最为激烈的 3C 产品毛利已急剧降至不足 10%。

不只是 3C 行业，其他品类也好不到哪去。当年外贸电商行业受无数人崇拜和追崇的两大标杆型企业，易宝和兰亭集势。一个是 3C 的代表，一个是婚纱的代表。虽然两家都已顺利上市，但上市后的日子并不好过。易宝在 2013 已经出现盈利下降，而兰亭集势上市之后，股价狂跌到现在的 4 美元。2013 年连续三季度销量下滑和亏损扩大，并且遭到投资人的集体诉讼。虽然兰亭集势最近又是收购，又是高层调整，但是给人的感觉似乎都是在垂死挣扎。

虽然 FocalPrice 的这次裁员，李培亮一直表示是主动"瘦身"，目的是为了保证企业能健康运行和有较好的利润，做到轻装上阵。但是，我们不得不反思，其实这不是这一两家公司的问题，而是整个外贸 B2C 行业所面临的困境。

figo 断言，这还只是刚刚开始，接下来还会有更多的外贸 B2C 公司遇到同样的问题，甚至出现倒闭潮。新一轮的洗牌即将到来。外贸电商该何去何从？值得深思。figo 认为，单纯的贸易商在洗牌中必将消亡，唯品牌才是救世良药。

（资料来源：http://www.casvm.com/News/NewsInfo-9497.html）

第一节　跨境电子商务网络营销策略

目前,跨境电商网络营销尚未有统一的定义,不同的学者从不同的方面给予了不同的解释。简而言之,从"营销"的角度,可以将跨境电商网络营销定义为:跨境电商网络营销是企业整体营销战略的一个组成部分,是为实现企业总体经营目标所进行的,以互联网为基本手段营造跨境网上贸易经营环境的各种活动。其实质是利用互联网对跨境产品的售前、售中、售后各环节进行跟踪服务,它自始至终贯穿于企业经营的全过程,包括市场调查、客户分析、产品开发、销售策略和反馈信息等方面。

跨境网络营销策略是企业根据自身所在市场中所处地位不同而采取的一些跨境网络营销组合,它包括产品策略、价格策略、促销策略和顾客服务策略。

一、跨境网络营销产品策略

(一)跨境网络营销产品的概念

由于跨境网络营销在面对与传统市场不同的网络虚拟市场时,必须满足网络消费者一些特有的需求特征,因此,跨境网络营销产品的内涵与传统营销产品的内涵有一定的差异。其主要体现在跨境网络营销产品的层次比传统营销产品的层次有了很大的拓展。它包括以下5个层次,如图6-1所示。

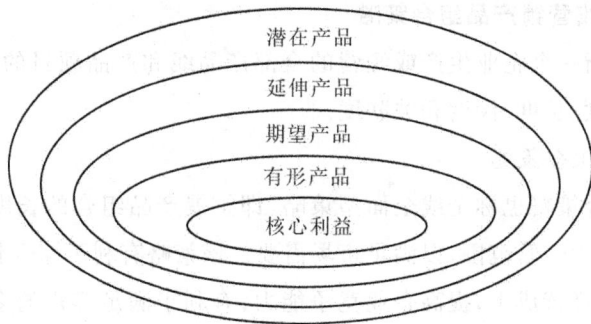

图6-1　跨境网络营销的5个层次

1. 核心利益层次

核心利益是指产品能够提供给消费者的基本效用或益处,是消费者真正想要购买的实质性的东西。由于网络营销是一种以顾客为中心的营销策略,企业在设计和开发产品的核心利益时,要从顾客的角度出发。

2. 有形产品层次

有形产品主要表现在品质、特征、式样、商标和包装等方面,是核心利益的物质载体。对于物质产品来说,首先,产品的品质必须有保障,因为网络消费者对质量要求特别高;其次,必须注重产品的品牌,因为网络消费者对产品的认识和选择主要依赖品牌;再次,注意产品的包装;最后,在特征和式样方面要根据不同地区的文化进行有针对性地加工。

3. 期望产品层次

在跨境网络营销中,顾客处于主导地位,消费呈现出个性化的特征,不同的消费者对产品的要求不一样,因此产品的设计和开发必须满足顾客这种个性化的消费需求。

4. 延伸产品层次

延伸产品是指由产品的生产者或经营者提供给购买者的需求,主要是帮助用户更好地使用核心利益的服务。在跨境网络营销中,对于物质产品来说,要注意提供满意的售后服务、送货和质量保证等。这是因为如果不能很好地解决这些问题,势必影响网络营销的市场广度。对于无形产品,由于可以直接借助网络营销渠道进行配送,因此重点是保证产品的质量和技术。

5. 潜在产品层次

潜在产品层次是在延伸产品层次之外,由企业提供能满足顾客潜在需求的产品层次,主要是产品的增值服务。它与延伸产品的主要区别是:顾客没有潜在产品层次仍然可以很好地使用所需产品的核心利益。

(二) 跨境网络营销产品组合策略

产品组合是指一个企业生产或经营的全部产品线和产品项目的组合方式。它包括产品组合的宽度、长度、深度和关联度。

1. 扩大产品组合策略

扩大产品组合策略也称全线全面型策略,即扩展产品组合的长度和宽度,增加产品系列或项目,扩大经营范围,以满足市场需要。该策略有利于综合利用企业资源,扩大经营规模,降低经营成本,提高企业竞争能力;有利于满足客户的多种需求,进入和占领多个细分市场。

2. 缩减产品组合策略

缩减产品组合策略也称市场专业型策略,即缩减产品组合的长度和宽度,减少一些产品系列或项目,集中力量经营一个系列的产品或少数产品项目,提高专业化水平,以求从经营较少的产品中获得较多的利润。该策略有利于企业减少资金占用,加速资金周转;有利于广告促销和明确分销渠道,从而提高营销效率。

3.产品延伸策略

每一个企业所经营的产品都有其特定的市场定位。产品延伸策略即指全部或部分地改变企业原有产品的市场定位。其具体做法有向上延伸、向下延伸和双向延伸三种。

（三）跨境网络营销新产品开发策略

1.新产品

即开创一个全新市场的产品。这种策略是网络时代最有效的策略,一般适合创新公司。网络时代使市场需求发生了根本性的变化,消费者的需求和消费心理也发生了重大的变化。因此,如果有很好的产品构思和服务概念,即使没有资本也可以凭借它获得成功,因为许多风险投资资金愿意投入互联网市场。

2.新产品线

即让企业首次进入现有市场的新产品。这种策略往往是作为企业对抗别人模仿的一种很好的防御性策略。

3.现有产品线外新增加的产品

即补充企业现有产品线的新产品。由于市场不断细分,市场需求的差异性增大,因而这种策略是一种比较有效的策略。首先,它能满足不同层次的差异性需求;其次,它能以较低的风险进行新产品开发,因为它是在已经成功的产品上再进行的开发。

4.现有产品的改良品或更新

即提供改善了功能或较大感知价值并且替换现有产品的新产品。企业在面对消费者需求品质日益提高的驱动下,必须不断改进现有产品和进行升级换代,否则很容易被市场淘汰。目前,产品的信息化、智能化和网络化是必须考虑的,如电视机的数字化和上网功能。

5.降低成本的产品

即提供同样功能但成本较低的新产品。虽然网络消费者注重个性化消费,但个性化消费不等同于高档次消费,它意味着消费者根据自己的个人情况(包括收入、地位、家庭及爱好等)来确定自己的需要。因此,消费者的消费意识更趋于理性化,消费者更强调产品带来的价值,同时也包括所花费的代价。

6.重定位产品

即以新的市场或细分市场为目标市场来定位现有的产品。这种策略在网络营销初期是可以考虑的,因为网络营销面对的是更加广泛的市场空间,企业可以突破时空限制,以有限的营销费用去占领更多的市场。

二、跨境网络营销价格策略

互联网的出现不但使收集信息的成本大大降低,而且还能得到很多的免费信息。

网络技术的发展使市场资源配置朝着最优方向发展。这意味着市场的主动权不再是供应方而是需求方,由需求引导的市场资源配置是网络时代的重要特征。

(一) 低价定价策略

1. 直接低价定价策略

直接低价定价策略是指定价时比同类产品要低。例如,Dell 公司的计算机定价就比同性能的其他公司产品低 10%～15%。采用直接低价定价策略的基础是:本企业较同行能更有效地降低各项成本。

2. 折扣定价策略

折扣定价策略指在原价基础上进行折扣来定价。这种定价方式可以让顾客直接了解产品的降价幅度,以促进顾客的购买。这种定价策略主要用在一些网上商店,通过对购买来的产品按照市面上流行的价格进行折扣定价。

3. 促销定价策略

如果企业是为拓展网上市场,但其产品价格又不具有竞争优势,则可以采用网上促销定价策略。促销定价策略除了前面提到的折扣定价策略外,比较常用的还有有奖销售和附带赠品销售。

(二) "定制生产"定价策略

1. "定制生产"的内涵

根据顾客对象的不同定制化生产可以分为以下两类:①面对工业组织市场的定制生产;②面对消费者市场的定制生产。

2. "定制生产"定价策略

"定制生产"定价策略是指在企业能实行定制生产的基础上,利用网络技术和辅助设计软件,帮助消费者选择配置或者自行设计能满足自己需求的个性化产品,同时承担自己愿意付出的价格成本。

(三) "使用"定价策略

所谓"使用"定价,就是顾客通过互联网注册后可以直接使用某公司产品,顾客只需要根据使用次数或时间进行付费,而不需要将产品完全购买下来。这样不仅可以减少企业为完全出售产品而进行大量不必要的生产和包装的浪费,同时还可以吸引那些有顾虑的顾客来使用产品,扩大市场份额。

采用按使用次数定价,一般要考虑产品是否适合通过互联网传输,是否可以实现远程调用。目前,比较适合这种定价策略的产品有软件、音乐和电影等。另外,采用按次数定价对互联网的带宽有很高的要求,因为许多信息都要通过互联网进行传输,如互联网带宽不够则会影响数据传输,进而影响顾客使用和观看效果。

三、跨境网络营销促销策略

跨境网络营销促销简称网络促销,是指利用网络技术向境外虚拟市场传递有关产品和服务的信息,以刺激消费需求,引发消费者购买欲望和购买行为的各种活动。

跨境网络营销促销有以下两个特点:一是网络促销通过网络技术传递信息;二是网络促销是在虚拟市场上进行的。

(一)跨境网络营销促销与传统促销的区别

1. 时空观念的变化

传统促销环境下产品的订货都有一个时间的限制,而在网络促销中,订货和购买可以在任何时间进行;传统的产品销售和消费者群体都有一个地理半径的局限,而网络促销则完全突破了地理位置的限制,使之成为全球范围的竞争。

2. 信息沟通方式的变化

促销基础是买卖双方信息的沟通。传统促销主要采用广告、销售促进、宣传推广和人员推销等形式与消费者进行沟通;而网络促销则主要是通过网络与消费者进行信息传递。

3. 消费群体消费行为的变化

传统促销环境下,消费者一般处于被动地位,企业提供什么,消费者只能购买什么;而在网络环境下,消费者可以直接参与到企业生产和商业流通的各个环节,可对产品进行大范围地选择、比较和理性分析后才进行购买。

(二)跨境网络营销促销的形式

1. 网络广告

网络广告,是指以计算机网络作为广告媒体,采用相关的电子多媒体技术设计和制作,并通过计算机网络传播的一种广告形式。网络广告可以分为旗帜广告、电子邮件广告、电子公告栏广告和新闻组广告等。

2. 站点推广

站点推广就是企业利用网络营销策略扩大站点的知名度,提高网站的被访问次数,起到宣传、推广企业及企业产品的一种促销形式。

站点推广主要有两类方法:一类是通过改进网站内容和服务,吸引用户访问,起到推广效果;另一类是通过网络广告宣传推广站点。

3. 销售促进

销售促进是指企业利用可以直接进行销售的网络营销站点,采取一些销售促进方法如打折、抽奖和拍卖等,宣传和推广产品的一种促销形式。

4.关系营销

关系营销是指通过借助互联网的交互功能吸引用户与企业保持亲密关系,培养顾客忠诚度,提高顾客的再购率的一种促销形式。

四、顾客服务策略

(一) 网络营销服务的特点

1.网络营销服务可以增强顾客对服务的感性认识

服务的最大局限性就在于服务的无形性和不可触摸性,而网络营销服务则通过一些有形的方式将服务表现出来,增强了顾客对服务的体现和感受。

2.网络营销服务突破了时空不可分离性

服务的最大特点是生产和消费的同时性,因此服务往往受到时间和空间的限制。而网络营销服务则可以突破服务的时空限制,如远程培训、远程教育和远程医疗等。

3.网络营销服务可以为顾客提供更高层次的服务

网络营销服务中,顾客通过互联网可以了解更多的信息,还可以参与到整个服务过程中来,向企业提出更高的要求,最大限度地满足自己的需求,得到更高层次的服务。

4.网络营销服务中,顾客寻求服务的主动性增强

网络营销中,顾客可以通过互联网直接向企业提出要求,企业针对顾客的要求提供特定的一对一服务,这样不仅增强了顾客寻求服务的主动性,而且企业也可以借助互联网低成本地满足顾客的需求。

5.企业采用网络营销服务形式,服务效益提高

许多企业把网络营销服务作为企业在市场竞争中的重要手段,原因有两个:一方面,企业通过互联网实现远程服务,扩大了服务市场范围,创造了新的市场机会;另一方面,企业通过互联网提供服务,可以使顾客的需求得到更多的满足,这样可以拉近企业和顾客之间的关系,培养顾客的忠诚度,减少企业的营销成本。

(二) 网上产品服务策略

1.网上售前服务

企业提供售前服务的方式主要有两种:一种是通过自己企业网站的宣传,向顾客介绍产品信息。这种方式要求企业的网站必须有一定的知名度,否则很难吸引顾客注意;另一种方式是通过网上虚拟市场提供商品信息。企业可以免费在虚拟市场上发布产品信息广告,提供产品样品。为方便顾客购买,企业还应该提供一些产品的相关知识。

2.网上售中服务

网上售中服务是指产品的买卖关系已经确定时,顾客等待企业将产品送到指定地

点过程中的服务,如了解订单执行情况和产品运输情况等。

3.网上售后服务

网上售后服务就是企业借助互联网直接沟通的优势,以便捷方式满足客户对产品帮助、技术支持和使用维护等需求的一种网上服务方式。网上售后服务有两类,一类是基本的网上产品支持和技术服务;另一类是企业为满足顾客的附加需求提供的增值服务。

4.网上个性化服务策略

个性化服务也叫定制服务,就是按照顾客的要求提供特定服务。个性化服务包括三个方面:服务时空的个性化;服务方式的个性化;服务内容的个性化。目前,网上提供的定制服务一般是网站经营者根据顾客在需求上存在的差异,将信息或服务化整为零或提供定时定量服务,让顾客根据自己的喜好去选择和组配,从而使网站在为大多数顾客服务的同时,变成能够一对一地满足消费者特殊需求的市场营销工具。

第二节　跨境电子商务网络营销技术应用

一、网站产品展示技术

产品是企业的命脉,将产品通过企业网站展示出来是企业网站建设的目的之一。作为网站策划者,首先应当深入了解企业的产品生产和销售状况。其次,网站策划者需要站在企业和访问者的角度来规划网站。

(一)平面展示技术

平面展示技术是目前网站在进行产品展示时使用最为广泛的一种技术。这种技术是网站通过在其产品展示页面使用静态图片展示商品的形象,使消费者对商品产生直观的印象,从而进一步产生购买的欲望。下面几个图是从不同侧面展示的静态图像。如图6-2所示。

图6-2　从不同侧面展示的静态图像

（二）Flash 动画展示技术

Flash 的产品展示相对于平面的产品展示来说,需要占用更多的空间和网络传输字节,但是却能通过声音、图像、文字、动画等表现更多的产品细节,吸引消费者对商品的兴趣,使消费者享受于网站产品的展示,增加了展示的效果,先进的技术使用户还可以和商品展示产生互动。

例：PHILIPS(飞利浦)显示器新品全球发布会 Flash 动画演示。如图 6-3 所示。

图 6-3　Flash 动画演示

（三）三维展示技术

三维展示技术是一种先进的网上产品展示技术,可以让产品的展示全面、具体而且生动。可以从 360°的任意视角观察产品,具有全方位、互动式的特点。这一技术使商品在网上能够进行全方位的展示,这对商品在网上的推广起到了非常重要的作用。

三维展示技术就实现方式来看,可分两种：

一种是照片模拟技术,这一技术通过拍摄物体各个角度的照片,然后合成一个三维物体,并有一定的交互功能,此项技术因为是基于平面照片的三维技术,所以素材采集比较方便;

另一种是纯三维展示技术,这一技术除了能从各个角度来展示产品外,还能对产品任意缩小、放大或平移,甚至可以设置各种交互的功能。纯 3D 技术展示的商品,通常会要求安装相应的插件。如图 6-4 所示。

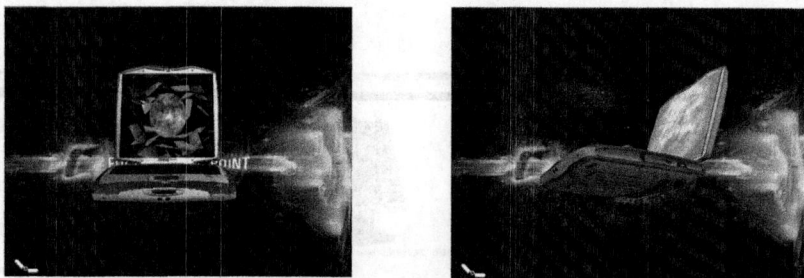

图 6-4　3D 技术展示

（四）不同类型商品的展示技巧

从前面的介绍中,可以看到三维展示技术是展示商品的最好手段,但是由于三维展示的制作技术比较复杂,费用也比图片展示技术和 Flash 展示技术高,因此,在现阶段可以根据不同的商品选择最适合的商品展示技术。下面以较典型的商品为例,介绍商品的展示技巧。

服装类的商品仅仅通过摆放来吸引顾客的注意力是不够的,在现实生活中,顾客要购买服装这类产品除了价格因素外,往往还要依靠服装的外观、尺寸、上身效果、舒适程度、布料质量等来决定是否购买。因此在网络上展示产品,也要尽量满足顾客的这些要求。

①由于服装具有季节性,网站应该根据不同的季节展示相应的产品。

②常用的方法是展示模特儿穿上服装的图片,通过这些图片用户可以看到衣服的上身效果。其制作方法简单,费用花费少,发布方便,技术要求不高,适合资金较少的网站采用。

③将模特儿穿上服装的整个展示过程记录下来,通过使用 Flash 或视频展示给用户看,并且还可以利用网络的互动性有选择地进行观看或者重复观看。如图 6-5 所示的 adidas 系列广告。

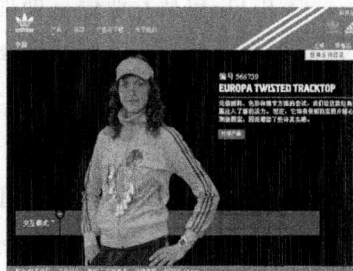

图 6-5　adidas 系列广告

④三维服装展示系统。可以在一个模特的模型上进行简单的服装款式和颜色的改变,甚至可以改变模特的体形。如图 6-6 所示。

图 6-6　三维服装展示系统

二、跨境网络营销数据库营销技术

数据库营销(Database Marketing Service,DMS),就是利用企业经营过程中收集、形成的各种顾客资料,经分析整理后作为制定营销策略的依据,并借助于 IT 和 Internet 技术,通过发送电子刊物、传递产品与服务信息、用户满意调研、在线销售服务等多种方式来提高企业的市场营销能力和水平,并作为保持现有顾客资源的重要手段。

（一）数据库技术组成部分

实施网络数据库营销的技术基础是设计和建立网络数据库营销信息系统。该系统应包括以下几个组成部分:

①建立一个可以连接到互联网的计算机网络;

②网络数据库系统软件;

③大型数据库;

④营销信息数据统计、分析等处理软件包;

⑤用户,包括专业信息处理员、公司内部员工、公司的顾客以及公司的供应商等。

（二）建立营销网络数据库时应该注意的几个问题

①在营销数据库中每个现实或潜在顾客都要作为一个单独记录存储起来。

②每个顾客记录不但要包含顾客一般的信息,还要包含一定范围的市场营销信息,以及有关的人口统计和心理测试统计信息。这些数据可以通过顾客填写表格的方式来获得。如三星公司通过新会员注册所填写的信息表来获取顾客信息。

③每个顾客记录还要包含顾客是否能接触到针对特定市场开展的营销活动信息,以及顾客与公司或竞争对手的交易信息。

④数据库中应包含顾客对企业采取的营销沟通或销售活动所做出的反映的信息。

⑤存储的信息有助于营销策略的制定者制定营销政策。

⑥数据库可以用来保证与顾客协调一致的业务关系的发展。

⑦数据库建设好后可以代替市场研究。

三、网上商店营销技术

网上商店是建立在第三方提供的电子商务平台上、由商家自行经营的网上商业店铺,是一种比较简单的电子商务营销形式。从企业整体营销策略和顾客的角度考虑,网上商店的作用主要表现在两个方面:一方面,网上商店为企业扩展网上销售渠道提供了便利的条件;另一方面,建立在知名电子商务平台上的网上商店增加了顾客的信任度。

四、网络广告软文技术

（一）网络广告软文撰写者的基本要求

网络广告软文要求撰写者要具有以下几种能力:一是要有扎实的文字功底,有驾驭文字的能力;二是有一定的文化修养和丰富的想象力;三是全面地掌握所服务的品牌的企业文化、企业的核心竞争力和产品卖点诉求、市场背景等。

(二) 撰写网络广告软文的注意事项

撰写网络广告软文要做到:一是不能与现行的法律、法规相抵触;二是切忌宣传口径不统一;三是切忌诋毁其他竞争者;不制造垃圾。

第三节　跨境电子商务品牌建设与管理

一、跨境电子商务品牌打造

品牌建设是指对品牌进行创立、塑造及维护的全过程,如图 6-7 所示,即通过一切可能的措施及手段,培育并不断增加品牌资产,为企业造就百年金字招牌打下基础。当前,注重"品牌建设"正在成为一种时尚。在未来,没有品牌的产品或服务是很难有长久生存的空间的。只有成功的品牌管理才能给企业带来持续的成长,才能创造未来的辉煌。

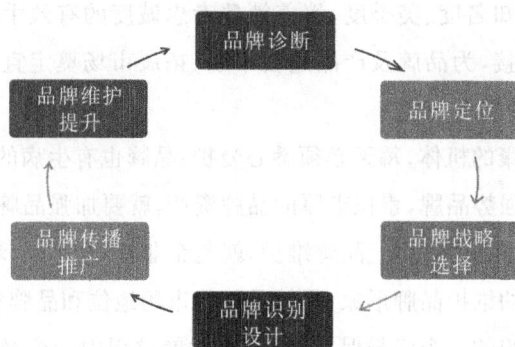

图 6-7　品牌建设流程

如图 6-7 所示,品牌建设流程如下:

第一步,品牌诊断/品牌审计/品牌评估。

品牌诊断、品牌审计及品牌评估的三者含义相近,其目的都是为了全面检视品牌现状,了解品牌的竞争力和健康程度。品牌诊断是所有工作的开始,但根据不同的实际情况诊断的层次和内容也不同。

第二步,品牌定位。

品牌定位就是为企业的品牌在市场上树立一个明确的、有别于竞争对手的、符合消费者需求的形象,其目的是在消费者心中占领一个有利的地位。

第三步,品牌战略选择。

对于一艘盲目航行的船只来说,任何方向的风都只能是逆风。品牌战略是关系到一个企业兴衰成败的根本性决策。如果缺乏一个对品牌整体运作的长远思路,将导致企业经营的混乱无序,这无疑是对品牌资源的极大浪费。

第四步,品牌识别设计。

据心理学家分析,人们的信息 85％是从视觉中获得的,因此,建立良好的品牌视觉形象是竞争的首选目标。品牌视觉识别设计即相当于 CIS(企业识别系统)中的 VI(视觉识别)设计。在品牌营销的今天,没有 VI 设计对于一个现代企业来说,就意味着它的形象将淹没于商海之中,让人辨别不清;就意味着它是一个缺少灵魂的赚钱机器;就意味着它的产品与服务毫无个性,消费者对它毫无眷恋;就意味着团队的涣散和低落的士气。

第五步,品牌传播推广。

品牌传播,也称品牌沟通,是品牌营销的主要手段之一,是主要的品牌资产投资。企业以品牌的核心价值为原则,在品牌识别的整体框架下,选择广告、公关、口碑、形象代言、销售促进等传播方式,将品牌推广出去,以建立品牌形象,促进市场销售。品牌传播是企业提升品牌知名度、美誉度,培养消费者忠诚度的有效手段,还可以实现品牌与目标市场的有效对接,为品牌及产品进占市场、拓展市场奠定宣传基础。

第六步,品牌维护提升。

品牌就像一个健康的机体,每天必须悉心爱护;品牌也有生病的时候,必须进行诊断和护理。如果要创建强势品牌,累积丰厚的品牌资产,就要加强品牌的日常管理和维护,尽量避免"品牌危机"事件的发生。品牌维护,就是企业针对内外部环境的变化给品牌带来的影响所必须采取的维护品牌形象、保持品牌的市场地位和品牌价值的行动。品牌维护是快速创建强势品牌的一个坚强保证,是品牌发展过程中一个必不可少的步骤,也是一个品牌长足发展的基础,它对于企业品牌化道路有着指导意义。

二、跨境电子商务品牌管理

(一) 品牌管理步骤

品牌管理是个复杂的、科学的过程,不可以省略任何一个环节。下面是成功的品牌管理应该遵守的四个步骤:

第一步骤:勾画出品牌的"精髓",即描绘出品牌的理性因素。

首先把品牌现有的可以用事实和数字"勾画"出的人力、物力、财力找出来,然后根据目标再描绘出需要增加哪些人力、物力和财力,才可以使品牌的精髓部分变得充实。这里包括消费群体的信息、员工的构成、投资人和战略伙伴的关系、企业的结构、市场的状况、竞争格局等。

第二步骤:掌握品牌的"核心",即描绘出品牌的感性因素。

由于品牌和人一样除了有躯体和四肢外还有思想和感觉,所以我们在了解现有品牌的核心时必须了解它的文化渊源、社会责任、消费者的心理因素和情绪因素并将感情因素考虑在内。根据要实现的目标,重新定位品牌的核心并将需要增加的感性因素一一列出来。

第三步骤:寻找品牌的灵魂,即找到品牌与众不同的求异战略。

通过第一和第二步骤对品牌理性和感性因素的了解和评估,升华出品牌的灵魂及独一无二的定位和宣传信息。人们喜欢吃麦当劳,不是因为它是"垃圾食品",而是它带给儿童和成年人的一份安宁和快乐的感受。人们喜欢去迪斯尼乐园并不简单因为它是游乐场所,而是人们可以在那里找到童年的梦想和乐趣。所以品牌不是产品和服务本身,而是它留给人们的想象和感觉。这才是品牌的灵魂所在。

第四步骤:品牌的培育、保护及长期爱护。

品牌形成容易但维持是个很艰难的过程。没有很好的品牌关怀战略,品牌是无法成长的。很多品牌只靠花大量的资金做广告来增加客户资源,但由于忽视品牌管理的科学过程,在有了知名度后,不再关注客户需求的变化,不能提供承诺的一流服务,失望的客户只有无奈地选择了新的品牌,致使花掉大把的钱得到的品牌效应昙花一现。所以,品牌管理的重点是品牌的维持。

(二)成功品牌营销模式

1. 模块营销

"模块营销"法就是将品牌分成若干模块,并将它们称为"不可或缺模块"(不管身处全球哪个地方都必须恪守的规则)和"可选择模块"(允许根据实际情况灵活变通的操作方法)。然后根据不同的市场需求、文化传统、风俗习惯、消费观念,确定"可选择模块",与"不可或缺模块"进行充分有效的组合,使其能够最大限度地兼顾不同消费者的需求,赢得更多消费者的青睐。这样,既保证了品牌核心部分的稳定性,同时又促进了产品在外围的兼容性。

"模块营销"的核心之处在于,不轻易放弃任何一个顾客,并最大化地迎合消费者多样化的需求,使同一产品在不同市场上能在保持共性前提下发挥个性。

2. 品牌经理

品牌经理的概念诞生于 1931 年,创始者是美国宝洁公司负责佳美香皂销售的麦克·爱尔洛埃。1926年宝洁公司开始销售一种与象牙香皂相竞争的佳美香皂,尽管使出浑身解数,也投入了大量的广告费用,但销路一直不畅。负责销售工作的麦克通过研究发现,由几个人负责同类产品的广告的销售,不仅造成人力与广告费用的浪费,而且让顾客感到混乱。于是,他向公司的最高领导提出一种牌号一个经理的建议,就是一个品牌经理必须把产品的全部销售承担起来。这一建议,一举拓开了宝洁公司的多种产品的销售市场,而且拉长了各种产品的生命周期,如潮汐洗涤剂已行销40多年,浪峰牙膏已行销30多年,佳美香皂已行销60多年,而象牙香皂已行销110年以上。宝洁也由此成为拥有38个消费品大类的大企业。

3. 品牌联合

品牌联合,就是两个抑或更多的品牌,如健力宝和中国女排,有效地组成协作联盟,一个品牌可以借助于另一个品牌,当然更重要的是相互借助,来提高自己品牌的社会接受力,这种效应要比单独出击大得多。也就是说,品牌联合所产生的效应是"整体远远大于个体的"。

固特异公司称,它生产的车胎是奥迪和奔驰车推荐使用的部件。美国航空公司和肯特证券也在宣传中强调,它们都使用柯尼卡复印机设备。品牌联合最重要的在于借助著名品牌的推荐而消除消费者心头的疑虑,接受并信任不知名的品牌。

4. 纵联品牌

众所周知,传统的品牌经营是生产者只部分地负责品牌经营,主要精力集中于产品的设计、开发、生产,然后销售给零售商,并提供售后服务与广告宣传等。费利克斯·巴博将纵联品牌定义为:生产者控制着整个增值过程,从产品开发直到商品零售。最具典型的就是将其产品以他们的品牌通过专卖店销售。

纵联品牌能够让生产者直面消费者,最直接地听取消费者对产品设计、质量、价格、服务及其形象等方面的批评和建议,并能够迅速、准确地反映给设计者、生产者及决策者。改变盲目的产品开发、价格竞争和形象设计,真正让品牌走进消费者的心坎儿。

第四节 微信与微信营销

一、微信概述

微信(WeChat)是腾讯公司于2011年1月21日推出的一个为智能终端提供即时通信服务的免费应用程序。微信支持跨通信运营商、跨操作系统平台通过网络快速发送免费(需消耗少量网络流量)语音短信、视频、图片和文字,同时,也可以使用通过共享流媒体内容的资料和基于位置的社交插件"摇一摇""漂流瓶""朋友圈""公众平台""语音记事本"等服务插件。截至 2015 年第一季度,微信已经覆盖中国 90% 以上的智能手机,月活跃用户达到 5.49 亿人,用户覆盖 200 多个国家和地区、超过 20 种语言。此外,各品牌的微信公众账号总数已经超过 800 万个,移动应用对接数量超过 85000 个,微信支付用户则达到了 4 亿人左右。

二、微信功能

(一) 基本功能

1. 聊天

支持发送语音短信、视频、图片(包括表情)和文字,支持多人群聊。

2. 添加好友

微信支持查找微信号、查看 QQ 好友添加好友、查看手机通讯录和分享微信号添加好友、摇一摇添加好友、二维码查找添加好友和漂流瓶接受好友等 7 种方式。

3. 实时对讲机功能

用户可以通过语音聊天室和一群人语音对讲,但与在群里发语音不同的是,这个聊天室的消息几乎是实时的,并且不会留下任何记录,在手机屏幕关闭的情况下仍可进行实时聊天。

4. 朋友圈

用户可以通过朋友圈发表文字和图片,同时可通过其他软件将文章或者音乐分享到朋友圈。用户可以对好友新发的照片进行"评论"或"赞",用户只能看相同好友的评论或赞。

5. 语音提醒

用户可以通过语音告诉他(她),提醒打电话或是查看邮件。

6. 查看附近的人

微信将会根据您的地理位置找到在用户附近同样开启本功能的人。

7. 微信摇一摇

是微信推出的一个随机交友应用,通过摇手机或点击按钮模拟摇一摇,可以匹配到同一时段触发该功能的微信用户,从而增加用户间的互动和微信黏度。

8. 流量查询

微信自身带有流量统计的功能,可以在设置里随时查看微信的流量动态。

(二) 支付功能

微信支付是集成在微信客户端的支付功能,用户可以通过手机完成快速的支付流程。微信支付以绑定银行卡的快捷支付为基础,向用户提供安全、快捷、高效的支付服务。

2014 年 9 月 26 日,腾讯公司发布的腾讯手机管家 5.1 版本为微信支付打造了"手机管家软件锁",在安全入口上独创了"微信支付加密"功能,大大提高微信支付的安全性。

用户只需在微信中关联一张银行卡,并完成身份认证,即可将装有微信 APP 的智能手机变成一个全能钱包,之后即可购买合作商户的商品及服务,用户在支付时只需在自己的智能手机上输入密码,无须任何刷卡步骤即可完成支付,整个过程简便流畅。

(三) 微信公众号

微信公众号是开发者或商家在微信公众平台上申请的应用账号,该账号与 QQ 账号互通,通过公众号,商家可在微信平台上实现和特定群体的文字、图片、语音、视频的全方位沟通、互动。形成了一种主流的线上线下微信互动营销方式。正如线上线下微信互动营销的代表微部落,率先提出标准的行业通用模板和深定制的微信平台开发理念相结合,形成了线上线下微信互动营销的开放应用平台。

公众号分为订阅号、服务号和企业号三种。订阅号主要偏于为用户传达资讯(类似报纸杂志),认证前后都是每天只可以群发一条消息;服务号主要偏于服务交互(类似银行,114,提供服务查询),认证前后都是每个月可群发 4 条消息;企业号主要用于公司内部通信使用,需要先有成员的通信信息验证才可以关注成功企业号。三种公众号的区别如图 6-8 所示。

帐号类型	订阅号		服务号		企业号	
业务介绍	为媒体和个人提供一种新的信息传播方式,构建与读者之间更好的沟通与管理模式。		给企业和组织提供更强大的服务与用户管理能力,帮助企业实现全新的公众号服务平台。		帮助企业和组织内部建立员工、上下游合作伙伴与企业IT系统间的连接。	
适用人群	适用于个人和组织		不适用于个人		企业,政府、事业单位或其他组织	
功能权限	普通订阅号	微信认证订阅号	普通服务号	微信认证服务号	普通企业号	微信认证企业号
消息直接显示在好友对话列表中			✓	✓	✓	✓
消息显示在"订阅号"文件夹中	✓	✓				
每天可以群发1条消息	✓	✓				
每个月可以群发4条消息			✓	✓		
无限制群发						
保密消息禁止转发					✓	✓
关注时验证身份					✓	✓
基本的消息接收/回复接口	✓	✓	✓	✓	✓	✓
聊天界面底部,自定义菜单	✓	✓	✓	✓	✓	✓
定制应用					✓	✓
高级接口能力			部分支持	✓		部分支持
微信支付——商户功能				✓		

图 6-8　三种公众号的区别

三、微信营销

微信营销简单来说就是一种营销模式,主要通过微信的方式来宣传自己的产品,进行营销活动。微信不存在距离的限制,用户注册微信后,可与周围同样注册的"朋友"形成一种联系。用户订阅自己所需信息,商家则通过提供用户需要的信息,推广自己产品的点对点营销方式。微信营销的常见形式:

(一)漂流瓶

方式:把信息放进瓶子里,用户主动捞起来得到信息并传播出去。

实质:采用随机方式来推送消息。

优点:简单,易用。

不足:针对性不强,又因为用户使用漂流瓶的目的是排遣无聊,所以在这里做营销如果方式不正确的话极容易产生反作用,使得用户对品牌或者产品产生厌恶之情。此外,每个用户每天只有 20 次捞漂流瓶的机会,捞到瓶子的机会是比较小的。

适用产品:已经有了较大知名度的产品或者品牌,做漂流瓶推广来扩大品牌的影响力。

案例:招商银行的"爱心漂流瓶"用户互动活动案例。

活动期间,微信用户用"漂流瓶"功能捞到招商银行漂流瓶,回复之后招商银行便会通过"小积分,微慈善"平台为自闭症儿童提供帮助。根据观察,在招行展开活动期间,微信用户每捞 10 次漂流瓶便基本上有一次会捞到招行的"爱心漂流瓶"。不过,鉴于漂流瓶内容重复,如果可提供更加多样化的灵活信息,用户的参与度会更高。

案例分析:微信官方对漂流瓶的参数进行更改,使得合作商家推广的活动在某一时间段内抛出的"漂流瓶"数量大增,普通用户"捞"到的频率也会增加。但是,如果采用这种方式的话,信息的呈现一定要灵活,不能发表一些样话、套话。要想办法提高用户的有效回复率。

(二)位置签名

方式:在签名档上放广告或者促销的消息,用户查找附近的人的时候或者摇一摇的时候会看见。

实质:类似高速公路的路牌广告,强制收看。

优点:很有效地拉拢附近用户,方式得当的话转化率比较高。

不足:覆盖人群可能不够大。

适用产品:类似肯德基这种位置决定生意的店铺。

案例:K5 便利店微信签名档营销。

K5 便利店新店开张时,利用微信"附近的人"和"打招呼"这两个功能,成功把开业酬宾信息推送给附近的潜在客户。此次 K5 便利店利用微信签名栏营销对新店进行推广,活动相当成功。

案例分析:很多位置不佳的店铺其实可以使用"附近的人"这个功能,捕捉附近的用户进入自家的店铺进行消费。

(三)二维码

方式:用户扫描二维码,添加好友,并进行互动。

实质:表面是用户添加,实质是得到忠实用户。

优点:是用户主动扫描的,至少证明用户对你的产品最起码还是感兴趣的,所以,可以针对性地诱导用户产生消费行为。

不足:必须用户主动扫描。

适用产品:与用户关联比较紧密的产品。

(四)开放平台

方式:把网站内容分享到微信,或者把微信内容分享到网站。

实质:类似于各种分享。

优点:由于微信用户彼此间具有某种更加亲密的关系,所以当产品中的商品被某个用户分享给其他好友后,相当于完成了一个有效到达的口碑营销。

不足:产品扩散比较困难。

适用产品:适合做口碑营销的产品。

(五)朋友圈

方式:可以将手机应用、PC 客户端、网站中的精彩内容快速分享到朋友圈中,支持网页链接方式打开。

实质:模仿国外产品 Path,属于私密社交。

优点:交流比较封闭,口碑营销会更加具备效果。

不足:开展营销活动比较困难。

适用产品:口碑类产品,或者私密性小产品。

(六)公众平台

方式:微信认证账号,品牌主页。

实质:专属的推送信息渠道。

优点:推送的对象是关注你的用户,所以关系比较亲密;到达率 100%。

不足:如果用户关注了 20 个品牌,每个品牌每天向你推送信息,那么这些信息就显得有些扰民了。

适用产品:企业、各类媒体。

💬 **知识拓展**

Ianker 海外品牌运营分析

一、网站简介

①网站主要为产品展示，用户口碑建设，吸引流量并导入到平台，主要平台为 Amazon 和 eBay。

②产品自有品牌 Anker 已经拥有一定的知名度，主要产品为智能手机电池、USB 设备、移动电源和键盘鼠标等。重点市场目前是北美、欧洲、日本和中国。

③网站主要的推广渠道为红人博客文章推荐，少量论坛，以及参加一些国际展会。

二、网站各个阶段重点

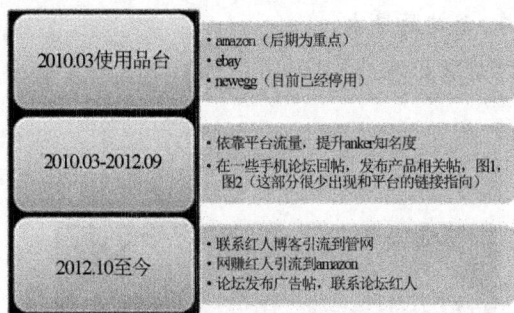

2010.03 使用品台	• amazon（后期为重点） • ebay • newegg（目前已经停用）
2010.03-2012.09	• 依靠平台流量，提升anker知名度 • 在一些手机论坛回帖，发布产品相关帖，图1、图2（这部分很少出现和平台的链接指向）
2012.10至今	• 联系红人博客引流到官网 • 网赚红人引流到amazon • 论坛发布广告帖，联系论坛红人

2010 年 10 月 16 日注册 Ianker.com 这个域名。

2011 年 10 月将 anker 注册为品牌。

2012 年下半年开始重点投放红人博客，主要流量都是引导至官方网站。

三、各项数据

流量占比如下：

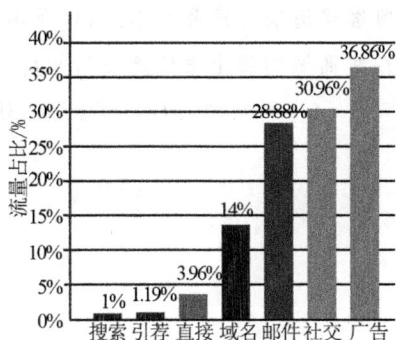

anker 搜索趋势如下：

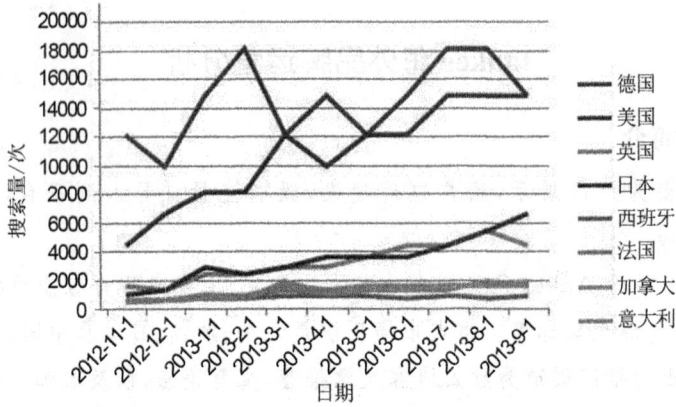

"anker"这个词搜索量在美国和德国较高。除了英国在 10 月份搜索量有下降，其他地区均是上升的趋势，尤其是日本。

Ianker 主要的推广渠道如下：

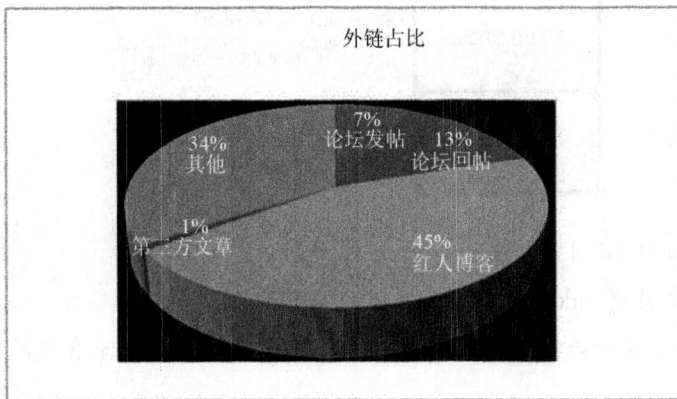

分析总结：

1. 网站重点利用红人博客渠道提升产品知名度，以及用户口碑。

2. 借助平台流量以及在线商城的流量推广产品认知度。

（资料来源 http：//www.cifnews.com/Article/8827)

复习思考题

1. 跨境电商网络营销及品牌的作用。
2. 跨境网络营销产品策略包括哪些？你认为哪种最重要，请具体说明。
3. 说明 E-mail 营销的方式及其优势。
4. 简述微信的特点及微信营销技术应用的模式。
5. 简述移动商务的运营模式。
6. 简析移动商务未来的发展趋势。

第七章 跨境电子商务客户开发与管理

学习目标

通过本章的学习，了解跨境电商客户开发和管理的重要性、内容及步骤，掌握数据挖掘的概念及其在跨境电商客户开发和管理中的应用。

开篇案例

电商 CRM 的成功案例——唯品会的客户管理

唯品会(vip.com)是中国最大的名牌折扣网站之一，率先在国内开创了"名牌折扣＋限时抢购＋正品保险"的商业模式，以较低的折扣价向消费者提供正品名牌，其定位为"一家专门做特卖的网站"。唯品会与知名国内外品牌代理商及厂家合作，向中国消费者提供低价优质、受欢迎的品牌正品。每天上新品，以低至1折的深度折扣及充满乐趣的限时抢购模式，为消费者提供一站式优质购物体验。到目前为止合作品牌已超过8000个，每天100个品牌授权特卖，商品囊括时装、配饰、鞋、美容化妆品、箱包、家纺、皮具、香水、3C、母婴用品等。

唯品会的发展壮大关键原因是对 CRM 管理的重视。创始人沈亚和洪晓波始终坚持客户对于电商平台成功运营至关重要的理念，所以他们始终坚持的经营理念和服务理念分别是：①对用户：用户是上帝，是衣食父母，坚持用户至上，理解用户需求，给用户惊喜，提供超预期的体验和服务，创造新的用户价值；②对合作伙伴：尊重和善待合作伙伴，真诚合作，一起共建共生共赢的生态环境；③对员工：员工是公司最大的资产，不断激发员工潜能，使员工与企业共赢、共成长，善待每一位员工。"消费者满意"是唯品会最大的追求目标。因此唯品始终坚持以安全诚信的交易环境和服务平台为基础，为会员提供优质、高效、愉悦的售卖服务，以提升客户满意度为己任，为消费者提供畅快、安全、放心、便捷的消费流程体验和服务。

唯品会在经营管理过程中非常注重客户体验，购物体验好坏被看作是衡量电商顾客黏性的重要指标，因此，唯品会重点把握各个关键顾客接触点（如网站页面及功能、呼叫中心、商品质量与价格、物流速度及服务等），不计成本，最大限度满足顾客需求，强调购物体验，提升顾客满意度及忠诚度。

对唯品会客户关系管理起了重要作用的是虚拟呼叫中心，即在多个场点建立的、能够互联互通的呼叫中心。它可以帮助企业提供同意的呼叫中心服务，优化和协调呼叫中心资源，提高服务水平，降低呼叫中心的运营成本。由于代理技能的差异、语音差异、呼叫量的差异，以及客户所在地的变化，呼叫中心往往能够提供更好的服务。

相关调查显示，唯品会的客户满意度是比较高的。这与它的服务宗旨密切相关。唯品会的目标在于让每张订单的用户获得最满意的服务，实现真正意义上的"一切为了客户满意"。为此，唯品会选择了全国最具实力的快递公司作为物流合作伙伴，全面支持商品货到付款、开箱验货，并承诺15天无条件免费退换货。有数据表明客户对唯品会产品价格和质量的满意度都在95%左右，这取决于它的名牌折扣加正品保证。唯品会的品牌质量的保证，由中华保险公司承保，避免了购买风险；购买的便捷性、付款方式的多样化、服务特色化人性化、良好的物流服务，加上品牌因素从一定程度上体现了客户价值和对品牌价值观的认同，符合了客户的心理因素。这些都大大提高了客户的忠诚度。同时，唯品会也很关注客户的识别和新客户的获取。识别出潜在的客户，强调客户的需求和欲望，加强品牌建设，降低客户购物付出成本、提供购买便利，有效沟通、重视与客户的接触，强化潜在客户的动机，促进客户购买，实现销售。

正是唯品会较高的客户忠诚度加上关系营销的推动，使得唯品会将客户保持做得很好，并让唯品会在短短2年的时间内成为中国名牌折扣第一网。

（资料来源：百度文库，2015年11月23日，http：//wenku. baidu. com/view/d3dd01cc7e21af45b207a83b.html＃＃.）

第一节　跨境电商客户开发与管理概述

跨境电商平台发展非常注重客户的黏性，这种特性就促使跨境电商要进行客户开发与管理。实质上，跨境电商的客户开发与管理就是我们所说的客户关系管理。

一、跨境电商与 CRM

1. 跨境电商和 CRM 相辅相成

先进的 CRM 应用系统必须借助互联网工具和平台,实现与各种客户关系、渠道关系的同步化、精确化,符合并支持跨境电商的发展战略,最终成为跨境电商实现的基本推动力量。电子化的"e"是 CRM 发展中基本的、原始性的战略。互联网革命的第一波浪潮表现在各公司开始建立自己的网站,接下来就是电子商务利用互联网与客户进行网上交易,电子商务的第三波浪潮将会要求企业在与其客户的交互中真正实现个性化。

2. 推动跨境电商的发展

CRM 的"e"化还体现为全面扩展化(extensive)。CRM 扩展到企业前后台全部业务层面,而具有了一个更为重要的使命——支持与开发电子商务。CRM 系统不仅要能提供跨境电商的对接口,还要全面支持和开发跨境电商。CRM 系统中包含的整套电子化解决方案,从跨境支付和自助式营销来支持和推动跨境电商的销售方式 B2B 以及 B2C 的实现与发展。

3. CRM 只是跨境电商的子集

跨境电商不仅包括网页的设计或网上商城的内容,所有可以促进从"批量生产"转变为"批量定制"的手段(数字化信息存储和交换、无线通信、信息家电、互联网)都可以容纳到电子商务的范围中。电子商务是一个非常广泛的概念,CRM 只是一个子集,也可以说 CRM 是一种特定类型的电子商务,甚至有研究者认为 CRM 就是电子商务。

知识拓展

移动 CRM

随着 3G 移动网络的部署,CRM 已经进入了移动时代。移动 CRM 系统就是一个集 3G 移动技术、智能移动终端、VPN、身份认证、地理信息系统(GIS)、Webservice、商业智能等技术于一体的移动客户关系管理产品。移动 CRM 它将原有 CRM 系统上的客户资源管理、销售管理、客户服务管理、日常事务管理等功能迁移到手机。它既可以像一般的 CRM 产品一样,在公司的局域网里进行操作,也可以在员工外出时,通过手机进行操作。移动 CRM 主要实现了为经常出差在外的人能随时随地掌握公司内部信息提供了手机版管理软件,客户只需下载手机版软件,然后安装在手机上就可以直接使用了,同时账户就用电脑申请的组织名和账户名直接使用该系统,这样客户不仅可以随时查看信息,还可以通过手机给公司内部人员下达工作指示,同时也可以使用平台所提供的所有功能。

——摘自于百度百科 2016.8

第二节　跨境电子商务客户开发与管理流程

一、跨境电商的客户细分

跨境电商面对的客户是全球性的,客户的需求更加趋于理性与个性化,因此,跨境电商面对庞大且复杂的客户群体,应该始终保持理性的状态,对企业的客户进行细分,识别出对于企业具有不同贡献价值的客户,以便有针对性、个性化、一对一地有效满足客户的需求。

(一)跨境电商客户细分 PRFM 法分析

客户细分是指企业在明确的企业战略业务模式和特定的市场中,根据客户的属性、行为、需求、偏好以及价值等因素对客户进行分类,并提供有针对性的产品,服务和销售模式。客户细分的方法有很多,本书将选用 PRFM 方法作为跨境电子商务客户识别与客户细分的主要方法。如表 7-1 所示。

表 7-1　客户细分 PRFM 法

变量	已经购买	没有购买
P(purchase)	1	0
R(Recency)	客户最近一次购买的时间有多远	客户最近一次访问的时间有多远
F(Frequency)	客户在最近一段时间内购买的次数	客户在最近一段时间内访问的次数
M(Monetary)	客户在最近一段时间内购买的金额	最近一段时间停留的时间(时间长短折合为 M)

(来源:百度百科 2016.8)

采用 PRFM 方法进行客户识别与细分时,首先了解客户是否有过购买经验,即变量 1 或 0,P 作为第一个区分变量,然后针对 1 或 0 为每个客户的 R、F、M 指标打分,具体打分与 RFM 相同,然后计算三个指标的乘积再按这个结果排序。如果 P 为 1,将客户按照二八原则分类:前 20% 放入"大客户数据库",他们是跨境电商企业最有价值的客户,需要特别对待,后80%需要进一步激发购买欲望,促成更有价值的交易行为,因此放入"一般客户数据库"中。如果P为0,也将客户按照二八原则进行分类:前20%放入"潜在客户数据库"中,这部分客户的需求情况暂时无法明确,后80%放入"非客户数据库"中,这部分客户几乎对企业商品没有需求,如图7-1所示。

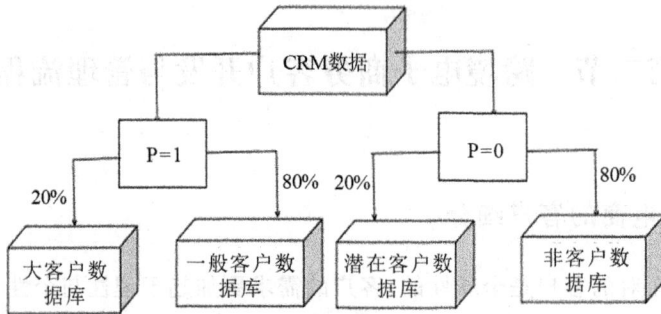

图7-1 跨境电子商务客户细分PRFM法分析

PRMF避免了RFM无法衡量没有购买记录客户的缺点,但是这种方法需要建立在大型的数据库基础上来实现,而且分析过程比较复杂。事实上,互联网时代下数据仓库技术以及数据处理技术已发展成熟,因此,中国跨境电商环境下P、R、F、M这四个数据能够很好地获得。

(二)跨境电商客户细分类型的管理策略

针对不同类型客户的数据库,进行不同策略的开发与管理,对于"非客户数据库"里的客户,跨境电商企业可以暂时不用采取相应的开发与管理措施。

1."大客户数据库"客户及管理

"大客户数据库"中的客户是跨境电商盈利能力最强的客户,是企业利润的基石。跨境电商曾花费大量的成本来开发和维护这类客户,现在这种关系进入到了稳定的阶段。所以对这部分客户的关系管理应该采用"保持"策略。

首先,建立完整的客户档案。在开发这部分客户时,跨境电商通过各种方式来获取客户资料,但都只是进行客户关系管理的初级阶段所得到的客户初步资料,这些资料虽然曾经过数据仓的整理分析,但仍然处于一种散乱和不完整状态,这对于管理"大客户数据库"客户极为不利。因此跨境电商应针对"大客户数据库"客户的价值,建立较为完整的信息档案。比如,人口统计基本信息(姓名、年龄、职业、居住地、联系电话),客户日常交易信息(每笔交易日志、账户余额、在户时间、交易的方式),特殊的服务要求、投诉建议等。

其次,通过CRM数据库挖掘技术获取客户的个性化需求。跨境电商要充分利用电子商务环境下CRM体系中先进的Internet技术、Web技术以及多媒体技术,对

"大客户数据库"客户进行深入的分析。如通过数据仓库中的交易记录或者服务要求了解客户的偏好,再根据他们的偏好为其定制"个性化"产品和服务。跨境电商必须让这部分客户知道他们对于企业的重要性,并使他们明确体验到企业正针对他们的独特需求,设计并提供适合他们的个性化产品和服务。例如,在网上建立 VIP 或大客户专区;根据客户的浏览轨迹或者过去的购买行为,针对性地进行产品和服务推荐;收集客户的未得到满足的需求及建议,并针对客户所提出的需求和建议提供有效的解决方案。这是一个充分理解客户、满足客户个性化需求的有效途径。

第三,向"大客户数据"客户提供超值价值。企业的资源是有限的,当资源紧缺时,跨境电商要优先保证"大客户数据库"客户需求的商品和服务,为其提供"优先"待遇。例如,当企业产品或服务有所改变时,企业应该及时从数据仓库中调出这部分客户的资料并且通过呼叫中心的电话或 E-mail 等将这些企业信息第一时间通知客户。此外,企业还应该为他们提供一些附加价值,例如,跨境电商企业利用互联网环境下的 CRM 技术模块,设置客户积分制度,在"大客户数据库"客户资料中增加积分选项,这些积分选项可以与客户的消费情况联系起来,当积分达到一定水平时跨境电商将向客户提供额外奖品或优惠。

2."一般客户数据库"客户及开发管理

"一般客户数据库"客户的长期价值贡献能力低于"大客户数据库"客户,也不具"大客户数据库"客户的忠诚与稳定性。"一般客户数据库"客户可能与多个企业保持联系,购买转换和流失的概率比较大。但这类客户的购买潜力巨大,有可能成为跨境电商的"大客户数据库"客户,所以"一般客户数据库"客户的关系管理重点应放在"发展"上。

首先,利用跨境电商环境下的 CRM 系统中的客户触点时刻关注"一般客户数据库"客户的需求。"一般客户数据库"客户比起"大客户数据"客户的需求波动更大,跨境电商必须时刻保持对这部分客户的行为轨迹的关注,才可能真正地了解这类客户个性化且多变的需求,再根据他们的具体需求"发展"与他们之间的关系。也说明了跨境电商要努力寻找适当的客户触点与客户进行接触。电子商务环境下的 CRM 系统为跨境电商企业提供了许多的触点,包括电话、电子邮件、传真、网站、传媒等多种形式。跨境电商可以根据客户的特点选择其中的一种形式或者多种形式的组合与客户进行直接或间接的接触。例如,对于"90""95"后的客户群可以采取网站接触,因为他们是伴随互联网长大的一代人。但对于老年人客户,跨境电商则应该采取电视、广播等比较传统的媒介作为接触方式。与此同时,跨境电商还应制定一系列的制度来保障这些触点的合理应用。

再次,创造跨境电子商务环境下特有的客户关怀。在电子商务时代,客户更趋向于感情消费,要维护好与客户的关系,跨境电商应该充分发挥网络社区的作用,为客户提供更多的体验与关怀,与客户建立一种非纯粹商业的私人式的友谊关系。例如,根据 CRM 客户资料中的联系方式,在客户生日时,致电向客户送祝福或者发送E-mail电子生日卡。与此同时,跨境电商要特别注重为员工树立"以客户为中心""客户至上"的服务理念,训练员工掌握为客户提供优质服务的技巧和能力,并充分发挥员工的能动性、积极性以及创造性,最终提高客户的满意度和忠诚度。

跨境电商只有通过不断地关注和关怀发展与"一般客户数据库"客户的关系,才能使"一般客户数据库"客户逐渐升级为"大客户数据库"客户,提高他们对企业的价值贡献。

3."潜在客户数据库"客户及开发管理

"潜在客户数据库"客户是暂时与跨境电商企业没有交易,但是却通过网站或网络平台与企业接触的客户。传统的企业在对这部分客户的关系管理时一般采取两种极端方法"全部剔除"或"全部保留"。实际上,这两种做法,一种浪费了企业的客户资源,另一种则浪费了企业的经济资源,在进行有效的客户开发与管理时存在很大的不合理性。虽然跨境电子商务在对客户进行开发和管理时,成本比传统企业低很多,但因为企业资源的有限性,跨境电商还是应该有选择地对潜在客户进行取舍。通过互联网环境下的 CRM 系统,跨境电商企业可以根据下列标准进行潜在客户的有效取舍:一是客户是否频繁地关注企业信息,这个可以通过企业呼叫中心以及门户网站数据库资料中获得。二是潜在客户是否与企业的长期战略有关,比如,这类客户是否与"大客户数据库"客户或"一般客户数据库"客户有着紧密联系;是否是企业未来产品的目标客户群。

对于留下来的潜在客户,跨境电商可以采取与"一般客户数据"客户同样的开发与管理策略,努力使这类客户转化为一般客户,进而转化为大客户。

知识拓展

数据仓储技术

ETL,是英文 Extract-Transform-Load 的缩写,用来描述将数据从来源端经过抽取(extract)、转换(transform)、加载(load)至目的端的过程。ETL 一词较常用在数据仓库,但其对象并不限于数据仓库。

ETL 是构建数据仓库的重要一环,用户从数据源抽取出所需的数据,经过数据清洗,最终按照预先定义好的数据仓库模型,将数据加载到数据仓库中去。信息是现代企业的重要资源,是企业运用科学管理、决策分析的基础。

目前,大多数企业花费大量的资金和时间来构建联机事务处理过程(OLTP)的业务系统和办公自动化系统,用来记录事务处理的各种相关数据。据统计,数据量每2~3年时间就会成倍增长,这些数据蕴含着巨大的商业价值,而企业所关注的通常只占在总数据量的2%~4%左右。因此,企业仍然没有最大化地利用已存在的数据资源,以至于浪费了更多的时间和资金,也失去制定关键商业决策的最佳契机。于是,企业如何通过各种技术手段,并把数据转换为信息、知识,已经成了提高其核心竞争力的主要瓶颈。而ETL则是主要的一个技术手段。

——摘自于百度百科 2016.10

二、跨境电商的客户开发

互联网大环境下,越是做得成功的企业越是注重对数据的把握,尤其是跨境电子商务,因为只有掌握了充足且准确的数据,才可以精确地区分客户及其价值,才可以进行市场数据分析,开发更多的新客户。

(一) 跨境电商获取数据的途径

1. 行业巨头网站

行业巨头往往是某一行业的专家,不论是从业务的角度、市场的角度还是客户的角度,行业巨头都拥有庞大的市场资源和业内专业的数据信息。因此,跨境电子商务企业要时刻关注行业巨头的网站,及时掌握业内的数据信息。

2. 第三方机构提供的数据

电子商务的发展带动第三方机构或平台的建立,这些第三方机构或平台主要是提供与电子商务业务相关的服务,比如这些机构和平台向电子商务企业平台提供行业情报来收取费用。还有一些资源网站,电子商务企业进入网站注册成会员后,可轻松获取各类专业信息,例如了解某种产品的外商驻华采购机构。通过资源网站获取数据信息的费用很低,一般只需要花费几块钱。

3. 海关官网上数据

海关的官方网站也能提供准确且具有权威的信息数据。目前,海关总署也正在筹划数据全面公开,海关官网也设置了各类数据的查询功能,而且海关官网提供的主要是 A 类客户的信息数据,这对于中国跨境电子商务企业来说是非常有商业价值的数据。

4.其他途径

除了以上三种数据获取途径,其实还有很多种途径也可以获取更多的有效数据信息,包括:①搜索引擎。通过搜索引擎收集客户数据是最直接最有效的方式。②参加展会。参加展会可以收集到针对性强、专业性高的客户资源,开发起来比较容易。③B2B平台上投放广告。增加企业产品的曝光率,不同的平台规则不同,曝光的人群也不同。同时要及时更新产品信息,吸引到潜在客户的浏览。④社交网络平台。国际上比较流行的社交网络平台有 linkin、facebook、twitter 等,跨境电商可以通过这种人气社交网络平台来收集客户的信息数据。⑤外贸论坛。外贸论坛也是跨境电商获取有效数据信息的地方,这里有企业家、有学者等,既可学到跨境电商贸易的知识,还能获得很多进行跨境贸易的客户数据信息。

其实准确有效的数据只是跨境电商开发和管理客户的一个重要的辅助工具,不能作为达成交易行为的决定性因素,关键的还是企业,尤其是跨境电商应该在数据挖掘和分析的基础上去了解市场、了解客户,精准定位客户,并设计解决未满足客户需求的个性化方案(产品、服务),吸引并开发客户,促成交易。

(二)跨境电子商务企业开发客户五步法

目前,中国跨境电商在市场推广的方法上,一直都是依赖 B2B 和展会,价格越做越低,客户越来越不稳定,许多外贸企业处于低利润维持状态。造成这种现象的根本原因就是中国跨境电商自主开发客户的能力非常弱。因此,中国跨境电商应该努力提高自主开发客户的能力,随时随地,按特定区域开发特定类型的客户,增强企业在国际网络市场上的竞争力。

1.分析客户类型

任何产品都有特定的流通渠道,在整个流通链中的客户群,有规模大小的不同,有距离终端远近的不同,有的价格低、量大;有的价格、量少;有的不稳定;有的相对稳定。产品不管通过哪种渠道销售出去,最终都是传递到不同类型的客户手中。既然企业的目标清无法晰识别客户类型,换个角度,把流通渠道确定清楚,这样企业也可以识别出不同类型的客户。识别出不同类型的客户之后,企业应通过各种方式主动和客户取得联络并建立合作,这无疑是中国跨境电商最根本最直接的业务模式。这种业务模式深入分析整个流通链,结合企业自身情况,定向开发不同类型的客户群体。

2.分析关键词

一般具有知名度或规模的国外客户,在搜索引擎上都可以找到他们。因此,五步法对于客户的搜索,主要是以搜索引擎为入口。

3. 组合关键词

既然搜索是以搜索引擎为基础的,那么就离不开搜索引擎的搜索语法,而搜索语法的运用体现在对关键词的各种组合上。在这一步,就是根据搜索引擎的标准语法进行关键词的组合,形成各个不同的搜索条件,这些组合后的搜索条件,就是精准找到目标的基础。

4. 高效搜索

在确保使用的搜索条件可以精准搜索到客户群以后,需要的就是效率的提高。搜索是以搜索引擎为基础的,这一步的原理就是通过软件工具提高搜索效率,将搜索条件设置在软件中,软件开动起来后,就可以自动到搜索引擎上搜索,并自动进入每个客户的官方网站,像机器人一样自动提取网站里的联系方式,这种方式一般可以在一天时间内,提取几千甚至上万的目标客户联系方式。

5. 有效发送

在成功搜索到大量的目标客户联系方式后,主要使用的是客户的邮箱。写好开发信,向客户发送电子邮件取得联系,在邮件的发送上,一是效率问题,二是到达率问题,尤其是到达率。完成这步时,跨境电商最好采用完全模仿手工的纯 Web 方式的邮件发送方法,并配合群发指导服务,全程跟踪用户使用,做到用户出现问题,随时有人提供意见和解决方法。有效发送还要注意,信件的标题要吸引眼球,让客户有查阅信件的欲望。内容要简短,简单介绍特色产品。另外邮件不要添加附件。增加发送开发邮件的频率,吸引客户注意,促成交易。

四、跨境电子商务客户保持管理

(一) 客户保持的定义

客户保持(Customer Retention)是指企业通过努力来巩固及进一步发展与客户长期、稳定关系的动态过程和策略。客户保持需要企业与客户相互了解、相互适应、相互沟通、相互满意、相互忠诚,这就必须在建立客户关系的基础上,与客户进行良好的沟通,让客户满意,最终实现客户忠诚。

客户保持强调和客户建立长期的稳定关系,关系营销的目的在于和客户结成长期的、相互依存的关系,发展顾客与企业及其产品之间新的连接交往,以提高品牌种类程度并巩固市场,促进产品的持续销售。相关研究表明:一个企业如果将其客户流失率降低 5% 的话,其利润就能增加 25%~85%。因此客户关系管理首先提倡的是保持现有客户,实现现有客户的重复购买是企业追求的首要目标。其次才是开拓新市场,吸引新客户。销售收入与客户开发成本关系如图 7-2 所示。

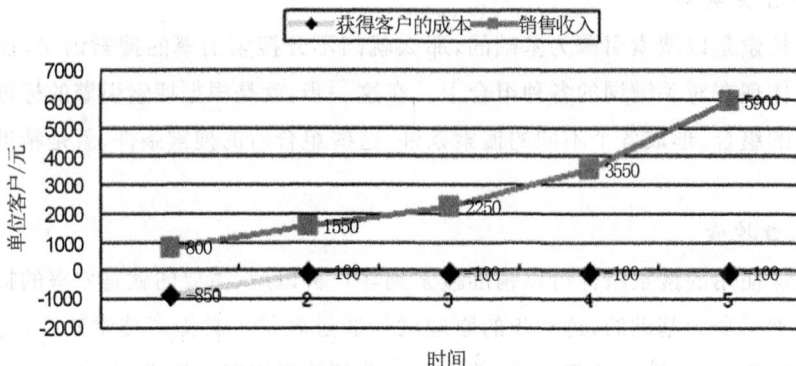

图7-2　销售收入与客户开发成本关系

营销学中有一条著名的"二八定律",也即80%的业绩来自20%的经常惠顾的客户,如图7-3所示。据哈佛商业杂志发表的一项研究报告指出:再次光临的客户能为公司带来25%~85%的利润,这是因为一方面企业节省了开发新客户所需的广告和促销费用,而且随着客户对企业产品信任度的增加,可以诱发客户提高相关产品的购买率。

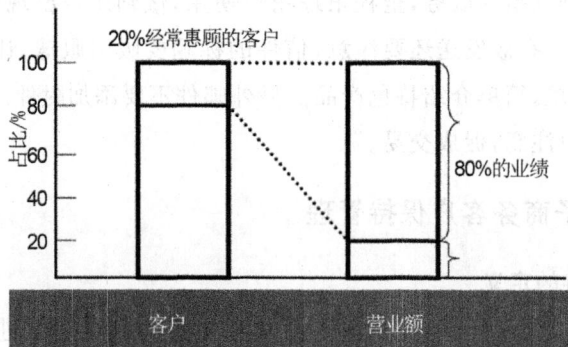

图7-3　二八定律

(三) 跨境电子商务客户保持管理的内容

1. 建立、管理并充分利用客户数据库

跨境电商企业必须重视客户数据库的建立、管理工作,注意利用数据库来开展客户关系管理,应用数据库来分析现有客户情况,并找出客户数据与购买模式之间的联系,以及为客户提供符合他们特定需要的定制产品和一对一的个性服务,并通过各种现代通信手段与客户保持自然密切的联系,从而建立持久的合作伙伴关系。

2. 通过客户关怀提高客户的满意度与忠诚度

客户关怀应在客户购买前、购买中到购买后的体验的全部过程中。购买前的客户关怀主要是在提供有关信息的过程中沟通和交流。购买期间的客户关怀与企业提供的产品或服务紧密地联系在一起,包括订单的处理以及各个相关的细节都要与客户的期望相吻合,满足客户的需求。购买后的客户关怀,主要集中于高效地跟进和圆满地完成产品的维护和修理的相关步骤。售后的跟进和提供有效的关怀,其目的是促使客户重复购买,并向其周围的人多做对产品有利的评价和宣传,形成良好的口碑效应。

3. 利用客户投诉或抱怨,分析客户流失原因

为了留住客户,必须分析客户流失的原因,尤其是分析客户的投诉和抱怨。实质上,投诉的客户仍给了企业弥补的机会,他们极有可能会继续成为企业的客户。因此,跨境电商应该充分利用客户投诉和抱怨这一宝贵资源,不仅要及时解决客户的不满,而且应鼓励客户提出不满意的地方,以改进企业产品的质量和修订服务计划。

(四)跨境电商在线客服应具备的能力

跨境电商服务的对象是全球的客户,碎片化和在线化又让客户的需求和标准变得多层次,海外客户的在线模式更多是通过页面描述,站内信,不交流的方式下单。因此,跨境电子商务客服人员要比传统外贸模式下的客服人员具有更强的专业能力和素质,才可能让企业与客户保持稳定而长久的关系,提高客户的满意度和忠诚度,降低跨境电子商务企业的运营风险。

1. 具备外贸客服的基本专业技能

传统的外贸客服人员与跨境电子商务企业客服人员所具有的最基础的专业技能,比如外语应用技能、外贸行业的理解能力、丰富的外贸专业知识、网上支付、现代物流,关税,退税等。

2. 对于产品供应链的理解能力

其实无论是做传统外贸还是跨境电商,要获得客户的长久忠诚,企业最基本的是有优质特色的产品。而跨境电子商务的在线客服,应该对自己的产品充分理解,并对供应链有深刻了解,才可能有效发挥跨境电商在线客服优势,体现出跨境电商的核心竞争力。

3. 具备跨境电商流程操作技能

很多小型的跨境电商创业团队,其实"在线客户服务"是一兼多能的,不仅仅是在线跟客户沟通,也需要兼顾平台运营。因此,合格的跨境电商客服人员,应该熟悉运用跨境电商平台的规章制度。比如 2017 年速卖通的招商门槛政策、大促团购等,熟悉平台才可以顺应平台发展。其次跨境电商在线客服因为直接面对客户,所以在线客服应该对于跨境电商的整套流程非常熟悉,比如说物流,各国的海关清关等。

4. 语言能力

类似速卖通这样的操作平台,平台操作界面是中文,而且跨境电商可以使用翻译软件进行翻译,因此,有人认为跨境电子商务对于外语的要求不高。事实上,企业要进行精细化的跨境电商运营,外语能力的掌握程度是非常重要的,比如,详细的页面描述,跟国外客户无障碍语言沟通,特别是与客户有消费纠纷时,外语水平能力强的客服,能更有效地协助客户解决问题。

5. 对目的国消费者心理的掌控能力

作为跨境电商的合格客服人员还应该具有熟悉掌握目的国的风土人情的技能。例如速卖通的客服人员非常熟悉俄罗斯和巴西人的性格,跟俄罗斯消费者避免聊政治问题、苏联问题等。而巴西人具有幽默、直率的性格特点。跨境电商客服具有这项能力,才可以与客户沟通,达成交易。

6. 促成交易的能力

跨境电商的"在线客服"本质上是一个外贸销售员。一个跨境电商在线客服的能力强弱,主要体现在其销售业绩和促成交易率。跨境电商在线客服应具有能通过站内信识别并开发客户的能力,持续的订单跟进能力,促成客户下单的能力。

7. 引导客户再次下单的能力

跨境电商运营是否成功,其核心是靠客户的下单"黏合度"。客户会再次下单的前提是对于第一次订单的高度满意,这跟跨境电商在线客服人员的专业能力和个人素质分不开。专业的跨境电子商务卖家会在第一次销售过程中真正解决客户的争议,比如对于产品、跨境物流,售后等问题的争议。客户的二次开发工具还包括:优惠方式、优惠幅度、建立客户档案、客户关怀等。

五、跨境电子商务客户流失管理

对于任何一家跨境电商来说,往往都不可避免地会面临客户流失的问题。但是当流失率高于企业的预期值或者流失率突然升高时,跨境电商就需要认真思考客户流失的问题了。

(一)企业客户流失研究

1. 收集信息

企业需要获取两大类信息来进行分析参考:一是企业内部信息。内部信息主要是通过跨境电商产品、客服及第三方平台等渠道收集到的客户真实的反馈信息,包括企业或平台客户流失率、近期客户流失率的变化情况、流失客户的类型等。二是外部环境信息。其中有政策变化,一些外部政策的变化很大程度上会对跨境电子商务企业的营销活动有影响,例如关税新政策对跨境电商平台的影响,版权规范政策对音乐、阅读、漫画等平台的影响。还包括竞品动态情况,包括竞品近期的运营活动、新功能上线等动态等。

结合上述两大类信息,跨境电商可以初步确定企业客户流失的大致现状,分析出可能的流失原因,为企业制定具体的研究方案提供了信息数据基础。

2. 制定研究方案

一个完整的企业客户流失研究方案至少要包括以下三点:研究目标、研究对象、研究流程。研究目标决定了后期研究的方向,研究对象决定了关注问题的重点,研究方法和流程决定了收集到信息的深度和广度。

在确定研究目标后,跨境电子商务企业面临几个问题:如何找到流失客户?如何判断哪些可能是企业的流失客户?是一周没有打开应用还是半个月没有打开应用的客户?是没有浏览行为还是没有消费行为的客户?跨境电商为了迅速、准确地找到流失客户群体,对流失客户下一个定义:在一段时间内未进行关键操作行为的客户。

3. 实施研究方案

制定了研究方案后,跨境电商可以开始实施,挖掘出流失客户在使用产品时的痛点和困惑。

4. 研究结果分析

通过问卷、访谈等方法收集到大量流失客户数据后,跨境电商结合研究的目标来分析数据。在数据分析的过程中,跨境电子商务企业一般围绕着客户流失的原因及各种原因的重要性两大问题来展开。在确定了客户流失的主因后,跨境电子商务企业还需要对各种原因的严重程度进行排序,以便决定问题解决的优先级。通过用来反映问题严重程度的指标有:问题出现频率、反映问题的客户量、专家意见等。

(二)防止客户流失的解决方案

1. 优化产品设计和运营方案

跨境电商对客户流失原因分析确认后,首先就是要通过优化产品设计来解决客户流失问题。通常对于现有客户和流失客户都觉得不满意的功能,以及流失客户觉得不满意且改动后对现有用户影响不大的功能,企业可以立刻进行优化改进,这些优化可以从根本上解决用户的痛点。但很多时候,优化改进需要一段时间才能实现或者改动可能影响另一部分用户的使用体验,这种情况下可以考虑通过一些运营活动和激励措施来暂时维持客户的活跃度。

2. 建立客户流失预警模型

流失预警即在现有客户即将成为流失客户之前,根据他们的使用行为特征识别出流失风险,进而有针对性地采取激励措施以防止现有客户的最终流失。建立流失预警模型最关键的是选取能够有效区分留存客户与潜在流失客户的行为指标。

3.采取流失客户的挽回措施

跨境电子商务存在着不同原因流失的客户,回流的可能性也不相同。事实上,客户流失原因≠能挽回用户。因此,跨境电子商务企业需要评估每一类流失客户回流的可能性大小,然后考虑回流的触点,也就是"怎样的情景下客户会回流"的问题。常见的召回渠道主要有邮箱、短信、客户端弹窗以及客服电话。企业在发现高价值客户有流失的风险时可以通过客服电话回访的方式进行挽回。在确定好接触流失用户的渠道后,传递适合这些高价值的客户需求的信息能够挽回。理想的召回文案需要回应客户对产品的核心诉求、针对客户的兴趣爱好和行为特征进行针对性的召回。例如,对于电商类平台来说,推送客户搜索过或收藏过的商品信息、客户可能感兴趣的折扣信息或者优惠券等较为合适。

在挽回客户后,跨境电子商务还需要针对性地引导客户,让客户感受到产品的价值,从而转化为优质的留存客户。对于功能型产品,可以提示客户新增功能的使用方式;对于内容型产品,可以给客户展示最近新产生的有趣内容。

(四) 在线客服定单争议解决技巧

中国跨境电商现在最大的痛点就是客户体验差,其深层次原因包括:跨境物流,售后困难,沟通成本大等。跨境电商发生争议后给卖家带来的压力和损失非常大,所以跨境电商在线客服解决定单争议的能力尤为重要。

1.在线客服解决争议的一般流程

(1)让客户体会到卖家解决争议的诚意

西方国家的消费者非常看重卖家的态度,因为西方消费理念非常成熟,买家认为卖家感恩买家的购买是顺理成章的事情,这也体现了西方国家的消费者更强调购物的维权主张。比如遇到客户对产品不满意,物流体验差,客户要求退款等争议,首先要做的是拿出解决争议的态度,感恩客户,对于客户的遭遇表示理解,并且承诺会积极解决问题。

(2)了解订单争议的来龙去脉

跨境电商的争议性最容易集中在物流环节,例如,丢件、产品破损等。跨境电商在线客服遇到客户争议,首先应该保持冷静并理性地分析事情的来龙去脉,注意保存电子格式和证据,比如聊天记录、物流记录,确定责任方。如果是客户误会引起的争议,在线客服可以通过电子证据跟客户真诚沟通,获得客户的理解。可见电子数据证据是跨境电商在线客服解决订单争议的核心工具。

（3）引导客户负面情绪的能力

客户对于订单有争议，对产品不满意，肯定会有很多负面的情绪，表现形式包括给差评，社交媒体的曝光等。这是对跨境电商在线客服的业务能力的一种考验。合格的客服可用自身的专业、语言能力，并通过站内信、APP 软件和电话跟客户进行充分沟通，用心倾听客户心声并加以理解，化解客户的负面情绪，让客户再次产生信任感，为争议的解决打下良好的基础。

2.跨境电商争议解决技巧

（1）货物白送，全额退款

跨境电商发一个跨境快件，其实物流价格比产品本身价格高很多。一旦发生争议，有些跨境电商考虑到店铺运营的满意度，店铺好评率和评分，也为了快速地解决客户争议，就爽快回复客户："货不要了，款全部退给你"。这个表面看上去很豪爽的争议处理方式，恰恰证明了在线客服的不专业和不成熟。因为这样对于卖家来说成本损失是最大的，也丝毫没体现客服解决争议的技巧。而且，欧美地区的客户会觉得卖家没有诚意，客户花钱是希望得到真正想要的产品，简单的"货白送全额退钱"不能挽回客户的体验感。

（2）二次免费发货

解决争议的第二方式就是，免费再给客户发一次货。跨境电商卖家可以在客户充分原谅的基础上，建议客户承担一次货物的部分价值，比如一个产品 100 美元，因为破损或者其他不满意，让客户承担 70 美元，其实大部分客户都会愿意接受的，同时二次发货，加上产品的利润率，有时候可以打一个平手。

（3）给客户以折扣

这是跨境电商卖家最倡导的一种争议解决方式，比如产品破损直接给客户扣除交易金额，一般来说客户都愿意接受，但是这里面会有一个沟通的技巧的问题，在线客服沟通技巧的能力直接决定客户退让的幅度。

（4）严谨售前服务是根本

把跨境电商客户的争议率控制在非常低的范围，也是考核在线客服解决争议能力的重要指标。合格的跨境电商在线客服，在销售前应该跟客户充分沟通，并且真实理解客户对于产品的要求和需求，预判可能产生的争议性。发货环节，跨境物流包装必须要做到万无一失，并且选择可靠可信任的物流公司。提高跨境电商客户体验的方式就是客户的一次的满意。

第三节　建立跨境电商客户关系管理系统

一、跨境电商客户关系管理系统设计

（一）一般技术需求

要满足部门级的需求,CRM系统至少应该包含数据仓库、在线事务处理、销售管理、活动管理、反馈管理和数据挖掘系统。

要满足协同级需求,主要是要建立各部门之间的信息交流机制,并能够通过业务流程优化和重建,进而优化渠道。

要满足企业级需求,表现在需要与企业的其他IT系统紧密结合,这种结合主要表现在:信息来源的需求、利用原有系统以及生产系统对CRM的需求。

要满足企业三个层次的不同需求,CRM系统就必须有良好的可扩展性,从而使企业在不同的时期根据企业的经营规模和IT系统状况,能够灵活地扩展CRM系统的功能。在策略上,则由客户关系优化、数据仓库和应用集成/转换的三大技术模块来实现。

1. 整体技术架构

采用B-S架构,整个系统可以分为四层的结构:客户端——表现层——应用服务层——数据服务层,这四层分别由终端浏览器—Web服务器—应用服务器—数据库服务器构成。具有相对安全性、可扩展性和提供远程访问。

2. 关于数据挖掘

数据挖掘是从大量的数据中,抽取出潜在的、有价值的知识、模型或规则的过程。对于企业而言,数据挖掘有助于发现业务的趋势,揭示已知的事实,预测未知的结果。如利用数据挖掘,帮助企业分析客户的交易行为特征,发现客户潜在的需求,求证客户资信,让企业"比客户自身更了解客户",从而有的放矢地进行销售与服务,提高客户的满意度。

数据挖掘按照其功能以及应用来划分,主要有:分类、关联、时间模式和聚类。它们可以应用到以客户为中心的企业决策分析和管理的各个不同领域和阶段。实现数据挖掘需要业务数据基础,挖掘的方法与模型,以及结合数学、统计、管理策略及市场营销实践等共同来实现。

（二）数据表设计

数据库是CRM产生分析能力的基础,主要记录与"客户"相关的客户活动、客户数据和产品数据。基本数据表列表包括：客户基本表、客户扩展表、客户联系人基本表、客户联系人扩展表、客户供求信息表、客户媒体广告记录表、广告订单管理表、客户参加糖酒会记录、电话征订/发刊记录表、广告服务、企业员工表、企业市场活动表、业务员客户日志、任务信息表、地区设置表、行业设置表、客户投诉。

（三）界面设计

标题栏、状态栏应该说明的信息：完整时间代码，当前用户信息（当前用户名，权限等），当前模块；每一个面板中有新加，保存，删除，查询与报告，信息，帮助等功能按钮。

（四）跨境电商 CRM 系统功能模块设计

各模块及工作进程界面具有安全策略下的打印功能。

1. 打印模块

根据查询界面的数据表字段，显示打印设置，勾选确定打印时需要的字段；再选择经过设置的模板如信封、列表、标签。

2. 综合查询模块

支持精确查询、联合查询和模糊查询。主要建立业务查询和发行数据查询，根据需要复制各数据表字段，并结合模糊查询、联合查询得出结果。可分列出单位名称查询，联系地址查询，联系人查询，客户分类查询，企业产品查询等。

3. 录入模块

企业名称，联系地址，联系人等字首在光标失去焦点后字段自动检索数据库，提示重复信息，在录入人员核查许可的情况下允许重复记录。

（五）跨境电商 CRM 系统策略

根据用户对数据资源的访问权限，一般描述为查询、读、写和删除；在系统功能上，应用一定的安全策略可防止非法使用邮件和打印列表数据。

本系统借用简化的 Windows 用户安全策略模型，分为管理用户组和操作用户组，赋予各组基本的权限，新开通的账户继承组的权限，并允许更改为具有个体化权限的策略。

1. 管理员组

管理员组又分为系统管理和业务决策两类用户。系统管理员权限原则和技术上允许对系统的任何操作。业务决策则需要限制对系统设置的更改，拥有对库内数据的修改、删除权限；并能够将结果直接审核，输出打印，邮件发出。

2. 操作用户组

操作用户组又分为主管用户和一般用户。主管用户可以添加和修改业务数据，根据所有条件查询各数据表,并自定义打印模板输出打印。一般用户适合业务人员,可编辑自己客户的信息,并简要地查询到公司所有客户的业务进展概况,打印功能一般受限制。

第四节　跨境电商客户信用评价与风险控制

一、跨境电商信用评价

对于跨境电商,客户评价很重要,商家的信用也很重要。如果处理得当,就会提升整个销售情况;反之,则会降低等级甚至导致关店的情况发生。所以跨境电商平台上的规则需要深入了解,要知道如何解决问题、降低风险。顾客评价与风险控制有很大关联。目前国际上比较大的几个平台,都直接与信用评价相关。这个信用评价我们可以理解为客户评价和商家信用评价两个方面的内容。

首先,我们来看看客户评价的情况,一般如果单个产品评价不高的话,那么即使这个产品链接推广得很好,也会因为评价不高,导致销售不佳,甚至影响整个店铺的评价,导致总体分数被拉低或者降级,最后影响整个销售情况。

再者就是商家信用评价,目前阿里巴巴有这个设置,商家在上面的信用越高,就越能吸引到客户下单,对一些新客户新单促成有一定的作用。而这个商家信用评价得分就来自于顾客评价,如果顾客给你的都是差评,那么你的商家信用评价一定不会高到哪里去。

顾客给差评意味着他在抱怨,导致客户抱怨的因素多种多样,因为销售的各个环节均有可能出现问题,在一般情况下可以归纳为产品问题和服务问题两大类。产品问题更多的是产品质量、功能和使用方法等达不到用户要求而引发的。服务问题则是除产品因素外,顾客在购买过程中企业提供的服务不能让顾客满意而导致的。

跨境电商在顾客给出差评之前处理客户抱怨,具体的方法有:①耐心倾听顾客的抱怨,坚决避免与其争辩;②想方设法平息抱怨,消除怨气;③迅速采取行动;④改进工作,不让同样的问题再发生。

二、跨境电商风险控制

风险控制是指风险管理者采取各种措施和方法,消灭或减少风险事件发生的各种可能性,或者减少风险事件发生时造成的损失。对于经营者来说,风险总是存在的,比如说上面提及的顾客抱怨。作为管理者应该第一时间采取各种措施减小风险事件发生的可能性,或者把可能的损失控制在一定的范围内,以避免在风险事件发生时带来难以承担的损失。

以跨境电商的物流运作为例,我们试着探讨如何有效防控跨境电商的风险。中国电子商务研究中心针对目前国内跨境电商的物流运作情况,向市场监控部门提出了一些比较有效的风险管控办法。

(一)实施科学的风险管理

检验检疫部门对跨境电子商务企业实行全备案管理,所有在跨境电商平台上销售的产品纳入全申报管理,由质检部门审核通过后才允许上线销售。上线销售的入境产品除了应申报产品品名清单及对应的编码、规格型号以及产品标准外,还需要出具第三方检测机构提供的质量安全评估报告与符合性申明以及消费者与产品告知书。

(二)实施负面清单制度

根据国家质检总局、国家邮政局发布的《进出境邮寄物检验检疫管理办法》第三条所列物品,其中包括所有活体动植物,如多肉植物,蜥蜴、蜘蛛等异类宠物,不得以跨境电子商务形式进出境。此外,列入《禁止从动物疫病流行国家/地区输入的动物及其产品一览表》的物品,以及微生物、人体组织、血液及其制品和高风险生物制品、旧机电产品、旧轻工产品、固体废物,危险化学品、有毒化学品等,都不得以跨境电商形式进出境。

(三)创新监管新模式

积极开发跨境电商检验检疫监管信息化系统,试行"集中仓储、联网申报、前移检验、有效监管"的检验检疫监管新模式。建议以政府为主导,开发跨境贸易电子商务平台为公共平台,根据"源头可追溯、过程可监控、流向可追踪"原则建立质量安全信息流,根据"前端放开、中间可控、后续抽检"原则建立质量安全监管流,在公共平台上扩展检验检疫监督管理前伸、后延、中转、外联、应急等功能。同时,应充分运用法律赋予的职责,将监管重心转移到涉及安全、卫生、健康、环保的安全项目上,维护公共利益、国家安全。检验检疫部门对跨境电子商务平台在售商品,应进行监督抽查,并定期发布监督抽查结果。对于检验检疫不合格的,责令立即下架、暂停进口、销售,并根据情况进行整改或召回。

(四)建立应急处置平台

建立网上应急执法指挥中心,导入线上12365投诉举报热线,通过网上应急执法指挥中心,对线上进出口假冒伪劣产品实施调查,将互联网跨境业务纳入执法打假范围。建立网上质量信息预警中心,向消费者、经营主体、监管部门发出相关预警,保护消费者权益,降低经营主体风险,提升服务效能。建议通过法律法规的授权,建立紧急状态下类似美国的自动扣留制度和日本的命令检查制度,检验检疫、海关、商务等政府职能部门实行联动把关。

(五) 建立国际监管互认制度

应充分利用好 WTO 规则,积极在跨境电商领域与主要贸易国家建立监管互认制度。建立执法互助的市场治理现代化体系。对内依托信息共享平台,政府各相关监管部门进行网上联合执法;对外通过信息互换机制,交换执法信息,共同打击进出口假冒伪劣产品。

第五节　跨境电商培养和维护客户忠诚

一、客户忠诚的界定

(一) 客户忠诚的定义

客户忠诚,是指客户满意后而产生的对某种产品品牌或公司的信赖、维护和希望重复购买的一种心理倾向。客户忠诚实际上是一种客户行为的持续性,客户忠诚度是指客户忠诚于企业的程度。客户忠诚表现为两种形式,一种是客户忠诚于企业的意愿;一种是客户忠诚于企业的行为。企业要做的是,一是推动客户从"意愿"向"行为"的转化程度;二是通过交叉销售和追加销售等途径进一步提升客户与企业的交易频度。忠诚度的影响在于:它是公司发展、收益,并最终赢利的关键原因所在。

(二) 跨境电商客户忠诚度衡量指标

①重复购买次数。在一段时间内,客户对某跨境电商的产品重复购买的次数越多,说明客户对该产品的忠诚度越高;反之,则越低。

②购买量占其对该产品总需求的比例。这个比例越高,表明客户的忠诚度越高。

③对企业产品或品牌的关心程度。客户通过购买或非购买的形式,对企业的商品和品牌予以关注的次数、渠道和信息越多,其忠诚度也就越高。

④购买时的挑选时间。一般而言,客户挑选产品所用的时间越短,表明其忠诚度越高。

⑤对产品价格的敏感程度。总体来说,客户对价格的敏感程度越低,忠诚度越高。例如公司调整产品价格后,客户购买量有大幅度的增减,说明客户对产品税的价格敏感。

⑥对竞争产品或品牌的关注程度。客户对本企业产品或品牌的关注程度发生变化,大多数是通过与竞争产品和品牌的比较而产生的。如果客户对竞争产品或品牌的关注程度越来越高,这表明客户对本企业的忠诚度下降。

⑦对产品质量事故的承受力。实际研究表明,客户对产品或品牌的忠诚度越高,对其所出现的质量事故的承受力就越大,即客户表现出极大的宽容度。

⑧对产品的认同度。它是通过向身边人推荐产品,或间接地评价产品表现出来的。如果客户经常向身边的人推荐产品,或在间接的评价中表示认同,则表明忠诚度较高。

二、跨境电商建立与维护客户忠诚度的方法

跨境电商都面临着这样一个现实:产品差异性越来越小,促销手段也大同小异,竞争对手却越来越多,而客户正在变得越来越挑剔。在这种环境下的跨境电商企业到底该如何生存?但是万变不离其宗,跨境电商企业获得稳定发展的驱动力还是不外乎三点:运营效率、市场份额和客户保留。而CRM所需要解决的两个重点问题是:提高市场份额,增加客户保留度。而这两个问题的解决还是要归集到一个核心的问题上,培养和维护客户忠诚度。那么电商企业如何培养和维护顾客的忠诚度呢?

(一)建立员工忠诚

因为客户所获得的产品或服务都是通过与客户服务人员接触而得的。所以,客户忠诚的核心原则是:首先要服务好你的员工,然后才有可能服务好你的客户。

(二)确定客户价值取向

要提升客户忠诚度,我们首先要知道客户取向通常取决于三方面:价值、系统和人。当客户感觉到产品或者服务在质量、数量、可靠性或者"适合性"方面有不足的时候,他们通常会侧重于价值取向。期望值受商品或者服务的成本影响,对低成本和较高成本商品的期望值是不同的。但当核心产品的质量低于期望值时,他们便会对照价格来进行考虑。

(三)跨境电商企业实施客户忠诚计划时,既要坚持二八定律,又要运用长尾理论(类似二八定律)

传统观念是企业80%的收入来源于20%的客户。但跨境电商通过网络技术和通信技术进行产品宣传,客户开发和维护等实现了低成本运作,因此跨境电商零售企业可利用互联网资源,有效且低成本地培养和维护客户忠诚。

(四)只有保持稳定的客源,才能赢得丰厚的利润

当跨境电商把"打折""促销"作为追求客源的唯一手段时,"降价"只会使企业和品

牌失去它们最忠实的"客户群"。促销、降价的手段,不可能维持客户长期忠诚。培养忠诚的客户群,不能仅做到"价廉物美",更要让客户明白这个商品是"物有所值"的。

(五) 根据客户忠诚现状确定提升办法

客户忠诚于企业必然会处于一种状态上,因此跨境电商应准确分析出客户目前所处的忠诚状态类型,针对性地提升客户的忠诚度。一般来说,客户忠诚度可以划分为5阶段:猜疑、期望、第一次购买客户、重复购买客户和品牌宣传客户。

(六) 服务第一,销售第二

对于跨境电商来说,良好的客户服务是建立客户忠诚度的最佳方法。其中包括服务态度,回应客户需求或申诉的速度,退换货服务等,让客户清楚了解服务的内容以及获得服务的途径,提升跨境平台的客户体验,从而提高客户的忠诚。

(七) 注重客户评价

跨境电商可以从两方面解决客户的抱怨问题,一是为客户投诉提供便利,二是对这些投诉进行迅速而有效的处理。

(八) 使用多种服务渠道

有研究数据表明,通过多种渠道与公司接触的客户的忠诚度要明显高于通过单渠道与公司接触的客户。

❓ 复习思考题

1. 做好跨境电商客户关系管理的重要性。
2. 如何有效地做好售前服务促进商品成交?
3. 售后服务对维系客户的重要性。
4. 如何有效处理客户的抱怨?
5. 有效沟通的技巧有哪些?
6. 有效的风险管控办法都有哪些?

第三篇

微电商与跨境电子商务操作流程(二)

第八章

跨境电子商务物流

🔆 学习目标

通过本章的学习,了解跨境电子商务物流的基本类型,掌握跨境电子商务物流的处理方式、掌握跨境电子商务物流计费方式的选择。

🔆 开篇案例

跨境电商步入"境外仓""军阀混战期",苦了"中国制造"

速卖通开启首批境外仓卖家招募,业内已有普遍共识,2015 年跨境出口电商已经逐步进入"境外仓"时代,也标志着 2016 年成为境外仓井喷的一年。

使用境外仓的基本上都是大卖家,大卖家通过境外仓的方式,加快物流速度,提升服务和客户体验以及加速资金周转,将出现强者更强、弱者更弱的局面。

境外仓的发展将进入一个"军阀混战期",八仙过海,各显神通。据报道,已有一些在美华侨利用自家车库做境外仓,到国内拉生意,这种方式尽管价格低,但专业服务和存货安全是个很大的问题。境外仓必须要找正规的公司,以美国洛杉矶为例,可以方便地雇佣到比较低廉的墨西哥工人,而且像洛杉矶工业城(city of industrial)和商业城(city of commerce)的仓库租金也不贵,交通方便,因此市场壁垒并不高,市场竞争将非常激烈。为了确保卖家利益,在签约时必须要找当地的商业律师咨询清楚。

税收将成为一个突出的问题。以美国为例,美国是个高税收,严税收国家,而且各州商法和税法都不同,各个税种相当复杂。尤其是近几年以亚马逊为代表的电商迅速崛起,影响了很大一部分传统商业的利益,亚马逊和多个州税务部门的官司一直没有停过。可以预计,因为跨境电商所引起的贸易纠纷会大量产生,与跨境电商相关的法律,税收服务将很快风生水起。

做境外仓的企业有库存问题,一旦货品方向没有把握好,滞销了,货物怎么处理?运回来还是当地低价处理? 当然,这是商业风险,由企业自负。

随着境外仓的成熟,将形成一种新的跨境商业模式:跨境电商代理。即大卖家依靠境外仓,将货存在目的国,然后通过自营和发展代理形成多渠道销售模式;小卖家逐步放弃从国内采购邮寄国外的方式,转而做拥有境外仓的大卖家的代理,为大卖家提供流量和订单。这种模式在淘宝上已经非常普遍,阿里巴巴很有可能会支持这种模式,因为这样将形成一种有益的电商平台生态链,既符合阿里巴巴的宗旨,又符合其利益。

境外仓会倒逼国内厂商树立真正的服务意识、品牌意识、质量意识和客户至上意识。现在经常看到有些卖家抱怨速卖通、亚马逊、eBay、wish这些平台,偏向于维护买家利益。其实,这个就是西方成熟的商业游戏规则。"今天的诚信,明天的市场,后天的利润"是很多成功的海外企业、品牌成功的秘诀。很多国内厂商难以理解这种发展模式,但这的确是做百年企业的核心理念。

阿里巴巴国际站在这个进程中将何去何从? 我认为,阿里巴巴国际站的成功建立在信息交流相对不是很畅通的互联网发展初期,而在如今,信息传播渠道已经相当广,阿里巴巴国际站如果不能从展示和询价平台转为像1688.com那样的实价批发平台,将很难进一步发展。尤其是境外仓让许多厂家可以直接把货发到目的国,进行直销。而阿里巴巴国际站仍停留在十年前的询价模式,还会有什么发展前景?

再来看看速卖通的竞争对手eBay和亚马逊。因为亚马逊早已布局了完整强大的物流体系,受到的冲击将主要来自于价格。但是eBay就不同了,如果eBay不在物流、仓储方面有实质性的布局和措施,eBay离被收购那天真的不远了。

境外仓将是跨境电商行业发展的一个重要里程碑,作为平台也好,卖家也罢,不能仅仅把境外仓作为一个物流的提升行为,而应该全方位地评估境外仓可能带来的各种潜在机会和挑战,并尽力去捕捉这个重要的机遇。

第一节　跨境电子商务物流分类与选择

　　跨境电子商务在实施的过程中物流起到非常大的作用。从广义物流和范围上来分类,跨境电子商务属于国际物流范畴,经过研究比较发现,跨境电子商务由于涉及的物品种类繁多且大小不一,实际运作中很难将其等同于普通货物进出口操作,因此又具有其本身的独特性。本节中我们将从跨境电子商务物流的特点、分类和跨境电子商务物流方式的选择三方面来展开说明。

一、跨境电子商务物流的特点

(一) 跨境电子商务物流的复杂性

　　从电子商务的操作层面上来分析,我们不难看出跨境电子商务因货物涉及进出口等海关环节,相对于国内电子商务物流的操作具有更加复杂且跨关境的特性。跨境电子商务因货物品种的不同,需按照现行海关总署 2016 年 26 号文的规定进行清关等的手续,较之国内电子商务物流具有相对复杂性的特点。

(二) 跨境电子商务物流的特殊性

　　跨境电子商务物流的特点表现的第二方面是特殊性。跨境电子商务在不同的关境范围内实施物流运作,不同的关境范围内对物流的要求有着各自不同经济体独有的特点,因而在处理跨境电子商务物流运作的时候需要特别注意不同关境之间操作的异同。

(三) 跨境电子商务物流的全球性

　　网络是一个没有边界的媒介体,具有全球性和非中心化的特征。依附于网络发生的跨境电子商务也因此具有了全球性和非中心化的特性。电子商务与传统的交易方式相比,一个重要特点在于电子商务是一种无边界交易,丧失了传统交易所具有的地理因素。互联网用户不需要考虑跨越国界就可以把产品尤其是高附加值产品和服务提交到市场。网络的全球性特征带来的积极影响是信息的最大程度的共享,消极影响是用户必须面临因文化、政治和法律的不同而产生的风险。任何人只要具备了一定的技术手段,在任何时候、任何地方都可以让信息进入网络,相互联系进行交易。比如,一家很小的爱尔兰在线公司,通过一个可供世界各地的消费者点击观看的网页,就可以通过互联网销售其产品和服务。很难界定这一交易究竟是在哪个国家内发生的。作为电子商务的支撑性物流服务也随之变得全球性。

（四）跨境电子商务物流的匿名性

由于跨境电子商务的非中心化和全球性的特性，因此很难识别电子商务用户的身份和其所处的地理位置。在线交易的消费者往往不显示自己的真实身份和自己的地理位置，重要的是这丝毫不影响交易的进行，网络的匿名性也允许消费者这样做。在虚拟社会里，隐匿身份的便利也导致自由与责任的不对称。人们在这里可以享受最大的自由，却只承担最小的责任，甚至干脆逃避责任。以 eBay 为例，到目前为止 eBay 已经拥有 1.5 亿用户，每天拍卖数以万计的物品，总计营业额超过 800 亿美元。由于电子商务用户的匿名性，从而使得物流业务无法统计出收货人真实的身份，从而使得物流活动也具有匿名的特性。

二、跨境电子商务物流的分类

（一）一般贸易

中国境内贸易公司通过一般贸易方式将商品进口到中国境内之后，可以直接通过自己的电商平台销售，也可以交由其他电商平台销售。这是最传统的国内进口商品电子商务通关方式，在跨境贸易电子商务服务试点推行前，绝大多数合法商家都采取这种方式。

（二）旅客行李

它是指进出境旅客所带的全部行李物品。因为海关对物品的界定是"自用"，也就是旅客所携带的应该是自己使用的物品或者无偿赠送给亲友的物品。因此用旅客行李这种方式作为物流渠道很容易触碰到法律红线，并不适合跨境电子商务。

（三）个人邮递物品

它是指通过邮运渠道进出境的包裹、小包邮件以及印刷品等物品。这种方式和快件的主要区别就是是否通过各国的邮政寄回，属"万国邮联"的邮政机构揽件的，到国内由各口岸邮局办事处监管清关，就属邮递物品；由商业快递企业揽件的，到国内由各口岸快件监管中心清关，就属商业快件。邮政系统由于承担着"平邮"这一最传统的邮递方式，加之各国邮政管理信息化水平参差不齐，达不到全信息化管理和大数据申报的要求，所以海关对邮递物品的管理目前以手工为主。因此，"邮政税较低和大部分物品能免税"完全是错误认识，只是因为目前的邮政信息化程度实现不了严密监管，做不到严格执法而已。优点：避税率低；缺点：常常被塞爆，处理时效太差，国内派送的服务质量也不如商业快件。

（四）快件个人物品

B 类快件，和邮递物品一样，指自用、合理数量范围内的个人物品快件包裹。进出境快件监管一般都有信息化系统,因此处理能力和稳定性都比较好,由于存在竞争,清关费用也比邮政低。但是监管会比较严密。最大的问题是很多口岸没有开展快件个人物品业务,或者有业务但由于种种原因处理量非常小。

(五)走私途径

包括个人携带和批量运输,非法渠道不做具体分析。

(六)跨境试点一般进口

成本上和邮快件一样,但由于经营资质上会有所放宽,所以清关费用肯定比邮快件低,而且处理能力比邮快件稳定,需要企业备案和三单对比,门槛会比邮快件高。

(七)跨境试点保税进口

由于备货仓储在国内,分拣打包贴标等人工费用会很低,而且发货时效快,用户体验高,也方便做退换货操作。

(1)自建平台商家适合 F 和 G 途径,因为 F 和 G 的综合费用比较低,而且自建平台商家完全能够达到试点要求。但是有些试点需要企业在当地注册、用指定的支付工具等等,这个需要商家自己评估哪个城市的试点途径更适合。保税进口还存在着一定的政策不确定性,如各地商检的监管办法还未出台,财政部等几个部委始终反对等等。

(2)天猫国际等已经参加试点平台商家适合 F 和 G 途径,因为天猫国际等平台会帮助商家实现三单传输甚至物流派送,商家不需要自己对接试点。

(3)淘宝 C 店、未参加试点平台上的商家、多平台商家适合 C 和 D 途径。无法实现三单对比的话最好通过邮政和快件渠道来清关,当然一定要向海关如实申报。C 和 D 途径最大的短板是需要境外仓储和分拣打包,海外的操作人工费用较高。

(4)代购最适合 C 途径,避税率低,运费相对不贵。

(5)转运最适合 D 途径,时效快。上海和广东还有邮政的非邮快件渠道,某种意义上同时具备了 C 和 D 的优点,也比较适合转运公司,唯一的问题是清关费和国内配送费很高。

据不完全统计,中国跨境电商出口业务 70% 的包裹都通过邮政系统投递国际小包和国际快递,其中中国邮政占据 50% 左右的份额。虽然邮政网络基本覆盖全球,但运输时间长,丢包率高。国际快递,主要由 UPS、FedEx、DHL、TNT 四大巨头包揽。国际快递速度快、客户体验好,但价格昂贵。例如使用 UPS 从中国寄包裹到美国,最快可在 48 小时内运输到达但价格不菲。第三种为境外仓,卖家先将货物存储到境外仓库,然后根据订单情况进行货物的分拣、包装以及规模化递送。虽然解决了小包时代成本高昂、配送周期漫长的问题,但也存在容易压货、运维成本高等问题。跨境专线物流,一般是通过航空包舱方式将货物运输到国外,再通过合作公司进行目的地国国内的派送。这种方式通过规模效应降低成本,但在国内的揽收范围相对有限,覆盖地区有待扩大。国内快递的国际化服务,申通、顺丰均在跨境物流方面早早布局,但由于并非专注跨境业务,覆盖的海外市场的业务目前也比较有限。

三、跨境电子商务物流的选择

本部分主要讲跨境电子商务物流方式的选择,通常从以下几点来分析。

(一) 价格

不论选择何种物流操作模式,人们在选择物流方式时往往会将价格作为首要考虑的因素之一。最近,英国空运公司(MSAS)物流公司(英国空运公司环球物流公司的一部分)针对企业外判物流业务的发展趋势进行了一项调查,通过对英国约100家最近将物流业务外判的国营和私营公司进行访问后,结果显示,能否增加企业的毛利明显是决定他们外判选择的最重要的因素。

该报告指出,客户一般认可外判可以带来成本降低这一潜在好处,但他们更加希望这一好处反映在可变成本方面,虽然固定成本的降低也非常重要。其他让企业选择第三方供应商的重要原因,还包括这样可以增加其业务增长的灵活性,以及担心自行经营可能会碰到资源不足的问题。

(二) 资信度

资信度由资金额和信用度两方面共同组成。一家拥有雄厚资金和良好信用的物流公司被客户选择的可能性明显要优于资信一般的物流公司。良好的资信情况可以给客户以信心,因而在跨境电子商务业务中,客户在选择物流方式的时候也要考虑物流服务商的资信度。

(三) 运作质量

运作质量主要是指物流提供商是否拥有严格的运作质量标准,对破损率、丢失率、签单返回率、发车(到货)准点率等有严格的指标把控。选择何种物流操作运作方式,都会将物流运作质量作为考虑的主要因素之一,该因素直接关系到货物的安全和有效理赔。

(四) 时效性

时效性是选择和判断物流服务好坏的重要参考指标之一。跨境电子商务的物流操作由于涉及进出口报关报检,其运输时间本身也较强,良好的时效性把控将成为企业选择物流方式的重要参考指标。

(五) 企业品牌和覆盖面

物流服务提供商的品牌度和网络覆盖面也是选择物流的需要列入考虑的因素。企业品牌是企业最终的无形资产,拥有良好的品牌可以反映出企业的美誉度;物流服务网络覆盖面主要关系到跨境业务的覆盖面,在实际业务操作过程中,偏向于选择知名的并且网络覆盖面广的物流服务提供商。

第二节 跨境电子商务物流计费

一、中国邮政国际小包裹物流计费标准

(一)国际小包

重量在 2000 克以内(阿富汗除外)通过邮政服务寄往国外的小邮包称为国际小包。各类小件物品,除禁止寄递和超过规定限量寄递的以外,都可以作为国际小包寄递。

1. 限重和尺寸规格要求(包括但不限于各种小件物品)

重量:小于等于 2000 克(阿富汗除外)

尺寸:最大——长、宽、高合计 900 毫米,最长一边不得超过 600 毫米,公差 2 毫米。圆卷状的,直径的两倍和长度合计 1040 毫米,长度不得超过 900 毫米,公差 2 毫米。最小——至少有一面的长度不小于 140 毫米,宽度不小于 90 毫米,公差 2 毫米。圆卷状的,直径的两倍和长度合计 170 毫米,长度不得小于 100 毫米。

2. 服务特色

①覆盖全球的庞大网络,凭借"万国邮政联盟"的庞大网络,邮政国际小包通达全球 200 多个国家或地区,大大拓展市场空间。

②顺畅的通关能力,有效提高发货时限,中国邮政与海关有长期良好的合作关系,使货物通关更加便利。

③更合理的资费,降低货运成本。与其他运输方式 500 克起计价比较,国际小包 100 克起计算运费更加合理,最大限度地降低成本,提升价格竞争力。

④安全可靠的运输服务,免除后续烦恼。国际小包可以选择挂号服务,不但方便查询,还可避免丢失小包的烦恼。一般查询:http://intmail.183.com.cn 可以根据挂号条码,对邮件的状态、过程进行查询,查询数量无限制。大客户定制查询:http://211.156.194.150/pydkh/ 可以根据收寄的时间、邮件的频次和状态定制查询,并将查询结果导出、编辑。

3. 跨境电商一体化服务平台

①提供仓储、理货、拣货、寄递一条龙服务。

②为国际电子商务市场提供整合的全球化运递服务。跨境电商速卖通平台有超过 90% 的卖家都在使用中国邮政国际小包。

③快捷多样的运输方式。每周共计 551 架次签约航班、351 班签约货轮。

二、跨境电子商务物流费用的实例

高质量的产品、高效的物流、良好的服务、优质的推广等都是跨境电商行业不可或缺的组成环节,其中物流更是广大卖家朋友广泛关注的对象。好的物流,意味着投入的成本降低,运期减少货物能够快速送达,顾客将获得良好的购物体验,这些都将给卖家朋友们带来可喜的收益。

目前,卖家常用的有商业快递、邮政渠道、自主专线、空运、海运、联运这几种国际物流方式。

(一) 海运和空运

首先是粗略介绍下海运和空运。海运的费用结构是包括订舱费、报关费、提单费、海运费等等,其中海运费是美元费用,其他是人民币费用。空运主要包括航空运费和报关费,其中的航空运费也就是燃油附加费、航空安检费、包装费、抛货费等。

(二) 商业快递

UPS、DHL、FedEx、TNT 这些商业快递,通达全球大多数国家或地区,首重和续重均为 0.5kg,有燃油费和其他杂费,送货 3~5 个工作日可以到达,官方网站能提供实时跟踪。这几种商业快递有着各自的优势地区,分别是:UPS 对应北美地区,DHL 对应欧洲地区,FedEx 对应东南亚地区,TNT 对应中东和东欧地区。

(三) 邮政 EMS

邮政 EMS,提供全国派送跟踪服务,通关能力相对较强,首重续重 500g,不计燃油费、体积重,报关费 4 元,送货到达时间在 4~7 个工作日。但到达国家少于其他商业快递。具资费标准如表 8-1 所示。

1. EMS 国际及港澳台速递邮件

它将速递送达地分为九大区,直达 99 个国家及地区,按起重 500 克,续重 500 克计费,无须提交燃油附加费,但每票货件另有 4 元报关费。

2. E-EMS

时效性高的一种物流方式,现可以往日本、韩国等国家发货。日本、韩国、中国香港、新加坡、中国台湾货物送达时间大概为 2~4 个工作日;英国、法国、加拿大、澳大利亚、西班牙、荷兰大概为 5~7 个工作日;俄罗斯、巴西、乌克兰、白俄罗斯大概为 7~10 个工作日。

表 8 - 1 中国邮政航空大包资费标准

中国邮政大包资费表

寄达地	首重：1 千克(公斤)	续重：1 千克(公斤)
美国	158.5	95
澳大利亚	143.8	70
奥地利	153.8	60.4
比利时	210.2	51.7
巴西	240.2	122.5
马来西亚	82.6	26.7
新西兰	171.1	101.5
挪威	179.4	75.9
波兰	139.4	56.1
以色列	192.2	95.8
意大利	159.3	71.2
日本	124.2	29.6
韩国	98.3	21.3
俄罗斯	170.2	59.3
新加坡	91	35.1
瑞典	184.9	57.6
西班牙	166	72
瑞士	161	68.8
泰国	83.7	27.8
土耳其	158.9	82.1
英国	162.3	76.6
加拿大	137.7	72
丹麦	161.2	70.8
法国	185.3	68.3
德国	190.9	69.5
爱尔兰	162.2	72.4

注：货币单位,元;重量单位,千克

如表 8-1 所示。成本较低的物流方式,和 EMS 一样不计抛,提供物流跟踪服务。但是有重量和体积限制。重量要求大于等于 100 克,小于等于 30 千克(部分国家不超过 20 千克,每票快件不能超过 1 件)。(体积要求单边小于等于 1.5 米,长度加长度以外的最大横周小于等于 3 米,单边小于等于 1.05 米,长度加长度以外的最大横周小于等于 2 米,最小尺寸限制为最小边长不小于 0.24 米、宽不小于 0.16 米。)亚洲邻近国家 4~10 天可到货,欧美主要国家 7~20 天可到货,其他地区和国家 7~30 天可到货。

(四)专线

针对某个国家或地区的快递公司自主渠道,如俄罗斯、中东、美国、澳大利亚、新西兰,可以跟踪包裹。100 克或 500 克一个单位,按具体线路计费。看具体国家和地区判断到达时间,一般 4~7 个工作日可以到达。

(五)国际航空包邮

各种物流方式中最便宜的。小包重量小于 2 千克,首重续重为 100 克;大包小于 30 千克需另有挂号,首重续重为 1 千克。挂号件一般能查到出境记录,部分国家可查到派送信息,通达全球大多数国家和地区。不计燃油费和体积但时效不稳定。

1. FedEx

值得注意的是,出口到欧盟、中东、非洲等国家或地区的电商包裹需要提供商业发票,在这个过程中需如实申报包裹价值,一般商业发票随箱发送至仓库即可。

2. SF Express

顺丰国际速递,目前在速卖通平台上对港澳台的客户可以设置此运输方式,收费采用首重加续重的方式,没有其他费用。

3. TOLL

到泰国、越南等亚洲地区的价格较有优势,包括基本运费和燃油附加费两部分,到澳大利亚、缅甸、马来西亚、尼泊尔的偏远地区可能有附加费。货物首重续重均为 0.5 千克,对包裹的重量限制为 15 千克。体积重量超过实际重量需按照体积重量计费,体积重量的算法为长(厘米)×宽(厘米)×高(厘米)/5000。提供物流跟踪服务,查询网址:http//tollglobalexpress.com。

4. Aramex 中东快线

单件限重 30kg,包裹最大规格:280 厘米×50 厘米×50 厘米,申报价值不超过 USD2500。重量收费按实际重量与体积重量相比,取较重者计算收取(体积重量计算方式为:长(厘米)×宽(厘米)×高(厘米)/5000。不接受电池、仿牌、仿产地物品及违禁品。值得注意的是它的结单时间是上午十点,周日不出货。

第三节　跨境电子商务与通关退税

一、跨境电子商务的通关方式

网络是一个没有边界的媒介体,具有全球性和非中心化的特征。依附于网络发生的跨境电子商务也因此具有了全球性和非中心化的特性。跨境电商进出口是一个关键的问题,目前,进口业务通关有以下几种模式。如表8－2所示。

表8－2　跨境电子商务通关方式对比

模式	说明	优点	缺点	适用范围
先清关后发货	确认订单后,国外供应商通过国际快递将商品直接从境外邮寄至消费者手中。无海关单据	灵活,有业务时才发货,不需要提前备货	与其他邮快件混在一起,物流通关效率较低,量大时成本会迅速上升	业务量较少,偶尔有零星订单的阶段
集货清关(先有订单,再发货)	商家将多个已售出商品统一打包,通过国际物流运至国内的保税仓库,电商企业为每件商品办理海关通关手续,经海关查验放行后,由电商企业委托国内快递派送至消费者手中。每个订单附有海关单据	灵活,不需要提前备货,相对邮快件清关而言,物流通关效率较高,整体物流成本有所降低	需在海外完成打包操作,海外操作成本高,且从海外发货,物流时间稍长	业务量迅速增长的阶段,每周都有多笔订单
备货清关(先备货,后有订单)	商家将境外商品批量备货至海关监管下的保税仓库,消费者下单后,电商企业根据订单为每件商品办理海关通关手续,在保税仓库完成贴面单和打包,经海关查验放行后,由电商企业委托国内快递派送至消费者手中。每个订单附有海关单据	提前批量备货至保税仓库,国际物流成本最低,有订单后,可立即从保税仓库发货,通关效率最高,可及时响应售后服务要求,用户体验最佳	使用保税仓库有仓储成本,备货会占用资金	业务规模较大,业务量稳定的阶段。可通过大批量订货或提前订货降低采购成本,可逐步从空运过渡到海运,降低国际物流成本,或采用质押监管融资解决备货引起的资金占用问题

(一) 目前我国各试点城市的保税进口清关模式

1. 保税监管场所的设定快件物品清关本来就与海关监管原则冲突

国外商品(暂时定名为商品,不区分货物还是物品)进入保税监管区是以一般贸易报关进区保税监管,还没涉及征税,但一定涉及国家商检和进口商品许可批复。要求跨境电商企业商品备案时,进口的商品是符合国家商检和进口许可的。跨境电商企业线上销售的商品大都是国外生产的产品,国外产品的质检报告代替不了中国的质检报告。海关56号公告只是解决了商品征税的条件和依据,但没解决商务部及中国商检关于跨境电子商务的进口政策,所以只要涉及质检和许可证,那么保税模式这一点上就是极大的门槛,而且不可能突破。

2. 跨境电商供应链仓库前置,售前批量商品放在中国保税区的保税仓

跨境电商商城平台(不管是 B2B 还是 B2C 的电商平台)线上交易后,按交易订单的商品、价值、买卖双方等信息提供第三方物流委托报关出区,核销保税仓入区商品账册。这里也会存在一个物权持有人转移逻辑不清晰,单证或者说电子数据强转为 B2C,化整为零逃避征税的风险。交易数据证明了物权转移给了个人,出区按个人物品申报,数量核销一致,那么进区按货物和出区按物品的报关属性如何定义,监管征税方式是完全不一样的。也就是说根据电子交易数据强制转化关税的征收方式,完美地实现"蚂蚁搬家",做到零征税。举例:比如 B 进口 1000 罐奶粉分成 500 个人 C 报关就不需要征税,因为奶粉完税价格是 200 元,税率是 10%,一人两罐征税价格是 40 元,没到个人 50 元起征税点,所以免税。

(二) 目前快件监管场进口清关模式

目前机场、陆运、港口商业类性质的快件清关场(指的是除邮办监管场外的,比如 UPS、DHL、顺丰等快递企业入驻的快件监管场)进出境快件分为三类:文件类(KJ1 报关单)、个人物品类、货物类(免税 KJ2 报关单,征税 KJ3 报关单)。货物类指的是企业间往来少量无商业价值的广告品和货样,所以虽然是按货物类清关,但也是参照行邮征税的方式超出 50 元的征税,并简化报关手续,无须合同,只要填 KJ2 或 KJ3 报关单即可,这点跟本次 56 号公告的货物及物品申报清单相似。

(三) 国家邮政快件监管场进口的邮路清关渠道(万国邮联的邮路清关)

中国邮政速递的跨境电子商务的物流产品进出口都有,各省邮政速递公司的路由都在不断优化,瞄准的就是跨境电子商务快递物流市场。本次跨境电子商务进出境货物、物品的监管事宜的公告,对邮政部署的邮路进出口快递产品来说是"如虎添翼"。

进出口邮路本来就一直都是按个人物品清关,只是业务量不大。邮办海关对跨境电子商务所带来的个人物品属性没明确前,不敢放量清关,毕竟还是属于跨境贸易性质。

作为物流企业来说,出口退税的关键节点就是出口报关单,只要海关认定此次公告的货物、物品申报清单作为出口凭证,结汇、退税就都解决了,当然企业自身的信息化系统也得完善,才能在电子商务通关服务平台实现电子数据提交。

二、跨境电子商务的退税处理

跨境电子商务零售进口商品按照货物征收关税和进口环节增值税、消费税,完税价格为实际交易价格,包括商品零售价格、运费和保险费。

(一) 享受退税的四种条件

电子商务出口企业出口货物必须同时符合以下四种条件,才能享受增值税、消费税退免税政策(财政部、国家税务总局明确不予出口退免税或免税的货物除外)。

一是电子商务出口企业属于增值税一般纳税人并已向主管税务机关办理出口退(免)税资格认定;二是出口货物取得海关出口货物报关单(出口退税专用),且与海关出口货物报关单电子信息一致;三是出口货物在退(免)税申报期截止之日内收汇;四是电子商务出口企业属于外贸企业的,购进出口货物取得相应的增值税专用发票,消费税专用缴款书(分割单)或海关进口增值税、消费税专用缴款书,且上述凭证有关内容与出口货物报关单(出口退税专用)有关内容相匹配。即外贸企业应当取得上述合法凭证,并且与报关出口货物的金额、数量、计量单位、出口企业名称等内容相一致。

注意,对上述规定可归纳为:生产企业实行增值税免抵退税办法、外贸企业实行增值税免退税办法;出口货物属于消费税应税消费品的,向出口企业退还前一环节已征的消费税。

(二) 享受免税的三种条件

如果电子商务出口企业出口货物,不符合上述退(免)税条件的,但同时符合下列三种条件,可享受增值税、消费税免税政策。

一是电子商务出口企业已办理税务登记;二是出口货物取得海关签发的出口货物报关单;三是购进出口货物取得合法有效的进货凭证。如出口企业只有税务登记证,但未取得增值税一般纳税人资格或未办理出口退(免)税资格认定,以及出口货物报关单并非出口退税专用联次,购进货物出口时未取得合法凭证等,应当享受免税政策。

注意,在上述规定中,如果出口企业为小规模纳税人,均实行增值税和消费税免税政策。

(三) 如何操作电子商务出口退免税申报

根据财税〔2013〕96 号文件第三条规定,电子商务出口货物适用退(免)税、免税政策的,由电子商务出口企业按现行规定办理退(免)税、免税申报。

1. 退(免)税申报要求

根据税法规定,出口企业出口并按会计规定做销售的货物,须在做销售的次月进行增值税纳税申报。企业应在货物报关出口之日(以出口货物报关单〈出口退税专用〉上的出口日期为准)次月起至次年 4 月 30 日前的各增值税纳税申报期内,收齐单证(凭证)、信息齐全,向主管税务机关进行正式申报增值税退(免)税及消费税退税。逾期的,企业不得申报退(免)税。主要分为两个步骤。

第一步,出口退(免)税预申报。出口企业在当月出口并作销售收入后,将收齐单证(凭证)及收汇的货物于次月增值税纳税申报期内,向主管税务机关进行预申报,如果在主管税务机关审核中发现申报退(免)税的单证(凭证)没有对应电子信息或不符的,应当进行调整后再次进行预申报。

第二步,出口退(免)税正式申报。企业在主管税务机关确认申报单证(凭证)的内容与对应的管理部门电子信息无误后,应提供规定的申报退(免)税凭证、资料及正式申报电子数据,向主管税务机关进行正式申报。

例如,某 A 外贸企业(符合退税条件)2 月为境外客户购进一批服装,以电子商务方式进行交易。当月取得购进服装增值税专用发票,计税价格为 15000 元,进项税额为 2550 元,并在当月全部报关出口已收汇,其离岸价折合人民币为 18000 元。3 月初,A 企业将上月做账的 18000 元外销收入,填报在增值税纳税申报表的"免税货物销售额"栏进行纳税申报。同时,凭收齐的单证(凭证)向主管税务机关进行免退税预申报,但却发现没有相关的电子信息无法实现退税。4 月,A 企业收到电子信息后,向主管税务机关进行了免退税正式申报。已知服装出口退税率为 17%,征税率为 16%,其应退税额为:

服装增值税应退税额=增值税退(免)税计税依据×出口货物退税率=15000×16%=2400(元);结转成本额=增值税退(免)税计税依据×(出口货物退税率-适用税率)=15000×(17%-16%)=150(元)。

2. 免税申报要求

根据《国家税务总局关于出口货物劳务增值税和消费税有关问题的公告》(国家税务总局公告 2013 年第 65 号)规定,自 2014 年 1 月 1 日起,出口企业出口适用增值税、消费税免税政策的货物,在向主管税务机关办理免税申报时,采用备案制不再实行申报制,采用出口货物报关单、合法有效的进货凭证等资料,按出口日期装订成册留存企业备查。

知识拓展

国际物流知识汇总

一、国际e邮宝使用常见问题

1.国际e邮宝是否提供时限承诺?

国际e邮宝时限为7—12个工作日,中国邮政和美国邮政严格监控内部处理,尽力为客户提供稳定的寄递服务。由于为经济类产品,该业务暂不提供时限承诺服务。

2.邮件丢失或损坏,是否提供赔偿服务?

国际e邮宝不提供丢失赔偿,如当地开办局提供保险服务,客户可以购买保险。

国际e邮宝公布时限为7—12个工作日,如超过,中国邮政不提供延误赔偿。

3.是否提供保险服务?

中国邮政总部没有统一规定,各地可以因地制宜,引入第三方保险公司。

4.运单标签尺寸能否缩小?

运单标签为符合美国邮政内部处理规格,不能缩小。

5.国际e邮宝的结算方式?

结算方式:散户现结,大客户月结。

月结标准:各地标准不同,以各地公布为准。

6.是否支持快钱等第三方支付?是否接受美元支付?

暂不支持。

7.是否提供发票,开发票是否需要额外付款?

中国邮政提供正规发票,不需要额外付款。

8.价格能否以美元计算?

不可以,需要按照人民币计算。

9.国际e邮宝是否提供退件服务?

提供,美国邮政将定期将邮件汇总退回中国,由中国邮政投递给客户。

退件不收费。

10.海关或安检退回邮件如何处理?

对于安检或海关退回邮件,退回寄件人。

11.称重是揽收的人当场称重或我们自己称还是邮局拿回去称呢?

邮政专员会当场称重,待包裹扫描前会再次精准称重,结算以邮政收寄时称重为准。

12. 我住在远郊,EMS不上门收件,我能否拿到就近的邮局去寄?

卖家可以自送,具体网点请查看"各地e邮宝自送地址"或致电11183进行查询。

13. 为什么我的包裹的跟踪信息到了美国以后没有更新了?

包裹在长时间的货运过程中,可能由于受潮磨损等原因,导致条形码损坏,如果邮政人员无法扫描条形码,那么就不能更新包裹的最新状态,但这不代表包裹没有妥投。提醒您尽量使用打印效果较好的激光打印机或标签打印机,同时尽量用透明胶带覆盖条形码进行保护,以免条形码破损而导致无法扫描更新包裹状态。

14. 国际e邮宝是否提供签收信息?

国际e邮宝不提供客户签名的签收信息。其依靠美国邮政 First Class Mail 网络进行投递,直接投递到客户信箱中,即使客户不在家也能进行投递。只能提供妥投扫描信息。

15. 美国海关对国际e邮宝的关税标准,如何收税?

对于申报价值在200美元以内产品,不收关税;对于200~2000美元内产品,海关出具关税收取证明,美国邮政上门投递邮件时收取;超过2000美元邮件,需要第三方报关公司清关。

16. 国际e邮宝是否能投送到美国军邮地址?

可以投送到美国军邮地址,但是投递信息不保证。

二、Fedes 相关发货须知

Fedes 的各项要求:

①货物重量不超过100千克,申报价值不超5000人民币(超过做正式报关出口);

②偏远费:160元/票或3.5元/千克,按较高收取;

③更改地址派送费:不低于40元/票(特殊的如美国和加拿大等,改派地址按照实际改派之后的运输距离来收取费用,一票多件的,改派之后也会分成多票来"走",所以改派费用一般较高);

④周六派送服务费:不低于80元/票(不是所以地方都有这个服务);

⑤私人地址派送费:25元/票(联邦规定,所有寄去美国和加拿大的包裹都会加收25元/票的私人地址派送费);

⑥要提供收件人税号的国家/地区:巴西(没有税号直接退回)、阿根廷、欧盟等;

⑦所有包裹发票上都必须要有公司名(尤其是俄罗斯,所有寄去俄罗斯的包裹,不但发票上要有公司名,且收件的地址必须是该公司在俄罗斯的注册地址,收件人也必须是俄罗斯人,不可以是外国人,不符合要求的直接退回);

⑧Fedes不可以走液体、粉末、电池等及含有液体、粉末、电池等的产品;

⑨俄罗斯不可以寄个人物品,只能是公司寄公司,且同一品种的货物不可以超过5个,重量不可以超过31千克(体积重也不可以),货物价值不可超过200欧元;

⑩土耳其对个人物品的限制:货物价值不可以超过1500欧元,重量不可超过30千克(公司寄公司就没有这个限制),公司寄个人,都属于个人物品,所以公司寄公司的包裹需要填写收件人的公司地址,由当地海关用来判定。

异常件:

①延期:一般除亚洲地区,欧洲和美洲都延不了期,申请基本都是尝试,基本不会批准

②销毁/弃件:一般除亚洲地区,欧洲和美洲都不能销毁/弃件,申请基本都是尝试,基本不会批准。

三、DHLink 发货常见问题

1. 什么时候可以获得国际物流运单号?

当货物到达合作仓库后,我们将反馈给您货物的真实重量、体积以及国际运费。此时仓库已经为您分配了国际运单号。

2. 何时填写发货信息?

当仓库将货物交运给物流公司后,我们将从后台直接为您回填国际运单号。在您确认订单中所有货物已经发出后,请点击"填写发货信息",并点击"我已发出所有货物"按钮,此时,您的订单状态将更新为"卖家已发货"。

3. 什么是仓库运费?

仓库运费是指 DHgate(敦煌网)与第三方合作的仓库(上海仓、深圳仓已开放),仓库提供了较优惠的运费报价。

4. 在哪里查看需要支付的国际物流费?

在等待支付运费列表中,您能够看到所有需要支付运费的订单,运费核对无误后,您可以点击支付或者合并支付等,我们收到运费后,会将货物按照您指定的物流方式发出。

5. DHLink 发货支持的运费支付方式?

DHLink 发货支持支付宝以及银联在线两种支付方式。近期将上线优惠券支付以及积分支付等多种支付方式。

6. 在线发货是否支持非敦煌网平台的货物?

DHLink 发货支持您发运其他平台的货物,您只需使用的敦煌网账号登录 http://www.dhlink.com,即可申请发货。

7. DHLink 发货是否提供揽收服务?

目前暂不提供。

复习思考题

1. 跨境电子商务在选择物流的时候需要考虑哪些因素？

2. 试查找资料找出我国"三通一达"国际快递业务的业务操作过程和方式。

3. 跨境电子商务物流分类有哪些？

4. 跨境电子商务物流的进口通关有哪些模式？

5. 跨境电子商务享受退税的条件是什么？

第九章

微电商移动支付与跨境电子商务资金管理

学习目标

通过本章的学习掌握外汇及相关概念,外汇的相关基础知识;掌握跨境支付的相关内容;了解外汇风险管理的相关内容。

开篇案例

跨境支付:下一个支付新亮点

自从国家外汇管理局宣布试点开展支付机构跨境外汇支付业务,跨境支付就成为支付行业的热点,相比起国内支付行业千分之几的利润,跨境支付业务可以通过币种之间的汇差获得收益,利润率可能达到2%～3%。业界普遍认为,跨境支付牌照的发放为第三方支付打开了业务空间,跨境支付业务有望成为支付企业的新蓝海。

2013年3月,国家外汇管理局下发《支付机构跨境电子商务外汇支付业务试点指导意见》,决定在上海、北京、重庆、浙江、深圳等地开展试点支付机构跨境电子商务外汇支付业务,目前共有22家支付机构获得此牌照,试点业务范围包括货物贸易、留学教育、航空机票、酒店住宿及软件服务。外汇管理局发放的跨境支付牌照可以理解为将目前国内第三方支付平台支付能力拓展至跨境业务范围。

2014年2月,央行上海分行下发《关于上海市支付机构开展跨境人民币支付业务的实施意见》,为支付机构跨境人民币结算提供了政策依据。由于目前人民币结算在国际上的地位还不高,此类业务的发展空间暂时不大,现在也未看到目前获得该牌照的5家支付机构在跨境人民币支付业务方面有明显动作。

从这两个已发布的意见来看,监管部门目前对于支付平台跨境业务的发展方向是以跨境电商为突破口,让国内的支付机构"走出去",从而推动人民币结算的国际地位上升,因此在跨境电商业务方面,第三方支付将会有相当大的发展空间。

根据中国电子商务研究中心监测数据显示,海外代购市场规模从 2010 年的 120 亿元,到 2013 年猛增至 744 亿元,2014 年达到千亿元,可以预见在未来几年仍将有快速的发展。目前的海淘模式在物流、售后方面仍然存在很多风险,在有效监管之下发展支付机构的跨境支付以及跨境电子商务业务,能够有效防范风险,促进市场规范发展。

目前面向国内消费者的 B2C 跨境电子商务业务有三种模式:

(1) 国内支付机构与海外商户或支付机构合作

支付宝直接与境外商户合作,截至 2014 年 3 月,支付宝服务已覆盖 32 个国家和地区的上千家网站的购物付款,支持 15 种海外货币结算。用户可以通过支付宝使用人民币进行支付,再由境外电商网站或者支付宝合作的转运公司将商品运送至国内。

财付通与美国运通于 2012 年 11 月 19 日宣布"财付通美国运通国际账号"正式上线。用户可以直接在境外接受美国运通卡的商户进行购物。支付时按照当天的汇率直接换算为人民币进行支付,商品由商户或者转运公司送至国内。

中移电商于 2014 年 9 月 10 日宣布和美国运通合作,推出"和包"产品(原名手机钱包)。"和包"用户将账号与运通的电子旅行支票绑定充值,就可使用电子旅支进行海外购物,用"和包"查询电子旅支余额。

(2) 跨境购物平台

"跨境通"电商平台由东方支付投资设立,采取了商户入驻的方式,由"跨境通"面向国内用户搭建跨境进口导购平台,由东方支付公司提供支付服务,截至目前有大昌优品、现代 HMall 等 10 家商户入驻。

天猫国际于 2014 年 2 月 19 日上线,沿用了天猫目前的模式,由各个境外商户在天猫国际开户,入驻的海外商户需要注册支付宝海外版。天猫国际要求商户提供中文客服、在中国大陆设置退货点,保障用户的售后服务。

(3) 境外公司入华开展业务

2014 年 8 月 20 日,美国亚马逊公司与上海自贸区管委会、上海信投公司签署了《关于开展跨境电子商务合作的备忘录》。此次美国亚马逊在自贸区设立分支机构,大大扩展了可直邮中国商品的范围,直邮服务在时间上也有充分的保证。目前美国亚马逊也已经在和国内一些物流企业进行接洽,直邮中国的服务可能会更加快捷。

(资料来源:中国信息产业网—人民邮电报 http://news.163.com/14/1020/09/A9068DLC00014AED.html)

第一节　外汇基础导论

一、外汇及相关概念

（一）外汇的概念

外汇，就是外国货币或以外国货币表示的能用于国际结算的支付手段。我国1996年颁布的《外汇管理条例》第三条对外汇的具体内容做出如下规定：

外汇是指：①外国货币，包括纸币、铸币。②外币支付凭证，包括票据、银行的付款凭证、邮政储蓄凭证等。③外币有价证券，包括政府债券、公司债券、股票等。④特别提款权、欧洲货币单位。⑤其他外币计值的资产。

（二）外汇市场的概念

外汇市场的概念，和股票市场完全是两个概念，它是一个无形的市场，交易者（包括银行、外汇经纪商、大型跨国公司）通过现代化的通信工具，构成一个交易网络。在这个市场中，没有统一的规则，大家遵循公平自愿诚信的原则进行交易，交易中，没有统一的价格，交易双方一个叫价，一个选价，能够达成交易就交易，达不成就另找一家。根本不存在像股票市场那样的定时开收盘，同一时刻同一个商品必须是同一个价格成交的现象。外汇市场更像一个自由市场，大家公开报价，自由交易。严格意义上说，个人交易者并不是市场的参与者，他们是通过交易商或者是银行参与国际市场，因为，个人交易者没有对外报价的权利，所以他不是交易者。所谓交易者，必须是能够对外报价的。外汇市场的主流是大型银行和大型经纪商，他们的交易，构成市场的主流，他们的报价代表市场的平均水平。

（三）外汇汇率

汇率亦称"外汇行市或汇价"。一国货币兑换另一国货币的比率，是以一种货币表示的另一种货币的价格。由于世界各国货币的名称不同，币值不一，所以一国货币对其他国家的货币要规定一个兑换率，即汇率。

汇率是国际贸易中最重要的调节杠杆。因为一个国家生产的商品都是按本国货币来计算成本的，要拿到国际市场上竞争，其商品成本一定会与汇率相关。汇率的高低也就直接影响该商品在国际市场上的成本和价格，直接影响商品的国际竞争力。例如，一件价值100元人民币的商品，如果美元对人民币汇率为6.83,则这件商品在国际市场上的价格就是14.64美元。如果美元汇率涨到8.50,也就是说美元升值，人民币贬值,则该商品在国际市场上的价格就是 11.76 美元。商品的价格降低,竞争力增强,肯定好卖,从而刺激该商品的出口。反之,如果美元汇率跌到 6.00,也就是说美元贬值,人民币升值,则该商品在国际市场上的价格就是 16.67 美元。高价商品肯定不好销,必将打击该商品的出口。同样,美元升值而人民币贬值就会制约商品对中国的进口,反过来美元贬值而人民币升值却会大大刺激进口。

一段时期以来日本和美国总叫嚷人民币升值,人民币升值就会大大增加中国出口商品在国际市场上的成本,打击中国商品的竞争力,并反过来刺激中国大量进口他们的商品。在亚洲金融危机的时候,为什么说中国坚持人民币不贬值是对国际社会的重大贡献?如果人民币贬值,其他国家的金融危机将更糟糕。

正是由于汇率的波动会给进出口贸易带来如此大范围的波动,因此很多国家和地区都实行相对稳定的货币汇率政策。中国大陆的进出口额高速稳步增长,在很大程度上得益于稳定的人民币汇率政策。

二、外汇保证金

外汇保证金交易是一种通过杠杆作用将实际交易金额扩大几十倍、上百倍的外汇交易形式。它“以小博大”的交易特点,使之成为目前国际主流的外汇交易手段。但由于其对交易风险也起到同倍扩大的作用,外汇保证金交易在我国仍属于一个禁区。然而,随着我国开放进程的不断加速,很多投资者都已间接接触到了这一世界通行的外汇交易方式,而随着我国外汇管制政策近年来的逐渐放宽,业内人士纷纷预期,外汇保证金交易很快也将在国内放开。

外汇交易就是一国货币与另一国货币进行兑换的过程。体现在具体操作上就是:个人与银行、银行与银行、个人与交易经纪商、银行与经纪商、经纪商与经纪商之间进行的各国货币之间的有规范或半规范过程。

外汇交易是世界上交易量最大、交易笔数最频繁的资金流动形式,每天成交额约逾 14000 亿美元。因为美元为形式上的通用货币,所以一般都以美元作为计价数量的单位,随着欧元的崛起,在外汇交易市场上,用欧元作为结算单位也不少见。与其他金融市场不同的是,外汇交易市场没有具体地点,也没有集中的交易所。所有交易都是通过银行、交易经纪商以及个人间的电子网络、电话、传统柜台等形式进行交易。只是某些机构比如银行会对个人提供外汇交易的管道,而另一些机构则主要通过向其他机构提供外汇交易渠道来发展业务。正因为没有具体的交易所,交易的参与者遍布全球,因此外汇市场能够 24 小时运作。交易过程中讨价还价所产生的报价,则会通过各大信息公司传递出来,传递的媒介包括软件系统、网站平台以及各种交易平台,投资者因此可以实时获得外汇交易的行情。

第二节　收款和跨境支付

一、外汇主要收款方式

（一）西联汇款

西联汇款是美国第一数据集团公司的专业从事汇款及与汇款相关业务的下属机构。其服务的主要客户是应急汇款客户。它已经在187个国家和地区，建立了90000多个汇款服务网点。以此为基础，西联汇款可以保证在全球范围内，不论收款人是否已在银行开立账号，汇款款项可在数分钟之内从汇款人到达收款人手中。是属于个人汇款业务。它的主要特征是：

①实时汇兑；

②随处解付，无指定汇入行，可以到西联银行任一代理机构取款；

③汇出金额等于汇入金额，无中间行扣费；

④无钞转汇费用；

⑤不需开立银行账户。

汇款方法：

①前往西联汇款代理网点，填写汇款表格；

②将填妥的表格及款项递交操作人员，并谨记取回收条及"监控密码"（MTCN）；

③通知收款人手续已办妥及汇款的监控密码（MTCN）；

④不消数分钟，指定的收款人便可在全球任何一间西联代办处领取到该笔汇款。

取款方法：

①确定汇款手续已经办妥：您的汇款人应当通知您款项已经汇出及金额数目；

②接到汇款人的通知后，您可就近到西联汇款代理网点，出示身份证明文件并填妥取款表格，清楚地列明汇款人的姓名、汇款地点及监控密码（MTCN）；

③西联汇款代理网点透过电脑网络核实汇款资料后，您即可取到该笔款项。

资费标准如表 9-1 所示：

表 9-1 西联汇款资费标准

发汇金额（美元）	手续费（美元）
500.00 及以下	15.00
500.01—1000.00	20.00
1000.01—2000.00	25.00
2000.01—5000.00	30.00
5000.01—7500.00	40.00
7500.01 及以上	40.00

（二）电汇（T/T）

电汇 T/T，贸易术语，英语名是：Telegraphic Transfer，电汇是汇款人将一定款项交存汇款银行，汇款银行通过电报或电传给目的地的分行或代理行（汇入行），指示汇入行向收款人支付一定金额的一种汇款方式。电汇是汇兑结算方式的一种，汇兑结算方式除了适用于单位之间的款项划拨外，也可用于单位对异地的个人支付有关款项，如退休工资、医药费、各种劳务费、稿酬等，还可适用个人对异地单位所支付的有关款项，如邮购商品、书刊，交大学学费等。

银行电汇流程如下：

①到中国银行的会计业务柜台办理电汇业务；

②在电汇凭证上填写对方的收款账号、户名、开户行行名；

③电汇手续费1‰，最低 1 元，最高 50 元。最快当日到账，慢则次日到账。

1. 中国银行

手续费：汇款金额的 1‰，最低 50 元，最高 260 元。

电报费：港澳地区 80 元。

汇钞差价：以外币现钞办理汇款，需支付相应的汇钞差价费。

2. 工商银行

手续费：汇款金额的 0.8‰，最低 16 元，最高 160 元。

电报费：100/笔。

汇钞差价：以外币现钞办理汇款，需支付相应的汇钞差价费。

3. 光大银行

手续费：汇款金额的 1‰，最低 20 元，最高 250 元。

电报费：汇出港币为每笔 80 元，汇出其他币种为每笔 150 元。

汇钞差价：以外币现钞办理汇款，需支付相应的汇钞差价费。

4. 中信银行

手续费：汇款金额的 1‰，最低 20 元，最高 250 元。

电报费：汇出港币为每笔 80 元，汇出其他币种为每笔 100 元。

汇钞差价：以外币现钞办理汇款，需支付相应的汇钞差价费。

5. 招商银行

不收取任何入账手续费（国外中间行的扣费除外）。

部分分行会收取无兑换手续费。

6. 交通银行

手续费：汇款金额的 0.6‰～1‰，最低 20 元，最高 250 元。

电报费：港澳台地区为每笔 80 元；国外为每笔 150 元。

邮费：港澳台地区为每笔 5 元；国外为每笔 10 元。

快邮费：按实收取。

7. 华夏银行

手续费：汇款金额的 1‰，最低 50 元人民币，最高 1000 元；

电汇外币现钞，另外加收 2.4% 钞转汇的费用。

8. 票汇（D/D）

手续费：汇款金额的 1‰，最低 50 元，最高 260 元。

（三）信用证

信用证，是目前国际贸易中最主要、最常用的一种结算（付款）方式。信用证（简称 L/C，即 Letter of Credit），是一种由银行依照客户的要求和指示开立的有条件的承诺付款的书面文件。信用证付款的方式是随着国际贸易的发展，在银行参与国际贸易结算的过程中逐步形成的。由于货款的支付以取得符合信用证规定的货运单据为条件，避免了预付货款的风险，因此信用证支付方式在很大程度上解决了进、出口双方在付款和交货问题上的矛盾。它已成为国际贸易中的一种主要付款方式。采用信用证付款的结算方式时，买家是根据买卖合同填写开证申请书并向开证银行交纳信用证保证金（由银行，即开证行根据各企业的经营情况确定其信用度，再根据信用度来确定企业须缴纳保证金的比例，信用越好的企业缴的保证金比例越少）（一般等同于所要开的信用证金额）或提供其他保证后，请开证银行开具信用证。信用证是开给卖方的，以卖方为受益人，信用证一经开出，就成为独立于买卖合同以外的一项约定。卖家在付运期之前把按照合约要求的货物付运出去，然后取得一套单证，其中包括最重要的已装船提单（B/L），而且其中的数量、日期及表面状况与买卖合约是一致的，即可前往信用证指定的银行（议付行）申请结汇。议付行按信用证条款审核单据无误后,即把货款垫付给受益人,然后通知开证人付款赎单(实际上是从原来交纳的保证金中扣除,多余的款再还给买家)。

(四)网络电子银行

MoneyBookers 是一家极具有竞争力的网络电子银行,它诞生于 2002 年 4 月,是英国伦敦 Gatcombe Park 风险投资公司的子公司之一,只要有 Email 地址就可以注册,无须信用卡。MoneyBookers 的最大好处是不用申请美元支票,多个国际中介公司提供兑换人民币的业务,另外也可以直接把美元欧元转账到你国内的外币存折或卡上,如中行的"本外币一本通"或招行的一卡通借记卡等。Moneybookers 可以直接从账户中申请支票邮寄美元到你手中。同时,它还省却了 PayPal 必须用信用卡来激活的麻烦。直接凭借你的电子邮件地址以及带照片的身份标识:如身份证,护照,驾照传真便可以完成认证。另外,没有收款手续费和低廉的付款手续费是其强大的优势之一。注意的是:如果你激活了,便可以直接申请支票;如果你不能激活,同样可以收款或者发款给别人。Moneybookers 提一次款一般收 1.8 欧元手续费,三到五天可到达银行,第一次提款后要求填写发送到银行的一个验证码;达到一定限额后会要求进行地址认证,然后才可以再提款,而这封信是平邮信件,若你的地址无法收到,将无法再提款。另外就是此账户若万一被封(纠纷等),是很难解开的。

1. 账户冻结

根据众多人员反映,使用 MoneyBookers 的过程中,初期几次使用正常。但稍后会在里面资金较多的时候进行账户冻结。然后需要使用者提供资料才能解除冻结。但很多用户不能提供其要求的文件,不能取出所扣资金,这远不如 PayPal。PayPal 在中国设立办事处,在处理冻结账户时候允许客户把钱取出来,然后终结此账户。

2. 客服电话收费

MoneyBookers 的客服电话是收费的,他们的电话不是 800 电话,800 业务又称被叫集中付费业务或免费电话业务,是企业为联系客户和宣传企业形象而开办的服务号码,对客户完全免费。他们的电话在正常的电信局收费外,MoneyBookers 会另外收取服务费。

3. 费用

发钱方收取手续费,每笔手续是 1%,最高 0.5 欧元。收钱方无手续费。

4. Moneybookers 银行电汇取款

如果要 Moneybookers 转账到国内银行,建议用中行的本外币一本通(工行、招行等也可以)。没激活的账户据说也是可以取的,只是第一次用时要长几天(验证银行的时间),建议您先激活 Moneybookers。此种取款方式最低额应该是:除去手续费 1.8

欧元(约 2.2～2.3 美元)外至少 10 欧元。也就是说你 Moneybookers 账户里必须最少有 11.8 欧元才能取款。

中国银行的 SWIFT CODE(银行国际代码)只需提供省分行的编号即可。

Moneybookers 电汇到中行和工行,除了 Moneybookers 收的 1.8 欧元外,国内银行应该不会再收其他任何费用。如果 Moneybookers 比较少那么电汇是不合算的,因为手续费是固定的。收汇宝是深圳市收汇宝网络技术服务有限公司 2006 推出的专门针对国际贸易商户的国际中小额收款产品。主要帮助国际贸易商户,解决国际中小额收款难题。消费者支付更方便,避免了传统 T/T 等支付方式线下支付不便利,同时也省去了付款时银行排队的时间。第三方支付网关,解决买卖双方信任的难题。当前主要支持 VISA 国际信用卡收款,Moneybookers 收款。

二、跨境支付

(一) 跨境支付方式

1. 由第三方支付工具统一购汇支付

一类是以支付宝公司的境外收单业务为典型代表的代理购汇支付,一类是以好易联为代表的线下统一购汇支付。支付宝的境外收单业务是针对境内个人零星购买国外商家的产品而开通,它的具体购汇支付方法如下:支付宝将这些外币标价的产品根据实时外汇价格转换成人民币价格,境内个人支付给支付宝人民币,支付宝再代理购汇支付。这一支付过程中,支付宝只是代理购汇手续的中间人,实际的购汇主体仍是个人买家。而好易联(广银联)的统一购汇则是以广银联的公司名义,在线下通过外汇指定银行统一购汇,购汇的主体是好易联第三方支付平台。

2. 境外的电子支付平台接受人民币支付

境外的一些电子支付公司希望拓展我国巨大的网上支付市场,于是支持用中国大陆银行卡实现境外网上支付。

(二) 我国网上跨境支付交易的风险

1. 国际结算和虚拟账户资金沉淀风险

第三方支付的主要特点就在于通过第三方来弥补交易双方信用缺失的问题,买方先把资金支付给第三方机构,在第三方得到买方确认授权付款或到一定时间默认付款后再支付给卖方。与此同时,第三方支付企业一般都会规定相应的结算周期,支付资金不可避免地会在第三方企业这里做一定时间的停留而成为沉淀资金,从而导致了一系列的资金风险。跨境支付交易中,由于物流环节多、时间长,国际结算账户的结算周期加长,资金沉淀风险更为显著。

由于目前国内缺乏相关监管法律,如果第三方支付企业运用这部分在途资金进行投资以获取收益,或挪作他用、监守自盗,沉淀资金的安全性是个很大的问题。如果支付服务商(特别是专门从事支付服务的第三方企业)的服务领域扩大到一定程度,交易客户和沉淀资金达到一定规模,很有可能引发系统性支付风险,并引发社会问题。

2. 国际信用卡套现风险

目前利用第三方支付平台提供的账户则可直接进行小额套现。具体做法是通过选择第三方支付平台的"账户充值"功能,可选择近10家银行的信用卡进行充值。充值完成后把账户中的钱转账至另一张借记卡中,相当于实现了信用卡小额套现。这种不花任何费用的信用卡套现方法不仅违反相关的信用卡管理原则,而且给发卡银行带来很大的恶意透支风险。而持有国际信用卡的个人或者企业利用网上第三方支付平台入境套现就为境外热钱流入提供了可能。

3. 资金非法流入和洗钱风险

区别于传统的交易和支付方式,电子商务及网上支付大多通过电话、计算机网络进行,银行和客户、买方和卖方之间很少见面,这给了解客户带来了很大的难度,也成为信用风险和洗钱风险的易发、高发领域。而相对于目前监管已经较为成熟的银行系统,通过第三方支付机构进行支付的交易更难以保证真实性,从而可能成为某些人通过制造虚假交易来实现资金非法转移套现,以及洗钱等违法犯罪活动的工具。

4. 跨境欺诈交易和违法交易风险

网上交易的虚拟性自然容易被不法分子利用,欺诈、赌博等违法交易很容易在网上进行,国际万维网平台上这种不法活动更是纷繁复杂,而由此带来的对交易者利益和国内市场秩序的危害将是极为严重的。近年来,地下赌场"搬"到网上的现象愈演愈烈,一些赌博公司打着电子商务的旗号,堂而皇之地进行赌博业务的支付往来,而作为连接商户和银行的中间商,不少支付平台有意或无心地充当了将非法资金"送进送出"的角色,对商户缺乏严密的审核程序,对于每天发生在网上支付平台之间数量繁多的转账和买卖交易,难以说清资金的来源和去向。

(三) 跨境支付的特点

银联互联网跨境支付业务全面整合了中国银联、境内发卡银行和境外主流银行卡收单服务机构三方资源,具有商户资源全球覆盖、交易支付安全便捷、业务流程统一规范等显著特点,深受广大银联卡持卡人信赖。通过与 PayPal、日本三井住友银行、香港东亚银行等境外主流收单机构的合作,受理 62 开头银联卡的境外网上商户覆盖范围将越来越广,数量越来越多。

2008 年 10 月 27 日,国内最大的独立第三方支付平台支付宝(中国)网络技术有限公司宣布开通台湾地区的 VISA 卡支付业务,今后台湾地区用户使用台湾发行的带有 VISA 标志的信用卡就可以直接通过支付宝付款,在淘宝网上进行购物。台湾也成为继香港之后,又一个开通支付宝 VISA 卡支付业务的境外地区。同年 12 月,又开通了日本业务。

第三节　外汇风险管理

外汇风险管理是指外汇资产持有者通过风险识别、风险衡量、风险控制等方法,预防、规避、转移或消除外汇业务经营中的风险,从而减少或避免可能的经济损失,实现在风险一定条件下的收益最大化或收益一定条件下的风险最小化。

一、外汇风险管理的原则

1. 保证宏观经济原则

在处理企业、部门的微观经济利益与国家整体的宏观利益的问题上,企业部门通常是尽可能减少或避免外汇风险损失,而转嫁到银行、保险公司甚至是国家财政上去。在实际业务中,应把两者利益尽可能很好地结合起来,共同防范风险损失。

2. 分类防范原则

对于不同类型和不同传递机制的外汇汇率风险损失,应该采取不同适用方法来分类防范,以期奏效,但切忌生搬硬套。对于交易结算风险,应以选好计价结算货币为主要防范方法,辅以其他方法;对于债券投资的汇率风险,应采取各种保值为主的防范方法;对于外汇储备风险,应以储备结构多元化为主,又适时进行外汇抛补。

3. 稳妥防范原则

该原则从其实际运用来看,包括三方面:

①使风险消失;

②使风险转嫁;

③从风险中避损得利。

尤其最后一方面,是人们追求的理想目标。

二、外汇风险管理的策略

1. 完全抵补策略

即采取各种措施消除外汇敞口额,固定预期收益或固定成本,以达到避险的目的。

对银行或企业来说,就是对于持有的外汇头寸,进行全部抛补。一般情况下,采用这种策略比较稳妥,尤其是对于实力单薄、涉外经验不足、市场信息不灵敏、汇率波动幅度大等情况。

2. 部分抵补策略

即采取措施清除部分敞口金额,保留部分受险金额,试图留下部分赚钱的机会,当然也留下了部分赔钱的可能。

3. 完全不抵补策略

即任由外汇敞口金额暴露在外汇风险之中,这种情况适合于汇率波幅不大、外汇业务量小的情况。在面对低风险、高收益、外汇汇率看涨时,企业也容易选择这种策略。

三、外汇风险管理的过程

1. 识别风险

企业在对外交易中要了解究竟存在哪些外汇风险,是交易风险、会计风险、还是经济风险。或者了解面临的外汇风险哪一种是主要的,哪一种是次要的;哪一种货币风险较大,哪一种货币风险较小;同时,要了解外汇风险持续时间的长短。

2. 度量风险

综合分析所获得的数据和汇率情况,并将风险暴露头寸和风险损益值进行计算,把握这些汇率风险将达到多大程度,会造成多少损失。

汇率风险度量方法可以直接用风险度量方法和间接风险度量方法,根据风险的特点,从各个不同的角度去度量汇率风险,这样才能为规避风险提供更准确的依据。

3. 规避风险

即在识别和衡量的基础上采取措施控制外汇风险,避免产生较大损失。汇率风险规避方案的确定,需要在企业国际贸易汇率风险规避战略的指导下选择具体的规避方法。企业应该在科学的风险识别和有效的风险度量的基础上,结合企业自身的性质。经营业务的规模、范围和发展阶段等企业的经营特色,采取全面规避战略、消极规避战略或是积极规避战略。各种规避战略只有适用条件不同,并没有优劣之分。

企业在确定其规避战略的基础上,进一步选择其避险方法。可供企业选择的避险方法归纳起来有两大类:

一类是贸易谈判结合经营策略来规避汇率风险;另一类是利用金融衍生工具来规避交易风险,主要有:期汇、期货、期权及其他金融衍生工具。不同的方法对应着不同的操作,但目的都是为了使"不确定性"得到确定,从而规避风险。

四、外汇风险管理的一般方法

(一)企业经营中的外汇风险管理

1.选好或搭配好计价货币

(1)选择本币计价

选择本币作为计价货币,不涉及货币的兑换,进出口商则没有外汇风险。

(2)选择自由兑换货币计价

选择自由兑换货币作为计价结算货币,便于外汇资金的调拨和运用,一旦出现外汇风险可以立即兑换成另一种有利的货币。

(3)选择有利的外币计价

注意货币汇率变化趋势,选择有利的货币作为计价结算货币,这是一种根本性的防范措施。一般的基本原则是"收硬付软"。由于一种结算货币的选择,与货币汇率走势,与他国的协商程度及贸易条件等有关,因此在实际操作当中,必须全面考虑,灵活掌握,真正选好有利币种。

(4)选用"一篮子"货币

通过使用两种以上的货币计价来消除外汇汇率变动带来的风险。比较典型的"一篮子"货币有 SDRs 和 ECU。

(5)软硬货币搭配

软硬货币此降彼升,具有负相关性质。进行合理搭配,能够减少汇率风险。交易双方在选择计价货币难以达成共识时,可采用这种折中的方法。对于机械设备的进出口贸易,由于时间长、金额大,也可以采用这种方法。

2.平衡抵消法避险

(1)平衡法

亦称配对法(matching),指交易主体在一笔交易发生时,再进行一笔与该笔交易在货币、金额、收付日期上完全一致,但资金流向相反的交易,使两笔交易面临的汇率变化影响抵消。

具体包括两种:

一是单项平衡法。这种方法又可包括两方面,第一,严格意义上的单项平衡;第二,一般意义上的单项平衡。是指在外汇交易中做到收付币种一致,借、用、收、还币种一致,借以避免或减少风险。

二是综合平衡法。是指在交易中使用多种货币,软硬货币结合,多种货币表示头寸并存,将所在单项多头与空头合并,由此使多空两相抵消或在一个时期内各种收付货币基本平衡。该平衡法比单项平衡法更具灵活性,效果也较显著。

（2）组对法（pairing）

组对法指交易主体通过利用两种资金的流动对冲来抵消或减少风险的方法。

它与平衡法相比,其特殊点在于:平衡法是基于同一种货币的对冲,而组对法则基于两种货币的对冲。组对法比较灵活,也易于运用,但若组对不当反而会产生新的风险。因此,必须注意组对货币的选择。

（3）借款法（borrowing）

借款法指有远期外汇收入的企业通过向银行借入一笔与远期收入相同、币种相同、金额和期限相同的贷款而防范外汇风险的方法。

其特点在于能够改变外汇风险的时间结构,把未来的外币收入现在就从银行借出来,以供支配,这就消除了时间风险,届时外汇收入进账,正好用于归还银行贷款。不过该法只消除了时间风险,尚存在着外币对本币价值变化的风险。

（4）投资法（investing）

投资法指当企业面对未来的一笔外汇支出时,将闲置的资金换成外汇进行投资,待支付外汇的日期来临时,用投资的本息(或利润)付汇。

一般投资的市场是短期货币市场,投资的对象为规定到期日的银行定期存款、存单、银行承兑汇票、国库券、商业票据等。这里要注意,投资者如果用本币投资,则仅能消除时间风险;只有把本币换成外币再投资,才能同时消除货币兑换的价值风险。

投资法和借款法都是通过改变外汇风险的时间结构来避险,但两者却各具特点,前者是将未来的支付移到现在,而后者则是将未来的收入移到现在,这是主要的区别。

3. 利用国际信贷

（1）外币出口信贷

外币出口信贷指在大型成套设备出口贸易中,出口国银行向本国出口商或外国进口商提供低利贷款,以解决本国出口商资金周转困难或满足外国进口商资金需要的一种融资业务。指在延期付款的大型设备贸易中,出口商把经进口商承兑的、5 年以内的远期汇票无追索权地卖断给出口商所在地的金融机构,以提前取得现款的资金融通方式。该法有四个特点:①贷款限定用途,只能用于购买出口国的出口商品;②利率较市场利率为低,利差由政府补贴;③属于中长期贷款;④出口信贷的发放与信贷保险相结合。它包括两种形式:一是卖方信贷(supplier's credit),即由出口商所在地银行对出口商提供的贷款;二是买方信贷(buyer's credit),即由出口商所在地银行对外国进口商或进口方的银行提供的融资便利。出口商可以利用卖方信贷避免外汇风险。

是出口商以商业信用方式出口商品时,在货物装船后立即将发票、汇票、提单等有关单据卖断给承购应收账款的财务公司或专业机构,收进全部或大部分货款,从而取得资金融通的业务。

(2) 福费廷(forfaiting)

在这种交易中,出口商及时得到货款,并及时地将这笔外汇换成本币。它实际上转嫁了两笔风险:一是把远期汇票卖给金融机构,立即得到现汇,消除了时间风险,且以现汇兑换本币,也消除了价值风险,从而,出口商把外汇风险转嫁给了金融机构;二是福费廷是一种卖断行为,把到期进口商不付款的信用风险也转嫁给了金融机构,这也是福费廷交易与一般贴现的最大区别。

(3) 保付代理(forfaiting)

出口商在对收汇无把握的情况下,往往向保理商做保付代理业务。该种业务结算方式很多,最常见的是贴现方式。由于出口商能够及时地收到大部分货款,与托收结算方式比较起来,不仅避免了信用风险,还减少了汇率风险。

在以上三者国际信贷中,出口信贷与福费廷属中长期融资,而保付代理业务则是短期贸易信贷的一种,其特点是:①不能向出口商行使追索权;②保理组织提供广泛、综合的服务;③保理组织预支货款。进出口商保理组织在该业务中起了重要的作用。

4. 运用系列保值法

(1) 合同中加列保值条款

保值条款是经贸易双方协商,同意在贸易合同中加列分摊未来汇率风险的货币收付条件。在保值条款中交易金额以某种比较稳定的货币或综合货币单位保值,清算时按支付货币对保值货币的当时汇率加以调整。在长期合同中,往往采用这类做法。这种方法主要有:①黄金保值条款;②硬币保值;③"一篮子"货币保值。就是在合同中规定采用多种货币来保值,其做法与原理和硬币保值相同。

(2) 调价保值

调价保值包括加价保值和压价保值等。在国际贸易中出口收硬币,进口付软币是一种理想的选择,但实际上有时只能是"一厢情愿"。在某些场合出口不得不收取软币,而进口被迫用硬币。此时就要考虑实行调价避险法,即出口加价和进口压价,借以尽可能减少风险。具体有两种方法:①加价保值;②压价保值。

5. 开展各种外汇业务

(1) 即期合同法(spot contract)

指具有近期外汇债权或债务的公司与外汇银行签订卖出或购买外汇的即期合同,

以消除外汇风险的方法。即期交易防范外汇风险需要实现资金的反向流动。企业若在近期预定时间有出口收汇,就应卖出手中相应的外汇头寸;企业若在近期预定的时间有进口付汇,则应买入相应的即期外汇。

（2）远期合同法（forward contract）

指具有外汇债权或债务的公司与银行签订卖出或买进远期外汇的合同,以消除外汇风险的方法。

具体做法是:出口商在签订贸易合同后,按当时的远期汇率预先卖出合同金额和币别的远期,在收到货款时再按原订汇率进行交割。进口商则预先买进所需外汇的远期,到支付货款时按原定汇率进行交割。这种方法优点在于:一方面将防范外汇风险的成本固定在一定的范围内;另一方面,将不确定的汇率变动因素转化为可计算的因素,有利于成本核算。该法能在规定的时间内实现两种货币的风险冲销,能同时消除时间风险和价值风险。

（3）期货交易合同法（future contract）

指具有远期外汇债务或债券的公司,委托银行或经纪人购买或出售相应的外汇期货,借以消除外汇风险的方法。这种方法主要有:①"多头套期保值";②"空头套期保值"。

（4）期权合同法（option contract）

该法与远期外汇合同法相比,更具有保值作用。因为远期合同法届时必须按约定的汇率履约,保现在值不保将来值。但期权合同法可以根据市场汇率变动做任何选择,即既可履约,也可不履约。最多损失期权费。进出口商利用期权合同法的具体做法是:①进口商应买进看涨期权;②出口商应买进看跌期权。

（5）掉期合同法（swap contract）

指具有远期的债务或债权的公司,在与银行签订卖出或买进即期外汇的同时,再买进或卖出相应的远期外汇,以防范风险的一种方法。它与套期保值的区别在于:套期保值是在已有的一笔交易基础上所做的反方向交易,而掉期则是两笔反方向的交易同时进行。掉期交易中两笔外汇买卖币种、金额相同,买卖方向相反,交割日不同。这种交易常见于短期投资或短期借贷业务外汇风险的防范上。

（6）利率互换（interest rate swap）

它包括两种形式:一是不同期限的利率互换,另一种是不同计息方式（一般是固定利率与浮动利率）互换。通过互换降低筹资成本,减少风险。

（7）其他规避风险措施

主要包括:①易货贸易;②提前或延期结汇。

（二）外汇储备风险管理

外汇储备风险管理,是一国金融宏观管理的重要组成部分。储备货币汇率变动同样对其价值影响巨大,如果储备货币发生货币危机,则会给以这种货币为国家储备资产的国家带来极大的损失。因此,对外汇储备进行管理,意义非常重大,尤其是一些发展中国家更是如此。

外汇储备风险管理的方法,可归纳为四种:

①质量管理,重点在于选择最佳储备货币;

②数量管理,核心是测量出一定时期里一国应持有的最佳或最适储备量;

③结构管理,关键在于对有关储备货币进行有效的组合,使外汇储备资产保值;

④投资管理,主要设立专门化的经营与投资机构,依法对外汇储备资产进行投资,使其尽可能在保值的基础上增值。

（三）综合方法

1. 远期合同法

远期合同法是借助于远期合同,创造与外币流入相对应的外币流出以消除外汇风险的方法。例如:一家英国公司向美国出口一笔价款为1000万美元的商品,3个月后收款。为了防止美元贬值,该公司同银行做了一笔远期外汇交易,卖出远期美元。银行报出的英镑对美元的汇率如下:

美元:即期汇率 1.5234/41

　　　3个月远期价差 120/124

由于3个月远期价差是前小后大,故采取加法,即三个月远期汇率1.5354/65。这笔交易对银行来说,就是用英镑买入美元,银行本着低价买进高价卖出的原则,所以使用的3个月远期汇率应是1英镑买进1.5365美元,而不是1英镑买进1.5354美元,

3个月后出口商用收回的1000万美元可换回:1000万美元÷1.5365美元/英镑＝6,508,298英镑,有效防止了美元可能出现的贬值而导致英镑收入的下降。

2. BSI法

BSI法,即借款—即期合同—投资法(Borrow-Spot-Invest),指在存在外汇应收账款的情况下,借入与应收外汇相同数额的外币,再将这笔外币卖给银行换回本币,进行投资,从而既消除了外汇的时间风险,又消除了价值风险的一种方法。

BSI法(Borrow Spot Investment)即借款——即期外汇交易——投资法,指有关经济主体通过借款、即期外汇交易和投资的程序,争取消除外汇风险的风险管理办法。在有应收账款的情况下,为防止应收外币的汇价波动,首先借入与应收外汇相同数额的外币,将外汇风险的时间结构转变到现在办汇日(Spot Date)。借款后时间风险消

除,但货币风险仍然存在,此风险则可通过即期合同法予以消除。即将借入外币,卖给银行换回本币,外币与本币价值波动风险不复存在,消除风险虽有一定费用支出,但若将借外币后通过即期外汇交易卖得的本币存入银行或投资,可以其赚得的投资收入,抵冲一部分采取防险措施的费用支出。

3. LSI 法

对于有应收账款的出口商或债权人来说,LSI 包括三个步骤:首先征得交易对方的同意,请其提前支付款项,并给予一定的折扣;再通过即期外汇交易,将收回的外汇款项兑换成本币;为了获得一定的利息以补偿折扣,将换回的本币在货币市场上投资生息。如图 9-1 所示。

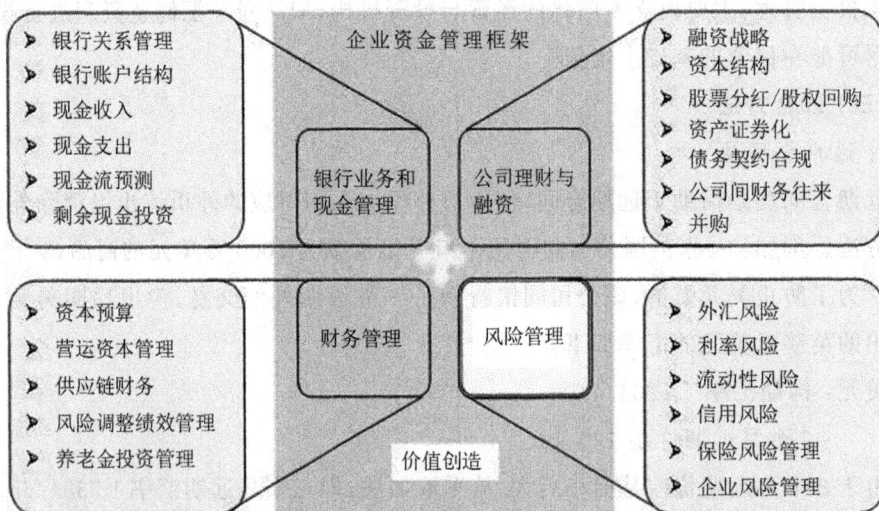

企业资金管理框架	
➤ 银行关系管理 ➤ 银行账户结构 ➤ 现金收入 ➤ 现金支出 ➤ 现金流预测 ➤ 剩余现金投资	银行业务和现金管理 公司理财与融资	➤ 融资战略 ➤ 资本结构 ➤ 股票分红/股权回购 ➤ 资产证券化 ➤ 债务契约合规 ➤ 公司间财务往来 ➤ 并购
➤ 资本预算 ➤ 营运资本管理 ➤ 供应链财务 ➤ 风险调整绩效管理 ➤ 养老金投资管理	财务管理 风险管理 价值创造	➤ 外汇风险 ➤ 利率风险 ➤ 流动性风险 ➤ 信用风险 ➤ 保险风险管理 ➤ 企业风险管理

图 9-1 LSI 法

五、网上跨境支付交易的管理政策问题和瓶颈

目前,我国对电子商务和网上支付的政策研究处于相对滞后的状态,缺乏系统规范的外汇管理法规和具体管理措施。从整体看,网上跨境支付交易主要存在以下外汇管理政策瓶颈:

(一)第三方支付企业外汇管理职责及其外汇监管问题

一方面,第三方支付企业在跨境的外汇收支管理中,承担了部分外汇政策执行及管理职责,它与外汇指定银行类似,既是外汇管理政策的执行者,又是外汇管理政策的监督者;另一方面,它主要为收付款人提供货币资金支付清算服务,属于支付清算组织的一种,不属于金融机构。如何对这类机构所经办的跨境外汇收支业务进行管理,需

要在外汇管理法规和外汇管理制度框架层面予以规范。

(二) 市场准入问题

网上跨境支付的特点是能够突破时空限制,将业务辐射到世界的每个角落,世界各地的企业和个人都是潜在的客户,经济金融信息和资金链日益集中在支付平台,一旦缺乏足够的资金实力或违规经营、系统故障、信息泄露,便会引起客户外汇资金及业务风险,因此对网上跨境支付的市场准入规范尤其重要。从外汇管理部门看,对第三方支付企业也有必要参照商业银行办理结售汇业务的准入标准建立规范的进行跨境业务的准入机制,从支付组织的外汇业务经营资格、业务范围、外汇政策监督等方面建立准入标准,防止不具备条件的支付组织办理跨境支付及相应的结售汇代理业务。

(三) 交易真实性审核问题

相比于一般的进出口贸易,网上跨境交易的真实性更加难以把握,这主要因为一方面经常项下跨境交易的电子化以及部分交易产品具有虚拟特性;另一方面由第三方支付平台代理交易方办理购汇、结汇业务,银行对境内外交易双方的情况并不了解,无法直接进行相关审核。这种跨境交易真实性审核难题,为资本项目混入经常项目办理网上跨境收支提供了途径,也为非法资金流出入提供了可能。

(四) 国际收支申报问题

按照国际收支主体申报的原则,网上跨境交易应由境内企业或个人办理对外收付款申报。但由于第三方支付中介的存在,境内外交易双方并不直接沟通银行账户以及其他相关信息,而且由于交易资金流需要由第三方支付中介支付清算,完成整个交易至少需要 7—10 天时间,因此,由境内企业或个人办理涉外收入支出申报事实上难以实施,申报时间也与资金实际跨境收支时间不符。

(五) 第三方支付企业的市场资质问题

央行将提供网上支付服务的第三方支付企业定性为独立的服务中介机构,是为收付款人提供货币资金转移和清算服务的公司制非金融企业法人。同时,中国人民银行将第三方支付企业纳入监督管理体系,要求其制定支付清算业务办法,建立健全风险管理和内部控制制度,并以发放牌照的形式提高这一行业的准入门槛。但直至今日,《支付清算组织管理办法》尚未出台,第三方支付平台提供网上交易和支付结算的资质问题有待进一步明确和解决。

(六) 税务部门对网上交易的税收管理问题

网上交易运行模式,无论从交易时间、地点、方式等各个方面都不同于传统贸易运作模式,网上交易的经营范围不易确定,店家到底卖了多少货物也很难统计。在目前的网上交易中,逃税的部分集中在征税主体不明显的C2C(个人对个人)交易中。国家税务总局迄今也没有明确的管理网上交易的规定。国家没有强制对 C2C 模式的个人网上交易收税,所谓"偷逃税"一说也就无从谈起。但是由于个人和企业适用不同的法律规定,企业利用 C2C 的形式来交易,企图掩盖 B2C 的实质,一些有实体店的卖家把东西以个人名义拿到网上卖,就可以轻松地逃掉实体经营可能产生的税收,从而达到逃税的目的。目前国家从发展 C2C 的原则出发,没有对其征税,一旦 C2C 形成规模,相关的法律法规和税收监管政策必须建立和完善。

六、跨境支付的外汇管理政策和改革趋势

我国网上跨境支付业务发展迅速,市场需求巨大。作为国家外汇管理部门,我们应该认真规范其业务行为并以此推动其持续健康发展,以有效推进"走出去"战略的实施。借鉴国外管理部门对网上支付行业的管理经验,我国网上支付的发展必须是循序渐进的,应该按照先个人后企业,先有易审核真实性的货物交易,后有服务贸易和虚拟物的交易;先出口后进口的顺序,做好相关外汇管理工作。

(一) 敦促支付宝公司和银行建立健全业务的内控制度

第一,要求支付宝公司建立健全客户认证机制,对境内个人进行身份证登记等认证,对境外商家的经营资质和业务范围进行周密调查,必要时需要聘请独立第三方市场调查机构对境外商家进行调查,禁止黄、赌、毒及非法物品的交易通过境外收单业务进行。第二,要求支付宝公司聘请专业的审计机构对境外收单业务进行定期审计检查,确保客户的沉淀资金的安全,同时也督促规范境外收单业务操作。第三,银行和支付宝订立相关协议,明确双方的权利与义务,健全信息沟通机制,加强协作配合,防范通过支付宝境外收单业务进行洗钱等非法活动。第四,加强个人年度购汇总额控制,防止超限额购汇。一方面由支付宝在其系统上设置单个客户单笔最高可购汇金额、每日最多可购汇金额、每年最多可购汇金额等等限制条件,防范买家恶意超限额购汇的风险;另一方面对一定时期内通过支付宝频繁购汇或累计购汇达到一定金额的买家,支付宝要及时通知银行,便于银行及时停止相关个人的购汇业务。第五,规范国际收支统计申报、境外收单业务主体和申报方式。第六,敦促银行加强境外收单业务监控,将异常情况及时报告外汇局,并留存相关购汇凭证备查。

(二) 纳入业务监管系统,加强监测和监管

第一,外汇局将境外收单业务涉及的结售汇纳入相关业务监管系统进行监管。在个人结售汇系统未提供接口的情况下,同意银行对支付宝境外收单业务采取先购汇再补录的模式。银行应在交易结束后一个工作日内将当日购汇信息录入个人结售汇系统。第二,外汇局加强对境外收单业务的统计、监测、管理,建立非现场监管制度,定期

进行实地核查,密切关注变化情况,以达到现场与非现场检查相结合的管理目标,增强监管力度。

(三)加强虚拟产品和服务贸易项下网上跨境交易的外汇管理

针对有巨大业务需求的网上虚拟产品以及服务贸易项下的跨境交易,必须严格其业务操作流程和风险控制办法,严格监控,防止资本项下资金和其他国际投机热钱通过此渠道流入。首先,要敦促第三方支付企业对从事此种跨境交易的客户进行周密调查,确保其具有相应的业务经营资格和相对应的业务范围。其次,要将此类交易准确及时地纳入外汇局业务系统进行监管,以保证及时发现异常情况并妥善处理。最后,针对一定金额以下的服务贸易可以直接到银行购付汇且不必提供相应的税务凭证,为加强税收征管,增加不法分子的犯罪成本,外汇局可以将此类业务相关的收付汇数据定期通报给税务部门,以形成监督合力。

(四)积极构建全面科学的第三方支付企业管理制度框架

明确第三方支付企业外汇管理职责定位,制订一套全新的支付业务的管理制度框架。将第三方支付企业这类特定的非金融企业列入外汇管理的主体范围,并要求其建立客户身份识别制度、客户身份资料和交易记录保存制度、个人结售汇管理、国际收支申报等业务管理制度,建立风险控制和内部监督制度,履行代位监管职责和义务。同时,可以参照对外汇指定银行的管理办法,赋予第三方支付企业一定的代为监管职能,从而更好地加强网上跨境支付交易的外汇管理工作。

(五)制定第三方支付企业外汇管理办法

对第三方支付企业的代理结汇购汇的资格、真实性审核职责、外汇资金交易性质、外汇账户的开立和使用、外汇数据管理、外汇收支统计等方面做出统一明确的管理规定。

一是明确办理跨境支付交易的市场准入条件。近期可考虑限制在有电子商务交易平台、资金实力雄厚、业务记录良好的第三方支付组织企业,并确立对第三方支付企业按交易类别分类监管的原则。二是明确跨境支付交易业务范围和开放顺序。第三方支付企业具体能办理哪些跨境业务,以及按什么顺序逐步批准办理,要在办法中予以明确。三是明确对主体和业务的管理重点。通过第三方支付企业的跨境外汇收支应限制在贸易和服务贸易收支范围,禁止经常转移项目和资本项目外汇通过第三方支付企业流出入;要求第三方支付企业将办理的跨境支付业务单独进行国际收支统计申报,以便于日后监管核查,此外还要规定第三方支付企业将客户的沉淀资金进行第三方托管并要按比例上交担保资金。此外,在办法出台后,要对第三方支付企业已经开办的各类网上跨境支付业务进行一次全面整顿,以严肃外汇管理法规,促进网上支付行业的健康发展。

（六）加强与政府相关部门的协助配合

网上跨境支付交易的管理，涉及外汇局、工商、税务、海关、外经贸等多个监管部门，需要各部门协调配合。外汇局在管理网上跨境支付交易时更应该主动与各部门沟通，相互配合实现有效管理。外汇局一方面要督促银行将网上跨境支付交易中的大额、可疑信息及时报送人民银行反洗钱管理部门；另一方面，要主动加强与反洗钱部门的协调配合，以防止不法分子利用跨境支付交易进行洗钱活动。与此同时，人民银行也要及时将第三方支付的支付清算组织牌照发放情况抄告外汇局，以实现对其有效和及时的外汇管理。在与海关的协调配合方面，外汇局要加强与海关的相关信息的沟通，加强物流与资金流的匹配管理，对发现的"低报高出""高报低出"以及"低报高付"等涉及的走私、骗税、非法逃套汇和非法资金流入等问题，及时移交相关部门严肃处理。在与税务部门的协调配合方面，对部分跨境交易业务如一定金额以上的服务贸易类的交易等，外汇局要求银行除审核合同（协议）或发票（支付通知书）外，还要审核税务部门出具的完税凭证；定期将境内机构和个人通过第三方支付平台支付虚拟产品和服务贸易的数据通报给税务部门，协助加强税收征管，防止限额以下服务贸易逃税以及拆分付汇，逃避税收监管。与经贸、工商等部门的协调配合方面，外汇局要明确第三方支付企业只有经过相关部门的业务准入后才能办理跨境支付交易，例如进行跨境B2C的商户必须要有工商营业执照和进出口经营权等。一旦外汇监管中发现交易者或第三方支付企业缺少相关市场资格，将及时通报给有关部门严肃处理。

此外，外汇局还要加强与公安局的配合，共同搭建跨境支付交易的信息平台，实现信息共享，比如要求公安局将我国公民身份识别系统对第三方支付企业开放等，同时还要与公安部门联手打击非法外汇交易和走私骗税等问题。

第四节　微电商移动支付

一、移动支付的定义

百度百科认为移动支付就是允许用户使用其移动终端（通常是手册）对所消费的商品或服务进行账务支付的一种服务方式。单位或个人通过移动设备、互联网或者近距离传感直接或间接向银行金融机构发送支付指令产生货币支付与资金转移行为，从而实现移动支付功能。移动支付将终端设备、互联网、应用提供商以及金融机构相融合，为用户提供货币支付、缴费等金融业务。谢平等学者认为移动支付是通过移动通信设备、利用无线通信技术来转移货币价值以清偿债权债务。在《关于促进互联网金融健康发展的指导意见》中将互联网支付确定为互联网金融主要业态之首,定义互联网支付是指通过计算机、手机等设备,依托互联网发起支付指令、转移货币资金的服务。

移动支付在经过了初期与蓄势阶段,我国的移动支付市场迎来了爆发阶段。我国第三方移动支付市场规模在2015年末达到9.5亿元,同比2014年增长59%(如图9-2所示),说明我国的移动支付还将快速增长,市场规模进一步扩大。

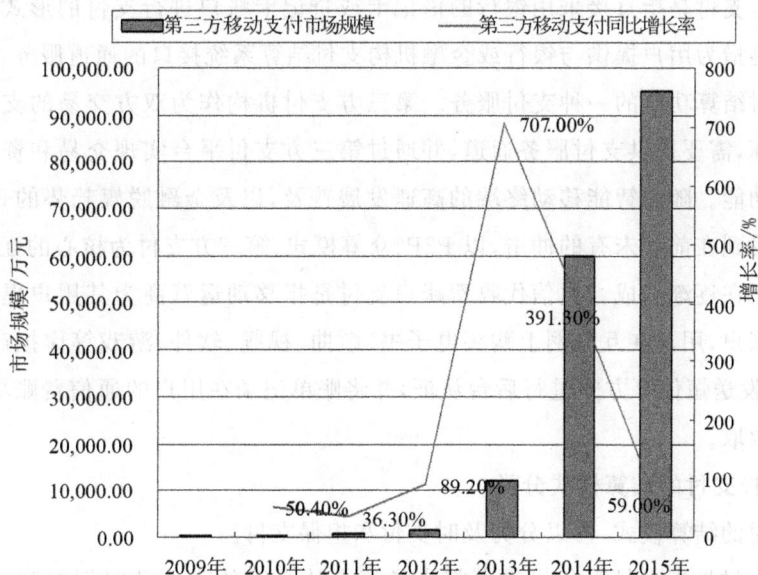

图9-2 移动支付市场规模对比

二、微电商移动支付的分类

(一) 按支付发起交易的地理位置或距离分类

按支付发起交易的地理位置或距离分类,可以分为远程支付和本地支付。

远程支付是指不受移动支付交易发生地理位置间距离的约束,移动支付工具通过移动网络,利用短信、GPRS等无线接口,和后台支付系统建立连接,实现各种转账、消费等资金转移的支付方式;本地支付是指不必通过移动网络,而通过具有近距离无线通信技术(NFC技术)的移动终端实现本地化通信进行货币资金转移的支付方式。

(二) 按用户支付的额度分类

按用户支付的额度,可以分为微支付和宏支付。

微支付是指交易额少于10美元,通常是指购买移动内容业务,例如游戏、视频下载等。宏支付是指交易金额较大的支付行为,例如在线购物或者近距离支付(微支付方式同样也包括近距离支付,例如交停车费等)。两者之间的最大区别在于安全要求等级不同。对于宏支付方式来说,通过可靠的金融机构进行交易鉴权是非常必要的;而对于微支付来说,使用移动网络本身的 SIM 卡鉴权机制就足够了。

(三) 按支付账户的性质分类

按支付账户的性质,可以分为银行卡支付、第三方支付账户支付、通信代收费账户支付。

银行卡支付是指直接采用银行的借记卡或贷记卡账户进行支付的形式。第三方账户支付是指为用户提供与银行或金融机构支付结算系统接口的通道服务,实现资金转移和支付结算功能的一种支付服务。第三方支付机构作为双方交易的支付结算服务的中间商,需要提供支付服务通道,并通过第三方支付平台实现交易和资金转移结算安排的功能。随着智能移动终端的高速发展普及,以及金融脱媒趋势的日益强化,传统金融受到在前所未有的冲击,以 P2P、众筹模式、第三方支付为核心的互联网金融新兴产业正在逐渐形成。通信代收费账户支付是指移动运营商为其用户提供的一种小额支付账户,用户在互联网上购买电子书、歌曲、视频、软件、游戏等虚拟产品时,通过用手机发送短信等方式进行后台认证,并将账单记录在用户的通信费账单中,月底进行合单收取。

(四) 按支付的结算模式分类

按支付的结算模式,可以分为及时支付和担保支付。

及时支付是指支付服务提供商将交易资金从买家的账户及时划拨到卖家账户。一般应用于"一手交钱一手交货"的业务场景(如商场购物),或应用于信誉度很高的 B2C 以及 B2B 电子商务,如首信、yeepay、云网等。担保支付是指支付服务提供商先接收买家的货款,但并不马上就支付给卖家,而是通知卖家货款已冻结,卖家发货;买家收到货物并确认后,支付服务提供商将货款划拨到卖家账户。支付服务商不仅负责资本的划拨,同时还要为不信任的买卖双方提供信用担保。担保支付业务为开展基于互联网的电子商务提供了基础,特别是对于没有信誉度的 C2C 交易以及信誉度不高的 B2C 交易。做得比较成功的是支付宝。

(五) 按用户账户的存放模式分类

按用户账户的存放模式,可分为在线支付和离线支付。

在线支付是指用户账户存放在支付提供商的支付平台,用户消费时,直接在支付平台的用户账户中扣款。离线支付是指用户账户存放在智能卡中,用户消费时,直接通过 POS 机在用户智能卡的账户中扣款。

三、主流的微电商移动支付方式

（一）扫码支付

扫码支付是一种基于账户体系生成的新一代无线支付方案。在该支付方案下,商家可把账号、商品价格等交易信息汇编成一个二维码,并印刷在各种报纸、杂志、广告、图书等载体上发布。用户通过手机客户端扫描二维码,便可实现与商家移动账户的支付结算。最后,商家根据支付交易信息中的用户收货、联系资料,就可以进行商品配送,完成交易。支付宝和微信支付是扫码支付的主要移动支付服务商。

（二）声波支付

利用声波的传输,完成两个设备的近场识别。在第三方支付产品的手机客户端里,内置有"当面付"功能,用户打开此功能后,用手机麦克风对准收款方的麦克风,手机会播放一段"咻咻咻"的声音。不过,卖家需要配备相应的声波接收器,一个声波接收器的价格在 20 元,同时不需要对手机端进行改造,也不需要将卡片升级为 IC 卡,利用第三方支付账户就能实现交易。虽然声波支付是一种比较先进的移动支付模式,但是购买声波接收器的商户少之又少,由于接收器的收音效果并不是十分突出,也会出现难以接受的状况。目前在国内的普及程度有限。

（三）光子支付

光子支付是通过一束光来实现授权、识别及信息传递的支付技术,它能克服电磁捕获及干扰,每次发射的光都动态变化。在现场实际操作中,用户打开手机闪光灯对着 POS 机上的光子支付感应器照一下,其他环节与刷卡支付无异。在成本方面,商户只需花几十元在 POS 机上加贴一枚硬币大小的光子支付感应器即可完成设备升级。光子支付并不需要连接网络,实现光子支付也无须外接任何设备,用户不需要为实现光子支付功能而选配某一款手机,市面上基于 iOS、Android、Windows Phone 的主流智能手机,只需要具备闪光灯功能都能支持光子支付。但是商户需要购买相应的光子感应器,目前只在深圳和昆明试点,尚未展开。

（四）指纹支付

指纹支付是采用已成熟的指纹系统进行消费认证,通过指纹识别即可完成消费支付。目前支付宝、微信支付以及民生银行手机银行都与相关的手机合作,推出了指纹支付功能。支付宝钱包 8.4 版本上线,iPhone 手机的指纹支付功能获得开通。只要是 iPhone 5S 及以上型号的用户并且操作系统在 iOS8 以上,可在 App Store 中升级支付宝钱包至最新版,开通指纹支付功能。民生银行手机银行个人版或小微版客户,如果使用 iPhone 5S 及以上手机或其他苹果移动终端且开通 Touch ID 功能,就可开通指纹支付服务。随后微信 6.2 版本也推出了"指纹支付"功能,绑过卡的微信支付用户、开通微信指纹支付即可使用。指纹支付难度较大,如果实现指纹支付,必须要单独设计相应的软件并且与不同的手机供应商合作,同时对于一些想要保护隐私的客户来说,指纹的录入可能并不是最好的支付方式。不过,使用指纹支付更加快捷方便,省去输密码的时间。

(五) NFC 支付

NFC 支付是指消费者在购买商品或服务时,即时采用 NFC 技术(Near Field Communication)通过手机等手持设备完成支付,支付的处理在现场进行,并且在线下进行,不需要使用移动网络,而是使用 NFC 射频通道实现与 POS 收款机或自动售货机等设备的本地通信。该技术由 RFID 射频识别演变而来,并兼容 RFID 技术,其由飞利浦、诺基亚、索尼、三星、中国银联、中国移动、捷宝科技等主推,主要用于手机等手持设备中。但是 NFC 在国内普及多年效果却不是十分明显,不少客户并不知道如何使用。而且 NFC 的普及成本也较大。中国银联联合国内 15 家商业银行、Apple Pay 和 Samsung Pay 为用户提供的"云闪付"就是 NFC 支付,未来将与支付宝等为代表的"二维码"扫码支付进行激烈竞争。

知识拓展

外币符号

货币名称	货币符号	货币名称	货币符号
人民币	RMB	美元	USD
日元	JPY	欧元	EUR
英镑	GBP	德国马克	DEM
瑞士法郎	CHF	法国法郎	FRF
加拿大元	CAD	澳大利亚元	AUD
港币	HKD	奥地利先令	ATS
芬兰马克	FIM	比利时法郎	BEF
爱尔兰镑	IEP	意大利里拉	ITL
卢森堡法郎	LUF	荷兰盾	NLG
葡萄牙埃斯库多	PTE	西班牙比塞塔	ESP
印度尼西亚盾	IDR	马来西亚林吉特	MYR
新西兰元	NZD	菲律宾比索	PHP

| 俄罗斯卢布 | SUR | 新加坡元 | SGD |
| 韩国元 | KRW | 泰铢 | THB |

? 复习思考题

1. 查找相关资料,介绍人民币和世界上常用货币的汇率情况。

2. 外汇收款的主要方式有哪些?

3. 外汇风险管理的方法有哪些?

4. 我国网上跨境电商支付交易的风险有哪些?

5. 外汇风险管理的策略及过程是什么?

6. 外汇储备风险管理的方法有哪些?

第十章

跨境电商数据分析和应用

通过本章的学习,你可以知道一些数据分析的基本知识以及目前数据分析在跨境电商中的一些应用。

玩转大数据分析

1. 大数据帮零售企业制定促销策略

北美零售商百思买在北美的销售活动非常活跃,产品总数达到 3 万多种,产品的价格也随地区和市场条件而异。由于产品种类繁多,成本变化比较频繁,一年之中,变化可达四次之多。结果,每年的调价次数高达 12 万次。最让高管头疼的是定价促销策略。公司组成了一个 11 人的团队,希望透过分析消费者的购买记录和相关信息,提高定价的准确度和响应速度。

定价团队的分析围绕着三个关键维度:

数量:团队需要分析海量信息。他们收集了上千万的消费者的购买记录,从客户不同维度分析,了解客户对每种产品种类的最高接受能力,从而为产品定出最佳价位。

多样性:团队除了分析了购买记录这种结构化的数据外,他们也利用社交媒体发帖这种新型的非结构化数据。由于消费者需要在零售商专页上点赞或留言以获得优惠券,团队利用情感分析公式来分析专页上消费者的情绪,从而判断他们对于公司的促销活动是否满意,并微调促销策略。

速度:为了实现价值最大化,团队对数据进行实时或近似实时的处理。他们成功地根据一个消费者既往的麦片购买记录,为身处超市麦片专柜的他/她即时发送优惠券,为客户带来便利性和惊喜。

透过这一系列的活动,团队提高了定价的准确度和响应速度,为零售商新增销售额和利润数千万美元。

2. 电商企业通过大数据制定销售战略

与外国同行相比,国内最大母婴电商"宝宝树"的办法更简单直接,它直接购买了一款数据可视化分析软件"永洪 BI"。这个软件可以快速分析海量数据,快速响应不同需求,即时生成复杂报表。"宝宝树"在"永洪 BI"平台上,通过拖拉拽操作,生成关联不同指标的分析模型,包括环比、同比、用户快照分析、沉睡率、唤醒率、平均回购周期等。

有了这些关键数据后,"宝宝树"的业务团队再来做更进一步的分析,比如上周有多少新用户?推的新品收入怎样?上月的新用户这个月的购买表现如何?用户的平均回购周期相对环比是缩短了还是延长了?各渠道引流占比有何变化?……基于对这些问题的全面回答,他们不断制定和调整产品和销售战略。

一次,"宝宝树"发现关键词排序报表上多了污染这个词,就想到空气净化器可能会火,于是在 B 端找到客户投放广告,大获成功。现在空气净化器市场基本被母婴电商垄断。

(资料来源:根据网络资料整理所得)

第一节　数据分析基本知识

一、什么是数据

在汉语词语里的定义:"数据"就是数值,也就是我们通过观察、实验或计算得出的结果。数据有很多种,最简单的就是数字。数据也可以是文字、图像、声音等。数据可以用于科学研究、设计、查证等。

在计算机术语里的解释:数据(data)是事实或观察的结果,是对客观事物的逻辑归纳,是用于表示客观事物的,未经加工的原始素材。

数据是信息的表现形式和载体,可以是符号、文字、数字、语音、图像、视频等。数据和信息是不可分离的,数据是信息的表达,信息是数据的内涵。数据本身没有意义,数据只有对实体行为产生影响时才成为信息。数据可以是连续的值,比如声音、图像,称为模拟数据。也可以是离散的,如符号、文字,称为数字数据。

二、什么是数据分析

数据分析是指用适当的统计分析方法对收集来的大量数据进行分析,将它们加以汇总、理解并消化,以求最大化地开发数据的功能,发挥数据的作用。它的数学基础在20世纪早期就已确立,但直到计算机的出现才使得实际操作成为可能,并使得数据分析得以推广。数据分析是数学与计算机科学相结合的产物。

数据分析是有组织有目的地收集数据、分析数据,使之成为信息的过程,其目的是把隐藏在一大批看似杂乱无章的数据背后的信息集中和提炼出来,总结出研究对象的内在规律。在实际工作当中,数据分析能够帮助人们进行判断和决策,以便采取适当策略与行动。

知识拓展

Excel作为常用的分析工具,可以完成很多专业软件才能完成的专业数据分析工作,比如:直方图、相关系数、协方差、各种概率分布、抽样与动态模拟、总体均值判断、均值推断、线性与非线性回归、多元回归分析、时间序列等。

三、电子商务数据分析

电子商务的运营涉及平台的选择、商品的选择、网站的构建、页面的设置、为网站引入流量乃至最后提升网站的整体收入,其范围包括营销,但要超出营销的范围。而正因为电子商务是基于互联网的,数据充斥在电子商务运营的各个环节,所以成功的运营一定是基于数据的。在电子商务运营的各个环节,都需要以数据为基础。当我们养成以数据为导向的习惯之后,做运营就有了依据,不再是凭经验盲目运作,而是有的放矢。

在互联网上进行交易的最大优点是电子商务企业可以在互联网中取到大量的真实数据,包括真实的市场数据、网站流量数据、产品被关注和浏览数据、产品销售数据等,从而使我们可以有效地估计出市场对各种商品的不同反应。当我们有明确的且可以量化的目标时,采用数据分析和数据挖掘技术效果则更好。这样我们可以准确地掌握商品销售状况,店铺运营情况,营销效果,并且我们能清晰地得到客户的行为数据,能够通过数据分析,帮助电子商务企业制定合理的关键绩效指标(Key Performance Indicator,KPI),提升运营效率,提升广告投放的性价比,提升网站访问的转化率,更深入地了解客户和照顾好老客户,提升电子商务网站的整体收入。

电子商务相对于传统零售业来说，最大的特点就是一切都可以通过数据化来监控和改进。通过数据可以看到用户从哪里来、如何组织产品才能实现很好的转化率、投放广告的效率如何等等问题。基于数据分析的每一点点改变，就可以一点点提升你赚钱的能力，所以，电子商务网站的数据分析显得尤为重要。

当用户在电子商务网站上有了购买行为之后，就从潜在客户变成了网站的价值客户。电子商务网站一般都会将用户的交易信息，包括购买时间、购买商品、购买数量、支付金额等信息保存在自己的数据库里面，所以对于这些客户我们可以基于网站的运营数据对他们的交易行为进行分析，以估计每位客户的价值，以及针对每位客户的扩展营销的可能性。

知识拓展

以沃尔玛为例，该公司已经拥有两千多万亿字节数据，相当于200多个美国国会图书馆的藏书总量。这其中，很大一部分是客户信息和消费记录。世界工厂网，就设有排名榜的数据分析，通过分析用户在世界工厂网的搜索习惯及搜索记录，免费提供了产品排行榜、求购排行榜和企业排行榜。

事实上，全球各大行业巨头都表示进驻"开放数据"蓝海。通过数据分析，企业可以掌握客户的消费习惯、优化现金和库存，并扩大销量，数据已经成为了各行各业商业决策的重要基础。可见行业网站、电商平台等拥有企业数据优势，集合整个行业信息并拥有分析整合数据的能力，为企业提供真实、有效的数据分析。

小知识

电子商务数据分析指标体系

1. 网站运营指标

流量指标：流量数量指标：PV、UV、visits；流量质量指标：Bounce Rate、Time on Site/Page、PV/UV；流量转换指标：转化次数、转化率；

商品类目指标：商品类目结构占比、商品类目销售额占比、类目销售 SKU 集中度、库存周转率；

供应链指标：压单占比（分仓库）、系统/实物报缺率、上架完成率/出库及时率、出库率、次日到达率/未送达占比……

2．经营环境指标

外部竞争指标：市场占有率、市场扩大率、网站排名、访问比重；

内部购物指标：①运营指标：PV、UV、购物车转化率、下单转化率、订单转化率、订单数量/金额；

②功能指标：支付方式、配送方式、商品数目、最短流程（用户体验）。

3．销售指标

网站指标：下单次数、加入购物车次数、在线支付次数、购物车转化率、下单转化率、支付转化率；

订单指标：订单有效率、订单金额、客单价、订单转化率、毛利率、退换货率、重复购买率。

4．营销活动指标

市场营销活动指标：新增访问人数、总访问次数、订单数量、下单转化率、ROI；

广告投放指标（同上）：新增访问人数、总访问次数、转化订单数量、下单转化率、ROI。

5．客户价值指标

客户指标：访问人数、访客获取成本、转化率；

新客户指标：新顾客数量、获取成本、客单价；

老客户指标：老顾客数量、消费频率、最近一次消费的时间、消费金额、重复购买率。

第二节　数据分析的步骤

数据分析过程的主要活动由识别信息需求、收集数据、处理数据、分析数据、评价并改进数据分析的有效性组成。如图 10-1 所示。

一、识别需求

所谓需求识别，就是理解和表达客户的需求。确定用户究竟要互联网为他做什么，这是互联网科学最复杂和最具技术含量的一个领域。

识别信息需求是确保数据分析过程有效性的首要条件，可以为收集数据、分析数据提供清晰的目标。识别信息需求是管理者的职责，管理者应根据决策和过程控制的需求，提出对信息的需求。就过程控制而言，管理者应识别需求要利用哪些信息支持评审过程输入、过程输出、资源配置的合理性、过程活动的优化方案和过程异常变异的发现。

二、数据收集

数据收集是按照确定的数据分析内容,收集相关数据的过程,它为数据分析提供了素材和依据。这里所说的数据包括第一手数据与第二手数据,第一手数据主要指可直接获取的数据,第二手数据主要指经过加工整理后得到的数据。一般数据来源主要有:

1. 数据库

每个公司都有自己的业务数据库,包含从公司成立以来产生的相关业务数据。这个业务数据库就是一个庞大的数据资源,需要有效地利用起来。

2. 公开出版物

可用于收集数据的公开出版物包括《中国统计年鉴》《中国社会统计年鉴》《中国人口统计年鉴》《世界经济年鉴》《世界发展报告》等统计年鉴或报告。

图 10-1 数据分析的步骤

3. 互联网

随着互联网的发展,网络上发布的数据越来越多,特别是搜索引擎可以帮助我们快速找到所需要的数据,例如国家及地方统计局网站、行业组织网站、政府机构网站、新传播媒体网站。

4. 市场调查

市场调查就是指运用科学的方法,有目的、有系统地收集、记录、整理有关市场营销的信息和资料,分析市场情况,了解市场现状及其发展趋势,为市场预测和营销决策提供客观、正确的数据资料。

有目的地收集数据,是确保数据分析过程有效的基础。组织需要对收集数据的内容、渠道、方法进行策划。首先要考虑将识别的需求转化为具体的要求,如评价供方时,需要收集的数据可能包括其过程能力、测量系统不确定度等相关数据;然后明确由谁在何时何处,通过何种渠道和方法收集数据,记录表应便于使用;制定采取有效措施,防止数据丢失和虚假数据对系统的干扰。

三、数据处理

数据处理是指对收集到的数据进行加工整理,形成适合数据分析的样式,它是数据分析前必不可少的阶段。数据处理主要对所输入的各种形式的数据进行加工整理,其过程包含对数据的收集、存储、加工、分类、归并、计算、排序、转换、检索和传播的演变与推导全过程。其目的是从大量的、杂乱无章、难以理解的数据中抽取并推导出对解决问题有价值、有意义的数据。

数据处理主要包括数据清洗、数据转化、数据提取、数据计算等处理方法,一般拿到手的数据都需要进行一定的处理才能用于后续的数据分析工作,即使再"干净"的原始数据也需要先进行一定的处理才能使用。

四、数据分析

数据分析主要是指通过统计分析或数据挖掘技术对处理过的数据进行分析和研究,从中发现数据的内部关系和规律,为解决问题提供参考依据。在确定数据分析目的和内容阶段,数据分析师就应当为所分析的内容确定适合的数据分析方法。到了数据分析阶段,就能够驾驭数据,从容地进行分析和研究了。

分析数据是将收集的数据通过加工、整理和分析,使其转化为信息,通常所用的方法有:老七种工具,即排列图、因果图、分层法、调查表、散布图、直方图、控制图;新七种工具,即关联图、系统图、矩阵图、KJ 法、计划评审技术、PDPC 法、矩阵数据图。

由于数据分析多是通过软件来完成的,这就要求数据分析师不仅要掌握各种数据分析方法,还要熟悉主流数据分析软件的操作。一般的数据分析我们可以通过 Excel 完成,后而高级的数据分析就要采用专业的分析软件进行,如数据分析工具 SPSS Statistics 等。

五、数据展现

一般情况下,数据是通过表格和图形的方式来呈现的,我们常说用图表说话就是这个意思。常用的数据图表包括饼状图、柱形图、条形图、折线图、散点图、雷达图等,当然可以对这些图表进一步整理加工,使之变为我们所需要的图形,例如金字塔图、矩阵图、漏斗图、帕雷托图等。

大多数情况下,人们更愿意接受图形这种数据展现方式,因为它能更加有效、直观地传递出分析师所要表达的观点。一般情况下,能用图说明问题的,就不用表格,能用表格说明问题的,就不用文字。

六、分析报告

数据分析报告其实是对整个数据分析过程的一个总结与呈现,通过报告,把数据分析的起因、过程、结果及建议完整地呈现出来,以供决策者参考。所以数据分析报告是通过对数据全方位的科学分析来评估企业运营质量,为决策者提供科学、严谨的决策依据,以降低企业运营风险,提高企业核心竞争力。

一份好的数据分析报告,首先需要有一个好的分析框架,并且图文并茂,层次明晰,能够让阅读者一目了然。结构清晰、主次分明可以使阅读者正确理解报告内容;图文并茂,可以令数据更加生动活泼,提高视觉冲击力,有助于阅读者更形象、直观地看清楚问题和结论,从而产生思考。

另外,数据分析报告需要有明确的结论,没有明确结论的分析称不上分析,同时也失去了报告的意义,因为我们最初就是为寻找或者求证一个结论才进行分析的,所以千万不要舍本求末。

最后,好的分析报告一定要有建议或解决方案,作为决策者,需要的不仅仅是找出问题,更重要的是建议或解决方案,以便他们在决策时做参考。所以,数据分析师不仅需要掌握数据分析方法,而且还要了解和熟悉业务,这样才能根据发现的业务问题,提出具有可行性的建议或解决方案。

七、过程改进

数据分析是质量管理体系的基础。组织的管理者应在适当时,通过对以下问题的分析,评估其有效性:

①提供决策的信息是否充分、可信,是否存在因信息不足、失准、滞后而导致决策失误的问题;

②信息对持续改进质量管理体系、过程、产品所发挥的作用是否与期望值一致,是否在产品实现过程中有效运用数据分析;

③收集数据的目的是否明确,收集的数据是否真实和充分,信息渠道是否畅通;

④数据分析方法是否合理,是否将风险控制在可接受的范围;

⑤数据分析所需资源是否得到保障。

💬 知识拓展 ━━━━━━━━━━━━━━━━━━━━━━━

每周数据分析

用户下单和付款不一定会在同一天完成,但一周的数据相对是精准的,所以我们把每周数据作为比对的参考对象,主要的用途在于,比对上周与上上周数据间的差别,运营做了某方面的工作,产品做出了某种调整,相对应的数据也会有一定的变化,如果没有提高,说明方法有问题或者本身的问题并不在于此。

1. 网站使用率：IP、PV、平均浏览页数、在线时间、跳出率、回访者比率、访问深度比率、访问时间比率。

这是最基本的，每项数据提高都不容易，这意味着要不断改进每一个发现问题的细节，不断去完善购物体验。来说明下重要的数据指标：

1.1 跳出率：跳出率高绝不是好事，找到跳出的问题在哪里才是关键。我的经验，在一些推广活动或投放大媒体广告时，跳出率都会很高，跳出率高可能意味着人群不精准，或者广告诉求与访问内容有巨大的差别，或者本身的访问页面有问题。如果跳出率高于 20%，我觉得就有不少的问题，也根据跳出率来改进购物流程和用户体验。

1.2 回访者比率＝一周内 2 次回访者/总来访者，意味着网站吸引力，以及会员忠诚度，如果在流量稳定的情况下，此数据相对高一些会比较高，太高则说明新用户开发得太少，太低则说明用户的忠诚度太差，复购率也不会高。

1.3 访问深度比率＝访问超过 11 页的用户/总的访问数，访问时间比率＝访问时间在 10 分钟以上的用户数/总用户数，这两项指标代表网站内容吸引力，数据比率越高越好。

2. 运营数据：总订单、有效订单、订单有效率、总销售额、客单价、毛利润、毛利率、下单转化率、付款转化率、退货率；

每日数据汇总，每周的数据一定是稳定的，主要对比于上上周的数据，重点指导运营内部的工作，如产品引导、定价策略、促销策略、包邮策略等。

（资料来源：根据网络资料整理所得）

第三节　数据分析在跨境电商中的应用

跨境电子商务是基于互联网信息技术的应用，数据就是跨境电子商务运营的核心，直接或间接存在于跨境电子商务的每一个环节。因为它原本就是继承在数据分析的基因，数据的收集与处理相对方便，如果我们能够充分发挥数据的作用，则数据分析结果能在电子商务运营的各个环节中都为我们决策助力。

现在，跨境电子商务领域存在各种各样的问题。例如：商家不知道如何针对不同国家和地区的客户选择合适的商品；不知道怎样提高商铺流量的转化率；不知道如何针对不同跨境客户选择广告投放平台；不知道如何通过数据分析挖掘老客户的价值等。当然，正是因为存在大量的数据挖掘不到位问题，才会有更多的机会，让我们认识到要解决这些问题,成功的关键在于数据分析。

我们可以通过互联网的相关计算机技术,记录每个客户的浏览访问路径,详细了解每个消费者个性化的需求和真实购物行为模式,收集数据来选择商品、选择针对客户、选择合适的平台、选择经营策略、选择正确的推广方式,并通过数据分析,提升流量的转化率,深入挖掘客户的价值。

一、数据化选品

全世界各个国家都有着自己的传统与文化,也有着自己的生活方式和消费习惯,怎样挑选出符合不同买家需求的产品,是数据分析在跨境电商选品应用中最根本的目的。

选品,是数据化运营的基础,很多卖家在选品时都会有一些误区。比如,会选择自己喜欢的商品;或者选择价格低廉的商品;或者根据供应商推荐的产品来选择商品等等。这些都不是科学的选品方法,往往还会导致亏损。在电商交易中,我们可以通过数据分析结果进行选品,其可以分为站内选品和站外选品两类。

站内选品,就是指通过跨境电商平台中所有可利用的条件及工具去选择市场。类目或产品的选品工作是为店铺运营里诸如打造爆款、推广营销等动作提供操作的支持与依据。

知识拓展

在速卖通平台上就有一个非常好的工具——数据纵横。其中,广义上的选品,可以使用"行业情报"和"选品专家"两个工具先选择行业再选择产品。如果是狭义上的选品,就是指从现有的在售产品中选择热销的产品,可以使用的工具为"商品分析"。总之,数据纵横是一个非常好的工具,卖家一定要通过仔细地分析数据纵横中所提供的数据来选品。

(资料来源:根据网络资料整理所得)

例如:您可以进入"我的速卖通"——依次点击"数据纵横"——在左侧栏点击"选品专家",如图 10-2 所示。

图 10－2　全球速卖通的"选品专家"

选择类目和时间范围，查看关键词与行业的匹配度。如图 10－3 所示。

热门关键词　帮助

序号	关键词	产品类目	搜索量	行业匹配度	产品热度
1	casual dresses	连衣裙	254	68.97%	0.25%
2	maxi dress	连衣裙	520	65.29%	0.71%
3	bohemian dress	连衣裙	136	65.27%	0.77%
4	chiffon dress	连衣裙	176	61.57%	0.96%
5	casual dress	连衣裙	210	58.02%	0.12%
6	women dress	连衣裙	258	57.11%	0.63%
7	maxi dresses	连衣裙	322	56.05%	0.70%
8	cop copine	连衣裙	104	54.12%	0.00%
9	women's coat	连衣裙	233	49.02%	0.22%
10	summer dress	连衣裙	410	46.65%	0.40%

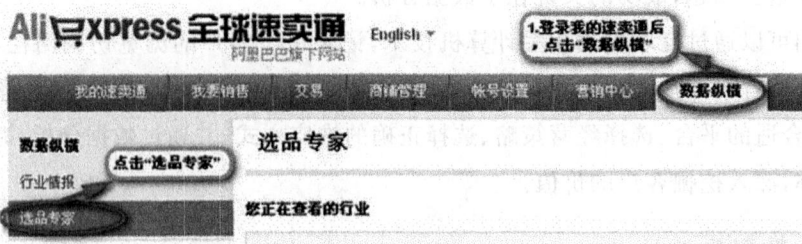

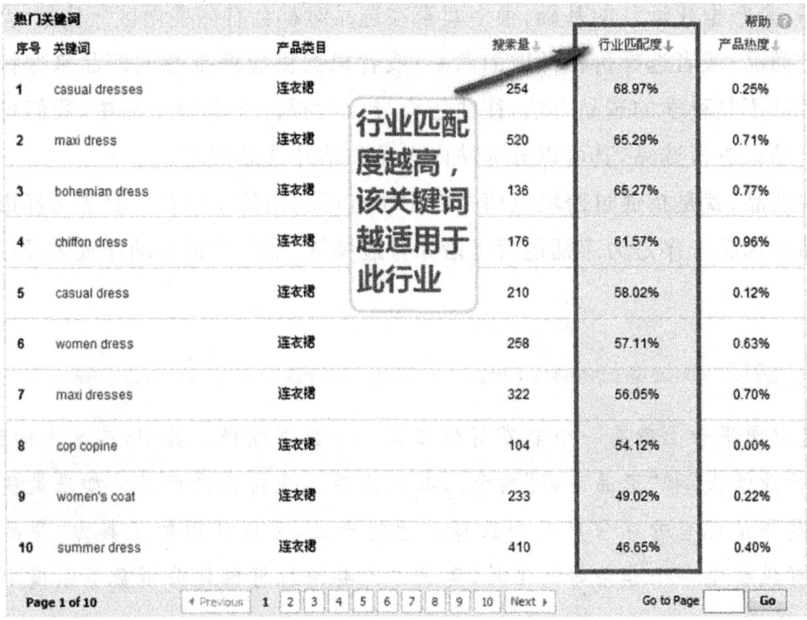

图 10－3　数据纵横里的"热门关键词"

站内选品还包括选择平台上热销的款式。我们通常可以在跨境电商平台页面中搜索我们想要查询的关键词，找到相关的产品，查看该平台热销新产品和平台中销量上升速度较快的产品。站内选品还包括平台促销活动中所入选的产品，这些产品一般都是平台"小二"根据买家需求所选拔出来的主打产品。我们在为店铺选品时可以参考这些产品。

知识拓展

在直通车中也有一个选品工具，这个工具也非常好，它可以帮助卖家选择4个不同纬度的产品，分别是“热销款”“热搜款”“潜力款”“不限条件”。卖家还可以根据自己的需求选择不同的筛选条件。

（资料来源：根据网络资料整理所得）

例如：您可以进入“我的速卖通”——依次点击“数据纵横”——在左侧栏点击“选品专家”，选择类目和时间范围，查看热卖商品。如图10－4所示。

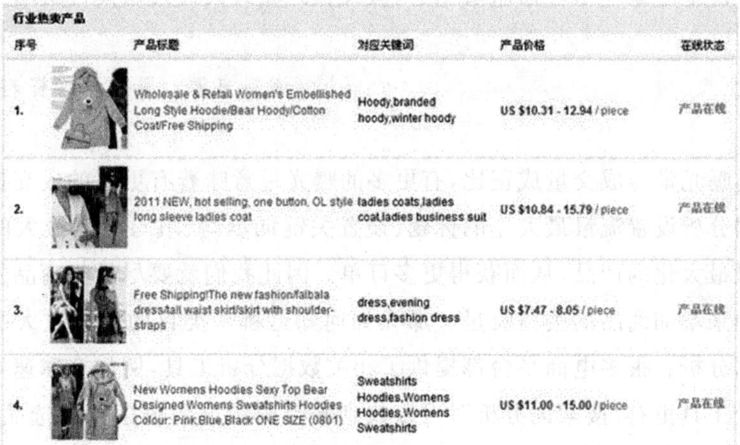

行业热卖产品

序号	产品标题	对应关键词	产品价格	在线状态
1.	Wholesale & Retail Women's Embellished Long Style Hoodie/Bear Hoody/Cotton Coat/Free Shipping	Hoody,branded hoody,winter hoody	US $10.31 - 12.94 / piece	产品在线
2.	2011 NEW, hot selling, one button, OL style long sleeve ladies coat	ladies coats,ladies coat,ladies business suit	US $10.84 - 15.79 / piece	产品在线
3.	Free Shipping!The new fashion/falbala dress/tall waist skirt/skirt with shoulder-straps	dress,evening dress,fashion dress	US $7.47 - 8.05 / piece	产品在线
4.	New Womens Hoodies Sexy Top Bear Designed Womens Sweatshirts Hoodies Colour: Pink,Blue,Black ONE SIZE (0801)	Sweatshirts Hoodies,Womens Hoodies,Womens Sweatshirts	US $11.00 - 15.00 / piece	产品在线

图10－4　数据纵横里的“热卖商品”

站外选品分为搜索引擎分析、参考其他跨境B2C、咨询类工具网站应用等。进行站外选品时，首先要参考其他跨境电商平台中的热销产品。其次可以使用谷歌的“全球商机洞察”工具来分析不同国家买家的需求，还可以利用一些第三方的网站来分析其他跨境电商平台的热销款。最后我们还可以经常浏览一些国外的知名类网站来查看潮流趋势。

二、数据分析引流

流量之于网店，相当于心脏之于人体，其重要性不言而喻。人没有心脏就无法生存；网店没有流量，也只能倒闭。就像开实体店，即使我们有最优质的产品，最便宜的价格，但是如果没有客流量，就相当于将产品放在仓库，产品不能被别人看到自然就卖不出去。所以有好产品，就要把它展示出来。

“流量为王”是所有网站运营的核心，通过数据化选品以后，接下来我们需要做的就是为产品或者店铺引流。流量整体上分为类目流量和普通搜索流量两类。

类目流量,指的是从平台页面类目栏(通常在左侧)通过层层筛选最后到达产品展示页的流量。普通搜索流量即自然搜索流量,指的是买家在平台页面搜索框中搜索某个关键词出现搜索结果后,点击某个搜索结果,为该产品所属卖家带来的流量。在首页搜索栏中填写关键词搜索后展示的页面的流量。

知识拓展

某客户想在跨境平台上购买一件 T 恤衫,在搜索框里输入"T-shirt",就会出现所有标题带有"T-shirt"的商品,客户选择其中一条,点击进去之后,对此商家来说,这就是一个普通搜索流量。它的优点是免费、高转化。那么我们又该如何获取更多的普通搜索流量?

(资料来源:根据网络资料整理所得)

商品的曝光量与成交量成正比,有更多的曝光量意味着有更多的成交量。我们可以通过数据分析设置流量最大化的标题、设置关键词填写、填写流量最大的属性等发布一个流量最大化的产品,从而获得更多订单。因此我们就要尽量将商品发布在流量大的类目中来增加商品的类目流量。那么如何知道哪个类目的流量更大呢?这就需要用到数据分析。很多电商平台都提供了相关数据分析工具,例如全球速卖通平台上的数据纵横工具里有"搜索词分析",可以找到平台内最近的热搜词;"选品专家"中可以找到热销属性等。我们还可以通过直通车的数据分析来选择这几年来匹配度最高的关键词进行推广,从而为产品精准引流。

在数据纵横里,可以通过"行业趋势图"来对比一些类目的"访客数据占比""成交额占比""浏览量占比""成交订单数占比""供需指数"等相关数据。把产品发布在访客数较高、成交额较高、浏览量较高而且供需指数较小、竞争较小的类目。如图 10-5 所示。

图 10-5 数据纵横里的"行业情报"

例如：可以进入"我的速卖通"——依次点击"数据纵横"——在左侧栏点击"行业情报"；选择类目和范围，如图 10-6 所示。

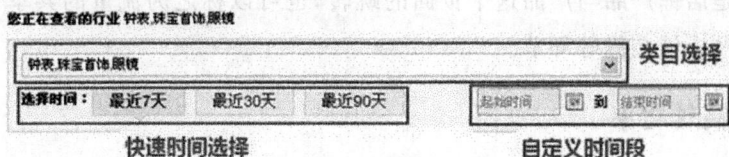

图 10-6　在"行业情报"选择

通过 TOP 行业排行榜来查看最热卖、浏览率最高和竞争力最强的行业。如图 10-7 所示。

TOP行业排行榜	行业热卖	购买率	竞争力	排序依据		
	浏览占比	订单占比	竞争力	上架产品数	平均成交单价	
1.腕表	2.62%	3.06%	113.36%	336.973	$72.51	
2.手链，手镯	0.93%	1.85%	62.65%	160.550	$37.97	
3.耳环	0.47%	1.08%	54.63%	95.668	$22.39	
4.首饰套装	0.50%	0.81%	124.52%	61.397	$23.92	
5.首饰配件和部件	0.23%	0.64%	145.56%	36.290	$22.57	
行业热卖排序依据：按当前数据周期效果中订单最多的TOP行业						

图 10-7　查看结果

同时还可以分析某个行业下对应一段时间内的流量占比、订单占比、竞争力、上架产品数、平均成交单价和动态，还可以选择另外的任意两个行业进行比较，对比不同行业的数据指标。如图 10-8 所示。

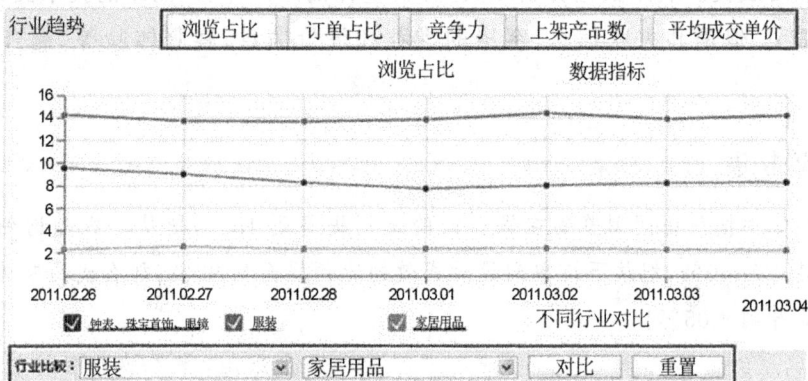

图 10-8　分析比较

流量还可以分为店内流量和站内其他流量两类。店内流量相对比较简单,也就是通过店铺内的搜索栏搜索本店产品的流量。而站内其他流量包括的范围比较广泛,但是其核心就是店铺产品与产品这个页面的跳转,也可以称之为流量的共享,主要工作就是关联以及店铺装修等环节。

三、提高转化率

转化率(Conversion Rate)指在一个统计周期内,完成转化行为的次数占推广信息总点击次数的比率。比如有 10 名用户看到某个搜索推广的结果,其中 5 名用户点击了某一推广结果并被跳转到目标 URL 上之后,其中 2 名用户有了后续转化的行为。那么,这条推广结果的转化率就是$(2/5)×100\%=40\%$。

流量的"转化率"是跨境电商运营中的一个重要指标,是卖家最终能否盈利的核心,提升网站转化率是卖家综合运营实力的结果。在相同流量的情况下,只需要提升转化率,就可以提升整体收入。

成交转化率是指成交客户数占所有访客数的百分比,即:

成交转化率=成交客户数/总访客数;

那么,单品转化率=单品下单用户数/访客数。

影响转化率的因素主要有单品的转化率和全店的转化率。单品的转化率重点关注的是流量优化、商品优化以及客服优化。店铺的转化率更多地取决于热销款商品的转化率,要从平均停留时间、热销款流量的去向以及老客户营销来提高店铺的整体转化率。

我们可以收集客户访问的各个环节的数据:访问浏览——在线咨询——下订单——最终成交。利用数据分析工具,分析整体的用户体验、网站的技术因素、商品的展示细节、促销和关联信息、客房的推荐和评价信息、客服体验等,提升整体转化率。

知识拓展

我们能够把从访问浏览到在线咨询的比例提高到 15%,把从在线咨询到下订单的比例提高到 30%,把从下订单到最后成效的比例提升到 90%,那么我们整体的转化率就可提升到 4.05%!

(资料来源:根据网络资料整理所得)

四、店铺整体数据分析

当我们选好了产品,引来了流量,优化了点击率和转化率以后,接下来要做的就是分析店铺整体的数据。对进行店铺整体的数据分析时,首先要分析的是买家的行为,通过分析店铺的买家具体特征,可以为接下来的运营提供数据支持。对于跨境电商而言,客户来自不同的国家和地区,那么客户的购物时间是不同的。这样我们就要分析网店主要客户是哪个国家和地区的,确定客户主要购物时间与我国时间的时差。知道了这个规律之后,我们就可以调整新产品上架的时间,因为新产品上架之后会有流量倾斜的。

知识拓展

一般来说,买家的购物时间主要集中在当地时间的 10：00—11：00,15：00—17：00,21：00—23：00。加拿大首都渥太华与北京时间相差 12 小时,那么加拿大的客户的购物时间主要集中在北京时间的 22：00—23：00,3：00—5：00,9：00—11：00。我们可以设置自动在这些时间点统一上架新商品。

（资料来源：根据网络资料整理所得）

商品上架后,通过数据分析店铺的买家具体特征以及分析买家最关注的产品有哪些特征,来提升客户的平均停留时间,提升客户的活跃度,降低流失率,最终提高客户的黏性。一般来说,客户在一个网站上的平均停留时间和每个客户对网站的平均贡献值是成正比的。那么,记录客户的浏览行为,了解客户的兴趣及需求所在,有针对性地动态调整网站页面,以满足客户的需要并向客户推荐、提供一些特有的商品信息和广告,从而使客户能够继续保持对访问站点的兴趣。

分析完买家行为以后,接下来就要分析运营人员在日常的数据化运营中,每个不同时间节点都需要做哪些工作。比如营销活动匹配买家购物高峰、掌握国外重大节日进行节点营销等。工作细分了,效率才能提高。

利润永远是卖家最关注的问题,而店铺的利润在绝大多数情况下取决于仓库中的库存,也就是我们最关心的仓库的动销率。所以,我们要经常统计仓库中哪些产品是滞销的,从而将其淘汰;哪些产品是热销的,从而将其继续推广。仓库的动销率提高了,店铺的利润自然也会随之增加。当我们能够成功提升访问次数、停留时间和访问深度这三个数据点之后,客户的活跃度自然就提升了。

知识拓展

速卖通平台中的数据纵横分析工具是基于该平台海量数据打造的一款数据产品，可以查看实时风暴、商铺概况、商铺流量来源、商铺装修、商品分析、营销助手等。卖家可以利用这种工具帮助自己的店铺进行数据分析，优化店铺整体架构，调整运营方案。

（资料来源：根据网络资料整理所得）

复习思考题

1. 什么是数据，什么是数据分析？

2. 数据分析的步骤有哪些？你觉得最重要步骤是什么？为什么？

3. 数据分析在跨境电商中还有哪些应用领域？

第十一章

微电商与跨境电子商务网络技术安全

学习目标

通过本章的学习,了解跨境电子商务面临的网络安全、威胁以及安全策略;掌握跨境电子商务主流的安全技术以及法律要素;了解微电商网络安全等相关知识。

开篇案例

网络漏洞与网络犯罪

360互联网安全中心发布的《2015年"双十一"中国网购安全专题报告》显示,"双十一",360安全卫士等安全产品为全国用户拦截钓鱼网站攻击1.1亿次。监测数据显示,从网民11月10日提前选购商品开始,钓鱼网站的活跃程度就开始大幅提高,360互联网安全中心拦截钓鱼攻击1.8亿次,远超"双十一"当日的拦截量。

360首席反诈骗专家裴智勇分析,骗子发动钓鱼攻击的时间实际是在"双十一"抢购活动开始之前,最大规模攻击出现在抢购开始前的2—6个小时,"很多网友在'双十一'狂欢还没开始之前就已上当受骗了,或者就是等到疯狂抢购之后,才发现自己抢错了地方。"

"双十一"当日,猎网平台共接到网络诈骗举报98起,涉案总金额约118.3万元,人均损失约12076元,较2015年第三季度的平均水平4920元高出145%。统计显示,在"双十一"报案的网络诈骗受害者中,男性占比高达72.4%,受骗人数是女性的2.6倍。从人均损失上看,男性网民人均损失13978元,女性网民人均损失7088元,男性被骗的人均损失几乎是女性的两倍。

(来源:《2015年"双十一"中国网购安全专题报告》)

第一节　跨境电子商务安全需求与分析

跨境电子商务作为新时代人们进行商务活动的新模式,随着互联网的普及日渐融入人们的日常生活中,网上订货、网上支付等众多电子交易方式为人们创造了便利高效的生活方式,越来越多的人开始使用跨境电子商务网站来传递各种信息,并进行各种交易。跨境电子商务网站传递各种商务信息依靠的是互联网平台,而互联网平台本身就是一个完全开放的网络,任何一台计算机、任何一个网络都可以与之相连,它又是无国界的,没有管理权威,"是世界唯一的无政府领地",因此,跨境电子商务网络平台安全风险就构成了对跨境电子商务的安全威胁。

一、跨境电子商务所面临的安全威胁

跨境电子商务活动中有大量的数据需要传输与存储,数据传输依靠互联网技术,而互联网是一个天然脆弱和不安全的网络,数据容易丢失和被截获。而数据的存储主要依靠数据库技术,数据库也是非法分子常常入侵和破坏的对象。所以网络通信安全与数据库安全以及信息安全等构成了跨境电子商务网络面临的主要安全问题。

(一) 数据库安全

企业在跨境电子商务活动中产生的大量数据是他们进行不间断经营的重要支撑,产品数据资料、客户关系管理都涉及庞大的数据群。采用流行的关系型数据库进行数据存储与管理,是跨境电子商务企业必要的选择,但是网络黑客从未间断过对企业数据库的攻击,一旦他们窃取到企业数据库的访问权、管理权,就可以获得他们想要的数据,甚至篡改或删除这些对企业来说至关重要的数据。

(二) 网络通信安全

数据传输过程中容易丢失、损坏或被黑客篡改、窃取,所以首先要保证通信线路的安全可靠性,采用性能稳定的设备和较为强大的软件来保证传输稳定性。其次为了防止黑客攻击,例如木马、病毒等程序,要在传输过程中使用数据加密及数字签名等技术来保障数据的安全性。

(三) 信息的保密与篡改

交易中的商务信息有保密的要求。如信用卡的账号和用户名被人知悉,就可能被盗用,订货和付款的信息被竞争对手获悉,就可能丧失商机。因此,在跨境电子商务的信息传播中一般均有加密的要求,以防止非法的信息存取和信息在传输过程中被非法窃取。网络攻击者依靠各种技术方法和手段对传输的信息进行中途的篡改、删除或插入,并发往目的地,从而达到破坏信息完整性的目的,因此,跨境电子商务系统应该提供对数据进行完整性认证的手段,确保网络上的数据在传输过程中没有被篡改,保护数据的完整性。

(四)假冒他人身份

由于跨境电子商务的实现需要借助于虚拟的网络平台,在这个平台上交易双方是不需要见面的,因此带来了交易双方身份的不确定性,这种身份的不确定性极大地威胁着跨境电子商务的安全,入侵者可以利用这种不确定性冒充他人身份通过发布命令、调阅文件等手段来欺骗合法用户。

(五)交易不可抵赖

不同于传统的交易方式那样通过手写签名和印章进行贸易方的鉴别,跨境电子商务是通过网络来完成交易的。如何确定要交易的贸易方,正是进行交易所期待的贸易方,这一问题则是保证跨境电子商务顺利进行的关键。因此要在交易信息的传输过程中为参与交易的个人、企业和国家提供可靠标识。

(六)拒绝服务

拒绝服务是指在一定时间内,网络系统或服务器服务系统的作用完全失效。其主要原因来自黑客和病毒的攻击以及计算机硬件的人为破坏,为此,跨境电子商务系统应该提供通信双方进行身份鉴别机制。一般可以通过数字签名和数字证书相结合的方式实现用户身份的验证。数字证书应该由可靠的证书认证机构签发,用户申请数字证书时应提供足够的身份信息,证书认证机构在签发证书时应对用户提供的身份信息进行真实性认证。

二、明确跨境电子商务安全策略

由于跨境电子商务安全的重要性,所以部署一个完整有效的跨境电子商务安全风险管理对策显得十分迫切。制定跨境电子商务安全风险管理对策目的在于消除潜在的威胁和安全漏洞,从而降低跨境电子商务系统环境所面临的风险。

下面就各层的主要防御内容从外层到里层进行简要的说明:

(一)物理安全

物理安全是整个跨境电子商务系统安全的前提。制定跨境电子商务物理安全策略的目的在于保护计算机系统、跨境电子商务服务器等各跨境电子商务系统硬件实体和通信链路免受自然灾害和人为破坏造成的安全风险。

（二）周边防御

对网络周边的保护能够起到抵御外界攻击的作用。跨境电子商务系统应尽可能安装某种类型的安全设备来保护网络的每个访问节点。在技术上来说，防火墙是网络周边防御的最主要手段，跨境电子商务系统应当安装一道或多道防火墙，以确保最大限度地降低外界攻击的风险，并利用入侵检测功能来及时发现外界的非法访问和攻击。

（三）网络防御

网络防御是对网络系统环境进行评估，采取一定措施来抵御黑客的攻击，以确保它们得到适当的保护。就目前来说，网络安全防御行为是一种被动式的反应行为，而且防御技术的发展速度也没有攻击技术发展得那么快。为了提高网络安全防御能力，使网络安全防护系统在攻击与防护的对抗中占据主动地位，在网络安全防护系统中，除了使用被动型安全工具（防火墙、漏洞扫描等）外，也需要采用主动型安全防护措施（如：网络陷阱、入侵取证、入侵检测、自动恢复等）。

（四）主机防御

主机防御是对系统中的每一台主机进行安全评估，然后根据评估结果制定相应的对策以限制服务器执行的任务。在主机及其环境中，安全保护对象包括用户应用环境中的服务器、客户机以及其上安装的操作系统和应用系统。这些应用能够提供包括信息访问、存储、传输、录入等在内的服务。根据信息保障技术框架，对主机及其环境的安全保护首先是为了建立防止有恶意的内部人员攻击的首道防线，其次是为了防止外部人员穿越系统保护边界并进行攻击的最后防线。

（五）应用程序防御

作为一个防御层，应用程序的加固是任何一种安全模型中都不可缺少的一部分。加强保护操作系统安全只能提供一定程度的保护。因此，跨境电子商务系统的开发人员有责任将安全保护融入应用程序中，以便对体系结构中应用程序可访问到的区域提供专门的保护。

（六）数据防御

对许多跨境电子商务企业来说，数据就是企业的资产，一旦落入竞争者手中或损坏将造成不可挽回的损失。因此，加强对跨境电子商务交易及相关数据的防护，对跨境电子商务系统的安全和跨境电子商务项目的正常运行具有重要的现实意义。

第二节　跨境电子商务安全技术保障

一、跨境电子商务安全技术

跨境电子商务网络平台信息安全包括网络安全和交易安全。因此,跨境电子商务安全技术主要有计算机网络安全技术和商务交易安全技术两方面。

(一)计算机网络安全技术

网络安全技术伴随着网络的诞生就出现,如今已出现了日新月异的变化。VPN安全隧道、防火墙和网络入侵主动监测等越来越高深复杂的安全技术极大地从不同层次加强了计算机网络的整体安全性。目前,主要的网络安全保障技术有:

1. VPN 即虚拟专用网技术

由于 TCP/IP 协议的不安全性,对跨境电子商务安全无有效的认证机制,真实性难有保证;缺乏保密机制,网上数据隐私性不能得到保护;不能提供对网上数据流的完整性保护等。因此,在跨境电子商务中通常采用 VPN 技术,通过加密和验证网络流量来保护在公共网络上传输私有信息,而不会被窃取或篡改。对于用户来说,就像使用他们自己的私有网络一样。

2. 防火墙技术

防火墙是一种隔离控制技术,在某个机构的网络和不安全的网络(如 Internet)之间设置屏障,阻止对信息资源的非法访问,也可以使用防火墙阻止专利信息从企业的网络上被非法输出。

3. 病毒防护和入侵检测技术

病毒防护技术可降低病毒和恶意代码攻击风险,并防止有害软件通过服务器或网络执行和传播。入侵检测系统则能够帮助网络系统快速发现攻击的发生,提高系统治理员的安全治理能力,从而提高信息安全基础结构的完整性。

(二)商务交易安全技术

商务交易安全是为了实现跨境电子商务的保密性、完整性、可鉴别性、不可伪造性和不可抵赖性。它是跨境电子商务交易过程中最核心和最关键的安全问题。

在跨境电子商务交易中,为了防止交易抵赖,保证买卖双方在交易时的公平性,可信任的第三方(简称 TTP)担任着重要的角色。跨境电子商务的安全系统如图 11-1所示。该系统借助于 TTP 技术、数字签名和加密技术等确保电子交易的安全性和可靠性。

```
┌─────────────────────────────────┐
│          电子商务业系统           │
│ - - - - - - - - - - - - - - - - │
│         电子商务支付系统          │
└─────────────────────────────────┘
              ⇑
┌─────────────────────────────────┐
│           安全交易协议            │
│   （SET、SSL、S/HTTP、S/MINE…）   │
└─────────────────────────────────┘
              ⇑
┌─────────────────────────────────┐
│           安全认证技术            │
│   （数字签名、数字认证、CA认证）   │
└─────────────────────────────────┘
              ⇑
┌─────────────────────────────────┐
│           信息加密算法            │
│      （非对称加密、对称加密…）     │
└─────────────────────────────────┘
```

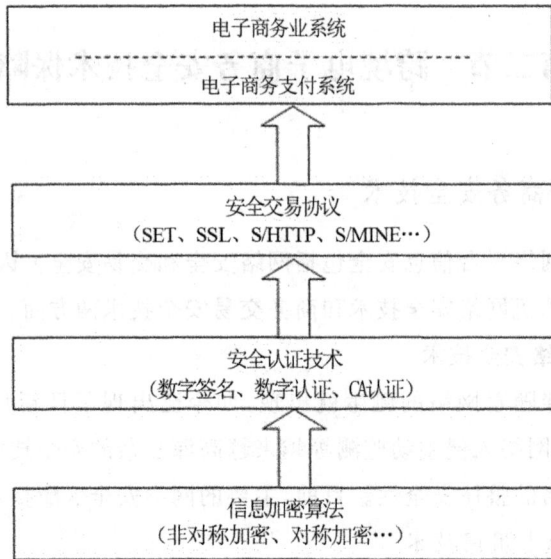

图 11-1　跨境电子商务的安全系统保障

因此,主要的商务交易安全保障技术有:

1. 数据加密技术

加密技术是跨境电子商务采取的主要安全保密措施,是最常用的安全保密手段,利用技术手段把重要的数据变为乱码(加密)传送,到达目的地后再用相同或不同的手段还原(解密)。加密技术包括两个元素:算法和密钥。算法是将普通的文本(或者可以理解的信息)与一串数字(密钥)结合,产生不可理解的密文的步骤,密钥是用来对数据进行编码和解码的一种算法。在安全保密中,可通过适当的密钥加密技术和管理机制来保证网络的信息通信安全。密钥加密技术的密码体制分为对称密钥体制和非对称密钥体制两种。相应地,对数据加密的技术分为两类,即对称加密(私人密钥加密)和非对称加密(公开密钥加密)。此外,还有一种是单项加密。

(1) 对称加密

指的是加密方和解密方使用的是同一个密钥,其优点是加密和解密的速度很快,但是如果两个从未通信过的用户要进行通信的时候,该如何把解密的密钥传输给对方呢(密钥仍然要在网络上传输,所以密钥还是可能会被"中间人"截获),这是对称加密最大的缺点。

常见的对称加密算法有——数据加密标准 DES(Data Encryption Standard),为典型加密算法代表,使用 56 位的密钥;高级加密标准 AES(Advanced Encryption Standard):可以使用 128,192,256 三种不同长度密钥;其他的还有 blowfish,Twofish

和 RC6,IDEA(商业算法),CAST5 等。

(2) 非对称加密

非对称加密方式解决了对称加密的"软肋",它的加密和解密密钥是不同的,比如对一组数字加密,我们可以用公钥对其加密,如果想将其还原,就必须用私钥解密,并且公钥和私钥是配对使用的。

常见的非对称加密算法有——RSA(Rivest-Shamir-Adleman):既可以用来加密解密,又可以用来实现用户认证;DSA(Digital Signature Algorithm):只能用来加密解密,所以使用范围没有 RSA 广。非对称加密的长度通常有 512,1024,2048,4096位,最常用的就是 2048bit,长度固然可以增加安全性但是需要花费很长时间来进行加密解密,和对称加密相比来说,加密解密的时间差不多是对称加密的 1000 倍,所以我们通常将其用作用户认证,用对称加密来实现数据加密解密。

(3) 单项加密

单项加密就是用来计算一端数据的特征码的(可以把这段特征码想象成一个人的身份证),为了防止用户通过"暴力破解"的方式来解密,所以单项加密一般具有"雪崩效应",就是说:只要被加密内容有一点点的不同,加密所得结果就会有很大的变化。单项加密还有一个特点就是无论被加密内容长短,加密的结果(就是提取的特征码)是定长的。单项加密常用于验证数据完整性。常用的单项加密算法有:

MD5:Message Digest 这种加密算法的固定长度为 128bit;

SHA-1:Secure Hash Algorithm 这种解密算法的固定长度是 160bit;

图 11-2 解释了三种加密算法在 Internet 上的使用说明:

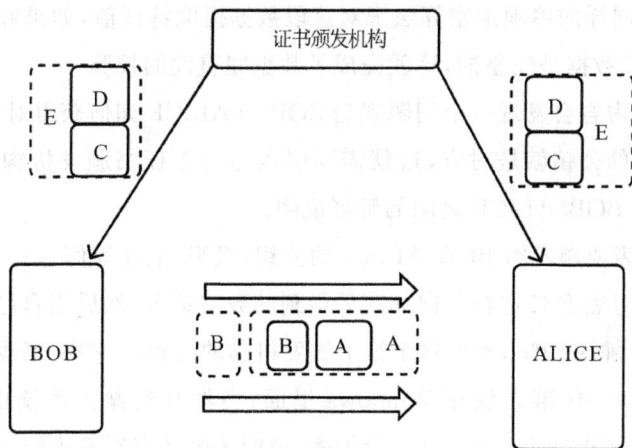

图 11-2 三种加密算法在 Internet 上的使用说明

解释如下：先说 BOB 和 ALICE 通信阶段

黑框 A：表示要传输的数据

黑框 B：就是单项加密对这段数据提取的特征码，这段特征码同时运用了非对称加密，具体过程是用 BOB 的私钥加密，传输给 ALICE，只要到达后 ALICE 能解密，表明对方确实是 BOB。这一过程同时起到了用户认证和数据完整性的校验。黑框 B 又称为数字签名。

红框 A：这一阶段会生成一段很长的随机数（密钥）然后配合对称加密算法对黑框 A 和黑框 B 加密，但是我们如何把加密的密钥传输给 ALICE 呢？这就要用到红框 B 了。

红框 B：这一阶段是用 ALICE 的公钥加密这串随机数（对称加密阶段的密钥），ALICE 接收到数据后如果能用自己私钥解密，那就证明接受者确实是 ALICE。

加密过程：

第一步：用单向加密算法提取数据（黑框 A）的特征值

第二步：用自己的私钥加密这段特征值形成黑框 B

第三步：用对称加密算法，对黑框 A 和黑框 B 加密，得到红框 A

第四步：用 ALICE 的公钥来加密第三步所用的密钥，得到红框 B

解密过程：

第一步：ALICE 用自己的私钥解密红框 B 得到对称加密的密钥

第二步：用这个密钥解密红框 A 内容

第三步：用 BOB 的公钥解密黑框 B，如果能成功，说明发送方确实是 BOB，这就完成了身份验证（解密后会得到一串数据的特征值）

第四步：用同样的单项加密算法来对这段数据提取特征值，如果和第三步的特征值一样，说明这段数据是完整的，这就完成了数据完整性的校验

进行完上述内容会发现一个问题就是 BOB 和 ALICE 如何获得对方的公钥，或者说如何证明获得的公钥就是对方，这就需要引入另一方证书颁发机构 CA，下面是对证书颁发机构跟 BOB/ALICE 之间的解释说明。

黑框 C：代表要颁发给 BOB/ALICE 的公钥，组织，地址等信息；

黑框 D：是对黑框 C 进行单向加密后得到的数字签名，然后用自己的私钥对其加密，传输给 BOB 和 ALICE，拿着这个证书颁发机构的公钥（这些证书颁发机构的公钥一般已经被 Microsoft 事先放在 Windows 里面，当然其他操作系统也是一样的）的 BOB 和 ALICE 如果能对这个证书进行解密，说明这个证书颁发机构不是冒充的。

红框 E：表示颁发给 BOB 和 ALICE 的证书

传输阶段跟 BOB 和 ALICE 之间通信相似，同样是用到了单向加密，对称加密，非

对称加密技术,所以这里不再赘述,希望读者能好好体会下。以上就是这三种加密算法在现代互联网中应用的具体实现过程。

2. 数字签名技术

(1) 数字签名的概念

数字签名又被人称为数字签字、电子签名、电子印章等,其提出的初衷就是在网络环境中模拟日常生活中的手工签名或印章。

数字签名技术,数字签名技术是实现交易安全的核心技术之一,它实现的基础就是加密技术。以往的书信或文件是根据亲笔签名或印章来证明其真实性的。但在计算机网络中传送的报文又如何盖章呢?这就是数字签名所要解决的问题。数字签名必须保证以下几点:接收者能够核实发送者对报文的签名;发送者事后不能抵赖对报文的签名;接收者不能伪造对报文的签名。现在已有多种实现数字签名的方法,采用较多的就是公开密钥算法。

数字签名通常包含三个主要过程:系统的初始化过程、签名的产生过程和签名的验证过程。系统的初始化过程产生数字签名用到的一切参数;签名产生过程中,用户用给定的算法对消息产生签名;签名验证过程中,验证者利用公开的验证方法对给定消息的签名进行验证,得出签名是否有效。

(2) 数字签名的原理和功能

数字签名基本过程如图 11-3 所示:发送方将原始消息 M 进行签名,此时消息转化为 M',然后将原始消息和签名后的消息发送给接收方,接收方将消息 M'进行相应的逆变换,最后与原始消息 M 进行比较。

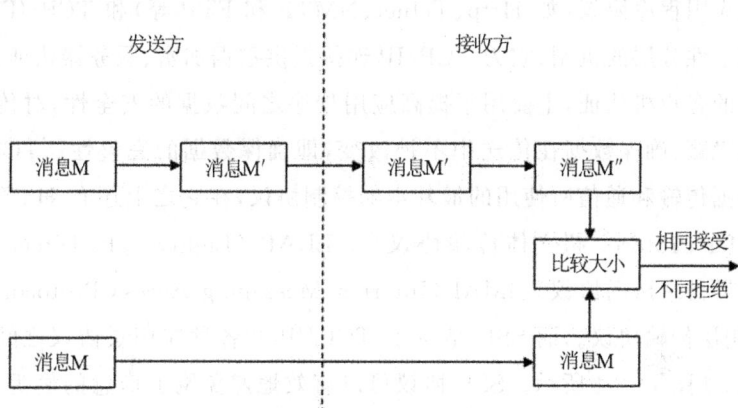

图 11-3 数字签名原理

由于数字签名中主要是采用公钥密码学技术,可以解决伪造、篡改、冒充、抵赖等问题,其功能表现在以下几个方面:

①机密性：数字签名中,可以选择将签名进行加密。这样就算别人截获消息和签名也无法识别信息的内容。

②完整性：数字签名中,一旦发送的信息在传输过程中被别人篡改,那么验证时会被检测出来。

③身份鉴别：数字签名中,用户密钥是成对出现的,验证者只有用签名私钥相对应的验证公钥才能进行合法验证。由于密钥对在系统中是唯一的,使用的验证公钥也就起到了身份鉴别作用。

④防冒充：数字签名的基础是公钥密码学,用户私钥保密,公钥公开。通过公钥求解出用户签名私钥在计算上是不可行的。只要签名私钥不泄露,任何其他人都不能冒充自己伪造消息的签名。

3. 安全协议技术

使用 SET 和 SSI 等安全协议能有效地保障交易安全。SSL(Secure Sockets Layer)即安全套接层协议的简称,主要用于提高应用程序之间数据的安全系数。SET (Secure Electronic Transaction)即安全电子交易的简称,SET 提供了消费者、商家和银行之间的认证,确保了交易数据的安全性、完整可靠性和交易的不可否认性,已成为目前公认的信用卡/借记卡的网上交易的国际安全标准。

(1) 安全套接层 SSL 协议

SSL 是一种在客户端和服务器端之间建立安全通道的协议。SSL 一经提出,就在互联网上得到广泛的应用,SSL 最常用来保护 Web 的安全。为了保护存有敏感信息 Web 的服务器的安全,消除用户在 Internet 上数据传输的安全顾虑。SSL 协议指定了一种在应用程序协议(如 Http、Telnet、NMTP 和 FTP 等)和 TCP/IP 协议之间提供数据安全性分层的机制,它为 TCP/IP 连接提供数据加密、服务器认证、消息完整性以及可选的客户机认证,主要用于提高应用程序之间数据的安全性,对传送的数据进行加密和隐藏,确保数据在传送中不被改变,即确保数据的完整性。TCP/IP 是整个互联网数据传输和通信所使用的最基本的控制协议,在它之上还有 HTTP (Hyper Text Transfer Protocol 超文体传输协议)、LDAP (Lightweight Directory Access Protocol 轻量目录访问协议)、IMAP(Internet Messaging Access Protocol 消息访问协议)等应用层传输协议。而 SSL 是位于 TCP/IP 和各种应用层协议之间的一种数据安全协议,如图 11-4 所示。SSL 协议可以有效地避免网上信息的偷听、篡改及信息的伪造。

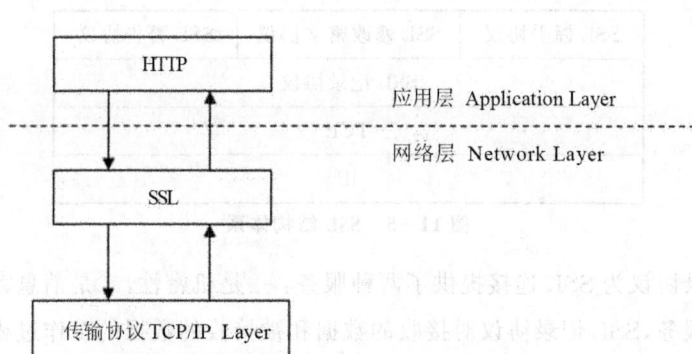

```
        ┌─────────────────┐
        │      HTTP       │          应用层 Application Layer
        └─────────────────┘
    - - - - - - - - - - - - - - - - - - - - - - - - - - - - -
                                      网络层 Network Layer
        ┌─────────────────┐
        │      SSL        │
        └─────────────────┘

        ┌──────────────────────┐
        │ 传输协议 TCP/IP  Layer│
        └──────────────────────┘
```

图 11 - 4　SSL 协议在整个网络协议中的位置

SSL 标准的关键是要解决以下几个问题。

①客户对服务器的身份确认。SSL 服务器允许客户的浏览器使用标准的公钥加密技术和一些可靠的认证中心（CA）的证书，来确认服务器的合法性（检验服务器的证书和 ID 的合法性）。对于用户服务器身份的确认与否是非常重要的，因为客户可能向服务器发送自己的信用卡密码。

② 服务器对客户的身份确认。允许 SSL 服务器确认客户的身份，SSL 协议允许客户服务器的软件通过公钥技术和可信赖的证书来确认客户的身份（客户的证书）。对于服务器客户身份的确认是非常重要的，因为网上银行可能要向客户发送机密的金融信息。

③建立起服务器和客户之间安全的数据通道。SSL 要求客户和服务器之间所有的发送数据都被发送端加密，所有的接收数据都被接收端解密，这样才能提供一个高水平的安全保证。同时 SSL 协议会在传输过程中检查数据是否被中途修改。

SSL 协议位于 TCP/IP 协议模型的网络层和应用层之间，使用 TCP 来提供一种可靠的端到端的安全服务，它使客户/服务器应用之间的通信不被攻击窃听，并且始终对服务器进行认证，还可以选择对客户进行认证。SSL 协议在应用层通信之前就已经完成加密算法、通信密钥的协商以及服务器认证工作，在此之后，应用层协议所传送的数据都被加密。SSL 实际上是共同工作的两层协议组成，如图 11 - 5 所示。从体系结构图可以看出 SSL 安全协议实际是 SSL 握手协议、SSL 修改密文协议、SSL 警告协议和 SSL 记录协议组成的一个协议族。

SSL 握手协议	SSL 修改密文协议	SSL 警告协议
SSL 记录协议		
TCP		
IP		

图 11 - 5 SSL 结构体系

SSL 记录协议为 SSL 连接提供了两种服务:一是机密性,二是消息完整性。为了实现这两种服务,SSL 记录协议对接收的数据和被接收的数据的工作过程是如何实现的呢? SSL 记录协议接收传输的应用报文,将数据分片成可管理的块,进行数据压缩(可选),应用 MAC,接着利用 IDEA、DES、3DES 或其他加密算法进行数据加密,最后增加由内容类型、主要版本、次要版本和压缩长度组成的首部。被接收的数据刚好与接收数据工作过程相反,依次被解密、验证、解压缩和重新装配,然后交给更高级用户。

SSL 修改密文协议是使用 SSL 记录协议服务的 SSL 高层协议的 3 个特定协议之一,也是其中最简单的一个。协议由单个消息组成,该消息只包含一个值为 1 的单个字节。该消息的唯一作用就是使未决状态拷贝为当前状态,更新用于当前连接的密码组。为了保障 SSL 传输过程的安全性,双方应该每隔一段时间改变加密规范。

SSL 警告协议是用来为对等实体传递 SSL 的相关警告。如果在通信过程中某一方发现任何异常,就需要给对方发送一条警示消息通告。警示消息有两种:一种是Fatal(严重的)错误,如传递数据过程中,发现错误的 MAC,双方就需要立即中断会话,同时消除自己缓冲区相应的会话记录;第二种是 Warning 消息,这种情况,通信双方通常都只是记录日志,而对通信过程不造成任何影响。SSL 握手协议可以使得服务器和客户能够相互鉴别对方,协商具体的加密算法和 MAC 算法以及保密密钥,用来保护在 SSL 记录中发送的数据。

例如:SSL 工作流程

第一,服务器认证阶段:

①客户端向服务器发送一个开始信息"Hello"以便开始一个新的会话连接;

②服务器根据客户的信息确定是否需要生成新的主密钥,如需要则服务器在响应客户的"Hello"信息时将包含生成主密钥所需的信息;

③客户根据收到的服务器响应信息,产生一个主密钥,并用服务器的公开密钥加密后传给服务器;

④服务器回复该主密钥,并返回给客户一个用主密钥认证的信息,以此让客户认证服务器。

第二,用户认证阶段:在此之前,服务器已经通过了客户认证,这一阶段主要完成对客户的认证。经认证的服务器发送一个提问给客户,客户则返回(数字)签名后的提问和其公开密钥,从而向服务器提供认证。

第三,SSL 协议提供的安全通道特性:

机密性:SSL 协议使用密钥加密通信数据;

可靠性:服务器和客户都会被认证,客户的认证是可选的;

完整性:SSL 协议会对传送的数据进行完整性检查。

从 SSL 协议所提供的服务及其工作流程可以看出,SSL 协议运行的基础是商家对消费者信息保密的承诺,这就有利于商家而不利于消费者。在跨境电子商务初级阶段,由于运作跨境电子商务的企业大多是信誉较高的大公司,因此这问题还没有充分暴露出来。但随着跨境电子商务的发展,各中小型公司也参与进来,这样在电子支付过程中的单一认证问题就越来越突出。虽然在 SSL3.0 中通过数字签名和数字证书可实现浏览器和 Web 服务器双方的身份验证,但是 SSL 协议仍存在一些问题,比如,只能提供交易中客户与服务器间的双方认证,在涉及多方的电子交易中,SSL 协议并不能协调各方间的安全传输和信任关系。在这种情况下,Visa 和 MasterCard 两大信用卡公组织制定了 SET 协议,为网上信用卡支付提供了全球性的标准。

(2) 安全电子交易 SET(Secure Electronic Transaction)协议

安全电子交易协议(Secure Electronic Transaction 简称 SET) 由威士(VISA)国际组织、万事达(MasterCard)国际组织创建,结合 IBM、Microsoft、Nets cope、GTE 等公司制定的跨境电子商务中安全电子交易的一个国际标准,是信用卡在互联网上进行支付的一种开放式标准,也是银行卡安全支付的具体规范。目前已经被广为认可而成为事实上的国际通用的网上支付标准,其交易形态将成为未来跨境电子商务的规范。SET 的制定与推广既为业务相互渗透的各家信用卡公司提供了统一的安全通信标准,也促进了信用卡在互联网上作为支付工具的应用。

SET 支付系统主要由持卡人(CardHolder)、商家(Merchant)、发卡行(Issuing Bank)、收单行(Acquiring Bank)、支付网关(Payment Gateway)、认证中心(Certificate Authority)等六个部分组成。对应地,基于 SET 协议的网上购物系统至少包括电子钱包软件、商家软件、支付网关软件和签发证书软件。

SET 工作流程如下:

①消费者利用自己的 PC 机通过因特网选定所要购买的物品,并在计算机上输入订货单,订货单上需包括在线商店、购买物品名称及数量、交货时间及地点等相关信息。

②通过跨境电子商务服务器与有关在线商店联系,在线商店做出应答,告诉消费

者所填订货单的货物单价、应付款数、交货方式等信息是否准确,是否有变化。

③消费者选择付款方式,确认订单签发付款指令。此时 SET 开始介入。

④在 SET 中,消费者必须对订单和付款指令进行数字签名,同时利用双重签名技术保证商家看不到消费者的账号信息。

⑤在线商店接受订单后,向消费者所在银行请求支付认可。信息通过支付网关到收单银行,再到电子货币发行公司确认。批准交易后,返回确认信息给在线商店。

⑥在线商店发送订单确认信息给消费者。消费者端软件可记录交易日志,以备将来查询。

⑦在线商店发送货物或提供服务并通知收单银行将钱从消费者的账号转移到商店账号,或通知发卡银行请求支付。如图 11-6 所示。

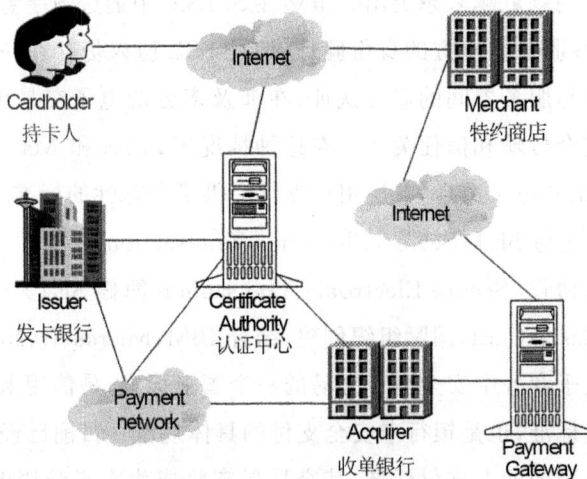

图 11-6　SET 交易过程

前两步与 SET 无关,从第三步开始 SET 起作用,一直到第六步,在处理过程中在认证操作和支付操作中间一般会有一个时间间隔,例如,在每天的下班前请求银行结一天的账。信协议、请求信息的格式、数据类型的定义等 SET 都有明确的规定。在操作的每一步,消费者、在线商店、支付网关都通过 CA(认证中心)来验证通信主体的身份,以确保通信的对方不是冒名顶替,所以,也可以简单地认为 SET 规格充分发挥了认证中心的作用,以维护在任何开放网络上的跨境电子商务参与者所提供信息的真实性和保密性。

4. 数字证书技术

数字证书就是标志网络用户身份信息的一系列数据,用于证明某一主体(如个人用户、服务器等)的身份以及其公钥的合法性的一种权威性的电子文档。它由权威公正的第三方机构,亦即证书认证中心(CA)签发,类似于现实生活中的身份证。证书认证中心(CA)数字签名的包含公开密钥拥有者信息以及公开密钥的文件。认证中心(CA)作为权威的、可信赖的、公正的第三方机构,专门负责为各种认证需求提供数字证书服务。认证中心颁发的数字证书均遵循 X.509 V3 标准,X.509 标准在编排公共密钥密码格式方面已被广为接受。X.509 证书已应用于许多网络安全,其中包括 IPSec(IP 安全)、SSL、SET、S/MIME。

数字证书是各类终端实体和最终用户在网上进行信息交流及商务活动的身份证明,在电子交易的各个环节,交易的各方都需验证对方数字证书的有效性,从而解决相互间的信任问题。为了保证网上信息传输双方的身份验证和信息传输安全,目前采用数字证书技术来实现,从而实现对传输信息的机密性、真实性、完整性和不可否认性。

数字证书包括证书申请者的信息和发放证书 CA 的信息,认证中心所颁发的数字证书均遵循 X.509 V3 标准。数字证书的格式在 ITU 标准和 X.509 V3 里定义。根据这项标准,数字证书包括证书申请者的信息和发放证书 CA 的信息。

申请者的信息。

第一部分申请者的信息,数字证书里的数据包括以下信息:

①版本信息,用来与 X.509 的将来版本兼容;

②证书序列号,每一个由 CA 发行的证书必须有一个唯一的序列号;

③CA 所使用的签名算法;

④发行证书 CA 的名称;

⑤证书的有效期限;

⑥证书主题名称;

⑦被证明的公钥信息,包括公钥算法、公钥的位字符串表示;

⑧包含额外信息的特别扩展。

第二部分 CA 的信息,数字证书包含发行证书 CA 的签名和用来生成数字签名的签名算法。任何人收到证书后都能使用签名算法来验证证书是否是由 CA 的签名密钥签发的。

(1) 验证证书

持证人甲想与持证人乙通信时,他首先查找数据库并得到一个从甲到乙的证书路径(certification path)和乙的公开密钥。这时甲可使用单向或双向验证证书。

单向验证是从甲到乙的单向通信。它建立了甲和乙双方身份的证明以及从甲到乙的任何通信信息的完整性。它还可以防止通信过程中的任何攻击。

双向验证与单向验证类似,但它增加了来自乙的应答。它保证是乙而不是冒名者发送来的应答。它还保证双方通信的机密性并可防止攻击。

（2）数字证书使用

每一个用户有一个各不相同的名字,一个可信的证书认证中心（CA）给每个用户分配一个唯一的名字并签发一个包含名字和用户公开密钥的证书。

如果甲想和乙通信,他首先必须从数据库中取得乙的证书,然后对它进行验证。如果他们使用相同的 CA,事情就很简单。甲只需验证乙证书上 CA 的签名;如果他们使用不同的 CA,问题就复杂了。甲必须从 CA 的树形结构底部开始,从底层 CA 往上层 CA 查询,一直追踪到同一个 CA 为止,找出共同的信任 CA。

证书可以存储在网络中的数据库中。用户可以利用网络彼此交换证书。当证书撤销后,它将从证书目录中删除,然而签发此证书的 CA 仍保留此证书的副本,以备日后解决可能引起的纠纷。

如果用户的密钥或 CA 的密钥被破坏,从而导致证书的撤销,每一个 CA 必须保留一个已经撤销但还没有过期的证书废止列表（CRL）。当甲收到一个新证书时,首先应该从证书废止列表（CRL）中检查证书是否已经被撤销。

现有持证人甲向持证人乙传送数字信息,为了保证信息传送的真实性、完整性和不可否认性,需要对要传送的信息进行数字加密和数字签名,其传送过程如下:

①甲准备好要传送的数字信息（明文）。

②甲对数字信息进行哈希（hash）运算,得到一个信息摘要。

③甲用自己的私钥（SK）对信息摘要进行加密得到甲的数字签名,并将其附在数字信息上。

④甲随机产生一个加密密钥（DES 密钥）,并用此密钥对要发送的信息进行加密,形成密文。

⑤甲用乙的公钥（PK）对刚才随机产生的加密密钥进行加密,将加密后的 DES 密钥连同密文一起传给乙。

⑥乙收到甲传送过来的密文和加过密的 DES 密钥,先用自己的私钥（SK）对加密的 DES 密钥进行解密,得到 DES 密钥。

⑦乙然后用 DES 密钥对收到的密文进行解密,得到明文的数字信息,然后将 DES 密钥抛弃（即 DES 密钥作废）。

⑧乙用甲的公钥（PK）对甲的数字签名进行解密,得到信息摘要。乙用相同的 hash 算法对收到的明文再进行一次 hash 运算,得到一个新的信息摘要。

⑨乙将收到的信息摘要和新产生的信息摘要进行比较,如果一致,说明收到的信息没有被修改过。

（3）证书存放方式

数字证书可以存放在计算机的硬盘、随身软盘、IC 卡或 CPU 卡中。

硬盘存放：用户数字证书在计算机硬盘中存放时，使用方便，但存放证书的 PC 机必须受到安全保护，否则一旦被攻击，证书就有可能被盗用。

软盘存放：使用软盘保存证书，被窃取的可能性有所降低，但软盘容易损坏。一旦损坏，证书将无法使用。

IC 卡存放：IC 卡中存放证书是一种较为广泛的使用方式。因为 IC 卡的成本较低，本身不易被损坏，但使用 IC 卡加密时，用户的密钥会出卡，造成安全隐患。

CPU 卡存放：使用 CPU 卡存放证书时，用户的证书等安全信息被加密存放在 CPU 卡中，无法被盗用。在进行加密的过程中，密钥可以不出卡，安全级别最高，但相对来说，成本较高。

二、跨境电子商务技术安全法律要素

为了保证跨境电子商务的安全交易，全世界各国都加强了法律法规建设，利用司法力量，规范跨境电子商务的交易行为。联合国于 2001 年审议通过了《电子签章示范法》成为国际上关于电子签章重要的立法文件，而我国于 2005 年 4 月 1 日已正式实施《电子签名法》，这使网上交易活动中直接在网上签署的合同有了法律保证。

（一）保障交易各方身份认证的法律

电子交易的各方都需要拥有和证明自己的合法身份，通过设立在交易参与方之外的，第三方的公正机构（CA 中心）可以达成这样的目标，即取得由数字证书认证中心签发的数字化的证书，在交易的各个环节，交易的各方都可以检验对方数字证书的有效性。

（二）电子合同的法律地位

跨境电子商务活动中，电子合同的有效性、电子签章和数字签名的有效性是各国共同关注的法律问题。需要制定有关法律对电子合同的法律效力、数字签名、跨境电子商务凭证的合法性予以确认；需要对跨境电子商务凭证、电子支付数据的伪造、变更、涂销做出相应的法律规定。

（三）跨境电子商务的消费者权益保护的法律

网络环境下，消费者的保护问题更主要地表现为要赢得消费者的信任。消费者权益保护的另一个重要内容是保护个人隐私、秘密。

（四）网络知识产权保护的法律

由于在互联网上知识产权的主要表现是信息，保护的难度相对比较大。网络对知识产权的保护提出了新的挑战，在研究技术保护措施时，还必须建立适当的法律框架，以便侦测仿冒或欺诈行为，并在上述行为发生时提供有效的法律援助。

我国颁布或修改的一些有关跨境电子商务的法律法规还有《商标法》和《著作权法》等,但这些并不全面,我国目前继续制定的有关跨境电子商务的法律法规主要有以下几点:一是有关买卖双方身份认证的办法,由于跨境电子商务是在网络上进行,买卖双方互不相识,所以需要通过一定的手段相互认证。伴随着跨境电子商务市场的急剧扩大,制定这方面的法律法规迫在眉睫;二是有关电子合同的合法程序,电子合同与一般的商业合同有所不同,它具有一定的风险,电子合同是保护跨境电子商务安全交易的重要保证。目前我国急需通过建立健全法律法规来确定和认可通过电子手段形成的合同规则和范式;三是有关电子支付,有关电子支付的专门立法目前我国尚没有确立,电子支付当事人的权利与义务还是一片空白,所以我国需要建立健全相关法律法规,以维护消费者合法权益,并打击不法分子违法行为。

第三节　微电商网络安全技术保障

电子商务是以现代互联网通信手段传输商业信息进行的商业活动,随着手机使用的普及和无线应用技术的发展,电子商务发展趋向于一种新兴的电子商务模式——微电商。微电商作为一种移动互联的贸易方式拥有更为广泛的用户基础,势必将成为全球具有战略意义的贸易手段和信息交换的有效方式。微电商的诸多优势能加快中国的经济发展和提高人们的工作效率,但安全问题仍是影响微电商发展的难题之一。

一、微电商安全性要求

微电商是电子商务的新型模式,同样有对安全性的要求,微电商的安全性要求主要表现在以下几个方面:

(一) 信息保密性

交易中的商务信息均有保密要求。如电子支付的账号和密码等不能被他人知悉,因此在信息传播中均有加密要求。

(二) 不可否认性

由于商情的千变万化,交易一旦达成是不能被否认的。否则必然会损害一方利益。因此电子交易通信过程的各个环节都必须是不可否认的。

(三) 不可修改性

交易的内容是不可被修改的,否则也必然会损害一方的商业利益。因此电子交易文件也要能做到不可修改,以保障商务交易的严肃和公正。

二、微电商主要存在的网络安全问题

微电商发展基石是安全问题,相对于传统的电子商务模式,微电商的安全性更加薄弱。有线网络的安全技术不能直接应用于无线网络设备,无线设备的内存和计算能力有限而不能承载大部分的病毒扫描和入侵检测的程序,且无线网络本身的开放性降低了安全性,导致微电商应用过程中存在诸多安全威胁。微电商主要存在的安全性问题有:

(一)无线网络自身安全问题

无线通信网络由于自身的特点,给无线用户带来通信自由和灵活性的同时也带来了诸多不安全因素。在移动通信网络中,移动设备与固定网络信息中心之间的所有通信都是通过无线接口来传输的,而无线接口是开放的,任何具有适当无线设备的人,均可以通过窃听无线信道而获得其中传输的消息,甚至可以修改、插入、删除或重传无线接口中传输的消息,以达到假冒移动用户身份欺骗网络信息中心的目的。同时,在有些移动通信网络中,各基站与移动服务交换中心之间的通信媒质就不尽相同,相互之间的信息转换也有可能导致移动用户的身份、位置及身份确认信息的泄漏。

(二)移动设备的不安全因素

移动设备的安全威胁比较复杂。由于移动设备的移动性,移动设备很容易被破坏或者丢失,势必造成安全影响或安全威胁。移动设备的不安全因素主要表现在:用户身份、账户信息和认证密钥丢失;移动设备被攻击和数据破坏;SIM卡被复制;RFID被解密等方面。例如不法分子取得用户的移动设备,并从中读出移动用户的资料信息、账户密码等,就可以假冒用户身份来进行一些非法的活动。

(三)软件病毒造成的安全威胁

随着微电商的技术发展,很多病毒编写者和黑客经常攻击无线网络和移动终端,盗窃银行账号和密码、网络账号、用户信息,传播非法信息,破坏手机软硬件,导致手机无法正常工作,造成通信网络瘫痪。利用无线网络交互的频率加上固定网络的传播,扩大了病毒感染的范围。软件平台和移动设备的多样化,加速了病毒的增长趋势,目前平均每星期就有一款新的手机病毒产生,严重威胁移动终端的使用。

(四)移动商务平台运营管理漏洞造成的安全威胁

随着移动商务的发展,移动商务平台林立。大量移动运营平台如何管理、如何进行安全等级划分、如何确保安全运营,还普遍缺少经验。移动商务平台设计和建设中做出的一些技术控制和程序控制缺少安全经验,需要在运营实践中对微电商安全内容进行修正和完善,同时移动运营平台要把技术性安全措施、运营管理安全措施和交易中的安全警示进行整合,以形成一个整合的、增值的移动商务安全运营和防御战略,确保使用者免受安全威胁。

三、微电商安全技术

(一) 搭建通用微电商平台

在微电商平台设计和建设之初,虽然已经极大可能地在技术层面和程序安全控制层面上做出了许多有效的安全思考,但是理论需要用实践来论证,在应用运营实践中,仍然发现许多技术漏洞和许多安全措施没有很好地实施,需要在实践过程中对其进行一点点地修复与完善,同时也需要把运营管理中积累的经验以及设计之初未想到的技术性的安全措施、交易过程中的安全思考和安全警示进行有效的整合,从而实现一个安全的、带有增值性的微电商安全运营、防御战略系统。

通过制定统一标准来满足所有微电商终端设备操作系统的潜在要求,以及屏幕标准和微电商平台规范标准,更好地让商家和运营商配合这个统一的商务平台,并且维护平台的正常运作,保证运作过程中的整体安全。健全电子商务平台的管理体制,优化交易环境,提高微电商的整体服务质量、提高交易环境的安全性。

(二) 采用无线 PKI 等加密技术

采用 WPKI 技术:WPKI(无线公开密钥体系)是将 WAP 安全机制作为实现其体系的基础,无线网络与有线网络在结构上存在着本质差别,对有线网络的 PKI 安全机制照搬照用显然是不合理的,因此为了满足微电商的安全需求,我们需要对有线网络中的 PKI 安全机制针对微电商的需求进行优化扩展。利用公钥安全机制以及数字证书建立起安全有效的无线网络环境。一方面使得数据信息的完整性和保密性得到了保证;另一方面,由第三方 CA 认证机构对数字证书的公钥管理加以保护,可以对用户的身份进行准确有效地鉴别,防止重放攻击的发生,而且使得参与业务的交易双方无法进行抵赖,保证交易的真实性,WPKI 技术就是从技术层面上加强了微电商实体认证机制。

1. 采用消息摘要技术

消息摘要是验证数据是否被篡改及数据的完整性的技术。一个消息摘要是指一个数据块的数字指纹,从可变大小的消息数据中提取固定的数据块来进行计算,产生一个唯一性的指纹。消息摘要一般情况下与消息认证码结合使用,从而来确保消息的完整性。主要使用单向散列函数算法,可用于检验消息的完整性。

2. 采用身份认证技术

在互联网起步之初,人们只能使用最传统的登录方式,使用用户名以及用户口令的登录认证方式进行登录认证。随着科技的进步,不法分子使用一定的破解技术可以轻松地破解以用户名以及用户口令登录的认证方式,从而导致用户数据泄露,致使如今互联网的登录方式逐渐多样化,例如:添加验证码、回答安全验证问题等等。

3.支付宝的流程降低网络交易风险

支付宝在网上交易中起到了信用中介的作用,即支付宝将买家和商家联系起来,用户通过支付宝进行交易,虽然支付宝对此次交易进行了相关扣费,但是相关费用只是存放于支付宝中,并且对商家进行相关购买信息通知,商家无法直接获取买家支付的费用,只有当用户收到了货物,支付宝才会将相关费用转给商家,这样就不必担心商家的真实性以及买卖双方的信誉问题,一切损失都由支付宝负责。并且用户不需要为自己在支付宝注册所填写的相关信息泄漏而担心,这些信息都是银行机构在进行办理,银行不会对信息进行泄漏,从而损害自身信誉。

支付宝以其值得信赖的品质在人们的日常生活中得到了广泛的应用,支付宝极大地保证了用户在交易过程中的交易安全,而不必担心在交易过程中的信息泄露问题。

(三) 无线网络防火墙技术

为保护电脑保存的企业数据和个人数据,可以通过 GPRS 连接使用互联网,在电脑上安装个人防火墙,这样可以防止非法接入,并要加强移动设备自身硬件性能,经常检测病毒扫描和入侵程序。此外,无线应用协议技术 WAP、蓝牙技术、移动 IP 技术、无线局域网 WLAN 技术、移动分组无线业务 GPRS、微波存取全球互通 WIMAX 技术等在一定程度上加强了微电商的安全性。我国在微电商基础设施的建设上相比较于其他发达国家,存在较明显差距。可以通过适当的新兴技术来加强我国微电商的基础设施建设,使用标准化的无线通信设备,以其技术领先性来适应不断变化更新的市场竞争,使用新手段、新技术可以更加安全快捷地为个人和团体服务,从而推动我国微电商不断地飞速发展。

知识拓展

1. 了解国外安全技术的评估标准,比如美国、加拿大、日本、韩国、芬兰等。
2. 探讨跨境电子商务技术安全问题对跨境电子商务、电子政务的发展有什么影响。

复习思考题

1. 跨境电子商务的技术特征是什么?跨境电子商务的应用特征是什么?
2. 跨境电子商务安全涉及的法律要素主要有哪些?
3. 简述跨境电子商务系统安全交易体系的构成。

附件一

国务院办公厅关于促进跨境电子商务
健康快速发展的指导意见

国办发〔2015〕46 号

各省、自治区、直辖市人民政府，国务院各部委、各直属机构：

近年来，我国跨境电子商务快速发展，已经形成了一定的产业集群和交易规模。支持跨境电子商务发展，有利于用"互联网＋外贸"实现优进优出，发挥我国制造业大国优势，扩大海外营销渠道，合理增加进口，扩大国内消费，促进企业和外贸转型升级；有利于增加就业，推进大众创业、万众创新，打造新的经济增长点；有利于加快实施共建"一带一路"等国家战略，推动开放型经济发展升级。为促进我国跨境电子商务健康快速发展，经国务院批准，现提出以下意见：

一、支持国内企业更好地利用电子商务开展对外贸易。加快建立适应跨境电子商务特点的政策体系和监管体系，提高贸易各环节便利化水平。鼓励企业间贸易尽快实现全程在线交易，不断扩大可交易商品范围。支持跨境电子商务零售出口企业加强与境外企业合作，通过规范的"境外仓"、体验店和配送网店等模式，融入境外零售体系，逐步实现经营规范化、管理专业化、物流生产集约化和监管科学化。通过跨境电子商务，合理增加消费品进口。

二、鼓励有实力的企业做大做强。培育一批影响力较大的公共平台，为更多国内外企业沟通、洽谈提供优质服务；培育一批竞争力较强的外贸综合服务企业，为跨境电子商务企业提供全面配套支持；培育一批知名度较高的自建平台，鼓励企业利用自建平台加快品牌培育，拓展营销渠道。鼓励国内企业与境外电子商务企业强强联合。

三、优化配套的海关监管措施。在总结前期试点工作基础上，进一步完善跨境电子商务进出境货物、物品管理模式，优化跨境电子商务海关进出口通关作业流程。研究跨境电子商务出口商品简化归类的可行性，完善跨境电子商务统计制度。

四、完善检验检疫监管政策措施。对跨境电子商务进出口商品实施集中申报、集中查验、集中放行等便利措施。加强跨境电子商务质量安全监管，对跨境电子商务经营主体及商品实施备案管理制度，突出经营企业质量安全主体责任，开展商品质量安全风险监管。进境商品应当符合我国法律法规和标准要求，对违反生物安全和其他相关规定的行为要依法查处。

五、明确规范进出口税收政策。继续落实现行跨境电子商务零售出口货物增值税、消费税退税或免税政策。关于跨境电子商务零售进口税收政策，由财政部按照有利于拉动国内消费、公平竞争、促进发展和加强进口税收管理的原则，会同海关总署、税务总局另行制订。

六、完善电子商务支付结算管理。稳妥推进支付机构跨境外汇支付业务试点。鼓励境内银行、支付机构依法合规开展跨境电子支付业务，满足境内外企业及个人跨境电子支付需要。推动跨境电子商务活动中使用人民币计价结算。支持境内银行卡清算机构拓展境外业务。加强对电子商务大额在线交易的监测，防范金融风险。加强跨境支付国内与国际监管合作，推动建立合作监管机制和信息共享机制。

七、提供积极财政金融支持。鼓励传统制造和商贸流通企业利用跨境电子商务平台开拓国际市场。利用现有财政政策，对符合条件的跨境电子商务企业走出去重点项目给予必要的资金支持。为跨境电子商务提供适合的信用保险服务。向跨境电子商务外贸综合服务企业提供有效的融资、保险支持。

八、建设综合服务体系。支持各地创新发展跨境电子商务，引导本地跨境电子商务产业向规模化、标准化、集群化、规范化方向发展。鼓励外贸综合服务企业为跨境电子商务企业提供通关、物流、仓储、融资等全方位服务。支持企业建立全球物流供应链和境外物流服务体系。充分发挥各驻外经商机构作用，为企业开展跨境电子商务提供信息服务和必要的协助。

九、规范跨境电子商务经营行为。加强诚信体系建设，完善信用评估机制，实现各监管部门信息互换、监管互认、执法互助，构建跨境电子商务交易保障体系。推动建立针对跨境电子商务交易的风险防范和预警机制，健全消费者权益保护和售后服务制度。引导跨境电子商务主体规范经营行为，承担质量安全主体责任，营造公平竞争的市场环境。加强执法监管，加大知识产权保护力度，坚决打击跨境电子商务中出现的各种违法侵权行为。通过有效措施，努力实现跨境电子商务在发展中逐步规范、在规范中健康发展。

十、充分发挥行业组织作用。推动建立全国性跨境电子商务行业组织，指导各地行业组织有效开展相关工作。发挥行业组织在政府与企业间的桥梁作用，引导企业公平竞争、守法经营。加强与国内外相关行业组织交流合作，支持跨境电子商务企业与相关产业集群、专业商会在境外举办实体展会，建立营销网络。联合高校和职业教育机构开展跨境电子商务人才培养培训。

十一、加强多双边国际合作。加强与"一带一路"沿线国家和地区的电子商务合作，提升合作水平，共同打造若干畅通安全高效的电子商务大通道。通过多双边对话，与各经济体建立互利共赢的合作机制,及时化解跨境电子商务进出口引发的贸易摩擦和纠纷。

十二、加强组织实施。国务院有关部门要制订和完善配套措施,做好跨境电子商务的中长期总体发展规划,定期开展总结评估,支持和推动各地监管部门出台相关措施。同时,对有条件、有发展意愿的地区,就本意见的组织实施做好协调和服务等相关工作。依托现有工作机制,加强部门间沟通协作和相关政策衔接,全力推动中国(杭州)跨境电子商务综合试验区和海峡两岸电子商务经济合作实验区建设,及时总结经验,适时扩大试点。在此基础上,逐步建立适应跨境电子商务发展特点的政策体系和监管体系。

地方各级人民政府要按照本意见要求,结合实际情况,制订完善发展跨境电子商务的工作方案,切实履行指导、督查和监管责任。组建高效、便利、统一的公共服务平台,构建可追溯、可比对的数据链条,既符合监管要求,又简化企业申报办理流程。加大对重点企业的支持力度,主动与相关部门沟通,及时协调解决组织实施工作中遇到的困难和问题。

国务院办公厅

2015 年 6 月 16 日

附件二

国务院关于同意在天津等 12 个城市
设立跨境电子商务综合试验区的批复

国函〔2016〕17 号

天津市、辽宁省、上海市、江苏省、浙江省、安徽省、山东省、河南省、广东省、重庆市、四川省人民政府,商务部:

你们关于设立跨境电子商务综合试验区的请示收悉。现批复如下:

一、同意在天津市、上海市、重庆市、合肥市、郑州市、广州市、成都市、大连市、宁波市、青岛市、深圳市、苏州市等 12 个城市设立跨境电子商务综合试验区,名称分别为中国(城市名)跨境电子商务综合试验区,具体实施方案由城市所在地省级人民政府分别负责印发。

二、跨境电子商务综合试验区(以下简称综合试验区)建设要全面贯彻党的十八大和十八届二中、三中、四中、五中全会精神,认真落实党中央、国务院决策部署,按照"四个全面"战略布局要求,牢固树立并贯彻落实创新、协调、绿色、开放、共享的发展理念,以深化改革、扩大开放为动力,借鉴中国(杭州)跨境电子商务综合试验区建设"六大体系"、"两个平台"的经验和做法,因地制宜,突出本地特色和优势,着力在跨境电子商务企业对企业(B2B)方式相关环节的技术标准、业务流程、监管模式和信息化建设等方面先行先试,为推动全国跨境电子商务健康发展创造更多可复制推广的经验,以更加便捷高效的新模式释放市场活力,吸引大中小企业集聚,促进新业态成长,推动大众创业万众创新,增加就业,支撑外贸优进优出、升级发展。

三、有关部门和省、直辖市人民政府要努力适应新型商业模式发展的要求,坚持深化简政放权、放管结合、优化服务等改革,大力支持综合试验区大胆探索、创新发展,同时控制好试点试验的风险。要在保障国家安全、网络安全、交易安全、国门生物安全、进出口商品质量安全和有效防范交易风险的基础上,坚持在发展中规范、在规范中发展,为综合试验区各类市场主体公平参与市场竞争创造良好的营商环境。试点工作要循序渐进,适时调整。

四、有关省、直辖市人民政府要切实加强对综合试验区建设的组织领导,健全机制、明确分工、落实责任,有力有序有效推进综合试验区建设发展。要在商务部等部门的指导下,尽快修改完善具体实施方案并抓好组织实施。要进一步细化先行先试任务,突出重点,创新驱动,充分发挥市场配置资源的决定性作用,有效引导社会资源,合理配置公共资源,扎实推进综合试验区建设。要建立健全跨境电子商务信息化管理机制,根据有关部门的管理需要,及时提供相关电子信息。各综合试验区建设涉及的重要政策和重大建设项目要按规定程序报批。

五、国务院有关部门要按照职能分工,加强指导和服务。要加强部门之间的沟通协作和相关政策衔接,深入调查研究,及时总结经验,指导和帮助地方政府切实解决综合试验区建设发展中遇到的困难和问题,进一步为综合试验区发展营造良好的环境。商务部要加强综合协调、跟踪分析和督促检查,适时对各综合试验区试点成果进行评估,重大问题和情况及时报告国务院。

国务院

2016 年 1 月 12 日

附件三

广东省人民政府办公厅关于促进跨境电子商务
健康快速发展的实施意见

各地级以上市人民政府,各县(市、区)人民政府,省政府各部门、各直属机构:

为贯彻落实《国务院办公厅关于促进跨境电子商务健康快速发展的指导意见》(国办发〔2015〕46号),加快我省跨境电子商务发展,经省人民政府同意,现提出如下实施意见。

一、总体要求和发展目标

(一)总体要求。全面贯彻落实党的十八大和十八届三中、四中、五中全会精神,牢固树立创新、协调、绿色、开放、共享的发展理念,以"互联网＋外贸"为依托,以加快经济结构战略性调整和外贸转型升级为方向,创新跨境电子商务监管方式,完善跨境电子商务公共服务体系,壮大跨境电子商务经营主体,发展跨境电子商务境外仓和境外营销体系,促进我省跨境电子商务产业链和支撑服务体系融合发展,积极推动我省开放型经济发展上新水平。

(二)发展目标。2016年—2020年,力争全省跨境电子商务进出口额年均增长30％左右。到2020年,打造3家年进出口额100亿以上的行业领军企业(平台),10家年进出口额50亿以上的大型龙头企业(平台),50家进出口额达10亿以上的区域骨干企业(平台),建设具有国际水准、全国领先、交易便利、监管高效、行业规范的跨境电子商务强省。

二、壮大跨境电子商务经营主体

(三)推动传统企业发展跨境电子商务。支持各类经营主体开展跨境电子商务业务,鼓励生产企业和商贸流通企业利用跨境电子商务开展国际贸易,建立针对小微型跨境电子商务主体的创业创新孵化平台和公共服务产品。重点打造国际知名、业内领先、实力雄厚、品牌效应突出的跨境电子商务标杆性企业、总部型企业。支持有条件的外贸企业、物流供应链企业、专业批发市场、产业集聚区、专业镇区等产业主体积极开展跨境电子商务业务模式创新,推动制造业集群、商贸业集群与跨境电子商务融合联动发展。研究推动大宗商品跨境电子商务交易,探索创新大宗商品跨境交易模式。推动加工贸易企业拓展跨境电子商务业务,加快实现经营主体和贸易方式的双转型。

（四）大力培育跨境电子商务支撑服务平台（企业）。培育提供交易、物流、仓储、通关、支付、结汇、退税等专项或综合性服务的跨境电子商务服务平台（企业）。发展网络推广、数据分析、多语种翻译、软件开发、技术支持、资质认证、信用安全等多样化服务，为跨境电子商务企业提供全面配套支持。引进业务特点鲜明、辐射带动能力强、行业影响力大的跨境电子商务服务平台。发挥各地产业集群优势和区域品牌优势，建设一批有影响力的垂直跨境电子商务交易平台。鼓励跨境电子商务服务平台在信用评价、大数据分析、智能物流等关键环节实现服务集成。建设跨境电子商务大数据应用平台，提供大数据信息服务。加快构建与跨境电子商务发展相适应的现代快递、物流配送与全程供应链体系。

三、培育跨境电子商务竞争新优势

（五）加强产业集聚园区（载体）建设。加快中国（广州）、中国（深圳）跨境电子商务综合试验区建设，着力在跨境电子商务企业对企业（B2B）方式相关环节的技术标准、业务流程、监管模式和信息化建设等方面先行先试，为推动全省乃至全国跨境电子商务发展探索可复制推广的经验。支持省内国家电子商务示范城市和商品批发市场较为发达的地市依托海关特殊监管区域及各类经济开发区，加快建设集保税展示、物流、交易、服务于一体的跨境电子商务产业园区、产业基地等。充分发挥各类园区的聚集效应和服务优势，打造跨境电子商务全球总部、区域总部、创新中心、营运中心、分拨中心、后端服务支持中心等。大力支持跨境电子商务园区设备更新、网络升级等基础设施建设，推动相关的云计算、物联网、大数据、电子签名、移动互联等新一代信息技术的研发推广和应用。

（六）促进自贸试验区跨境电子商务发展。在中国（广东）自由贸易试验区（以下简称广东自贸试验区）率先建立适应跨境电子商务发展的口岸监管机制，争取在优化跨境电子商务一体化通关管理模式、建立跨境电子商务企业信用管理体系和零售进出口贸易统计等方面先行先试。探索将进口消费品集散中心等重点项目建设与跨境电子商务模式相结合，进一步促进进口增长。研究设立国际邮/快件监管中心，支持跨境电子商务离岸数据中心及国际服务基地等项目建设。

（七）推动粤港澳跨境电子商务融合发展。发挥粤港澳三地仓储物流设施和流通渠道资源优势，加快粤港、粤澳现代物流信息合作，创新特色跨境电子商务业务模式。研究建设粤港澳大湾区物流枢纽，推进海陆空铁跨境多式联运发展，建设粤港澳跨境电子商务仓储配送分拨中心。积极推进粤港、粤澳跨境电子商务领域数字认证的互认。充分发挥港澳金融业在多币种支付清算、融资等方面的优势，提升广东跨境电子商务结算和投融资效率。加强与港澳人才交流，加快引进跨境电子商务经营管理和技术等领域的高层次人才。发挥港澳对接国际的贸易桥梁和纽带作用,拓展我省跨境电子商务市场空间。

(八)推进跨境电子商务对外合作。鼓励各类跨境电子商务经营主体、商品和服务"走出去",支持广东企业建设出口产品境外仓,搭建境外展示、分销、物流、配送、售后服务中心。推动与欧美日韩、"一带一路"沿线国家和地区建立跨境电子商务合作机制,支持有条件的地市实施国际双边跨境电子商务平台项目建设。积极探索境外保税仓模式,跨国共建设施完备、通关便捷的国际贸易合作示范区。加强重点市场和地区的跨境快递与物流建设合作,推进快递与物流基础设施互联互通,引入新国际货运航线、货运专列等,加快形成跨境电子商务交易与货物流转、通关、仓储、配送融合发展的格局。

四、完善跨境电子商务监管措施

(九)优化配套的海关监管措施。全面落实跨境电子商务出口通关便利化措施,加强事后稽查和风险管控,提高管理效能。简化跨境电子商务进口流程,探索简化商品备案要素的可行性。制定适应跨境电子商务的进出境申报、商品归类、物流管理、税汇管理、质量监控等工作方案,进一步提升通关便利化水平。探索创新跨境电子商务B2B海关监管模式。推动跨境电子商务与加工贸易企业产品内销等模式协同发展,争取国家支持开展"市场采购"等贸易方式试点,并完善相应的通关监管模式。

(十)完善检验检疫监管措施。实行"事前备案准入、事中监测、事后追溯、高效便捷通关"的监管模式。建立质量风险监控和质量安全追溯机制,加强风险防控,优化查验作业方式。对入境电子商务产品实行清单管理,符合清单管理要求的产品可按跨境电子商务方式入境。在全省加快复制推广广东自贸试验区跨境电子商务商品溯源平台等改革创新经验。

(十一)落实进出口税收政策。落实跨境电子商务零售出口货物增值税、消费税退(免)税政策,积极争取跨境电子商务零售出口免征增值税、消费税政策在我省先行先试。完善跨境电子商务出口退(免)税业务流程衔接,研究采取数据传输或数据共享方式办理出口退(免)税,试行无纸化办理。落实跨境电子商务零售进口税收新政策,加强政策宣传引导。

(十二)推动支付结算便利化。深化支付机构跨境电子商务外汇支付业务试点,支持符合条件的支付机构参与试点,不断扩大试点业务范围,积极创新业务模式。便利个人贸易项下外汇资金结算,鼓励开展跨境电子商务业务的个人开立外汇结算账户。推动跨境人民币支付结算,支持银行业金融机构、支付机构开展业务合作,丰富跨境人民币业务产品,便利电子商务进出口企业办理跨境人民币结算。

五、优化跨境电子商务发展环境

（十三）加快综合服务体系建设。建设规范统一、条块结合、上下联动、互联互通、监管互认、协同高效的跨境电子商务公共服务体系。依托电子口岸平台建设跨境电子商务公共服务平台，建立涵盖业务办理、数据共享、运行分析、风险预警、信息咨询、海外服务等的"一站式"服务窗口，完善基于跨境电子商务交易、物流、支付等的电子数据获取、处理、流转和共享机制，实现企业"一次申报、一次查验、一次放行"。推动各类监管数据的标准化传输和信息资源的跨部门互认。完善跨境电子商务统计制度，将符合海关统计法规的数据纳入外贸统计。

（十四）强化金融支持。鼓励银行业金融机构等积极开发符合跨境电子商务需求的金融产品，支持符合条件的企业发行非金融企业债务融资工具，进一步拓宽跨境电子商务企业融资渠道。加强与中国进出口银行、中国出口信用保险公司等金融机构的战略合作，为跨境电子商务企业提供政策性金融和保险服务。

（十五）加大财政支持力度。加大战略性新兴产业、信息技术、中小企业发展、内外经贸发展与口岸建设等相关专项资金对跨境电子商务的支持力度。鼓励各地根据跨境电子商务企业的特点和发展需求，研究设立促进跨境电子商务发展和质量风险监控专项资金。

（十六）规范跨境电子商务经营行为。健全跨境电子商务知识产权保护体系，依法加大对侵权行为的处罚。建立跨境电子商务进口产品消费者权益保护机制，将跨境电子商务进口企业和进口商品纳入规范的进口监管体系，确保进口货物符合我国质量安全、检验检疫、卫生和环保等标准。健全消费者退换货制度和服务承诺制度，保障消费者合法权益。

六、加强工作保障

（十七）加强组织实施。各地要根据本地区实际，抓紧制订发展跨境电子商务的具体工作方案，并明确责任分工，认真做好组织实施工作。各有关部门要及时研究制定配套政策措施，全力支持跨境电子商务加快发展。省商务厅要会同有关部门建立跨部门工作协调机制，加强对全省跨境电子商务工作的统筹协调，及时研究解决发展中遇到的问题，并定期开展总结评估，逐步建立适应跨境电子商务发展的政策体系和监管体系。

（十八）加强人才培养。依托国家和省级各类重大科技计划、示范工程，加快培养跨境电子商务高层次人才和领军人才。支持高校和科研院所加强多学科交叉整合，培养跨境电子商务企业亟需的专业人才。大力推进校企合作，联合行业内具有较大影响力的企业及具备电子商务人才培养能力的高职院校，构建跨境电子商务专业人才联合培养体系。

（十九）发挥行业组织作用。充分发挥跨境电子商务商协会和行业组织在经验推广、信息共享、行业自律、诚信建设、知识产权保护、维护行业权益、贸易风险预警和处理国际贸易摩擦等方面的积极作用，建立行业组织有效承接公共服务的工作机制，推动相关政策措施的落实。

（二十）加强宣传引导。各地、各有关单位要充分利用广播电视、平面媒体及互联网等渠道宣传我省促进跨境电子商务发展的新举措、新成效。鼓励举办带有公共服务性质的跨境电子商务培训、宣讲、交流展览、论坛等活动，加大宣传引导力度，营造促进跨境电子商务发展的良好社会氛围。

广东省人民政府办公厅

2016 年 4 月 8 日

附件四

广东省人民政府印发中国(广州)跨境电子商务
综合试验区实施方案

为贯彻落实《国务院办公厅关于促进跨境电子商务健康快速发展的指导意见》(国办发〔2015〕46号)、《国务院关于同意在天津等12个城市设立跨境电子商务综合试验区的批复》(国函〔2016〕17号)精神,全面推进中国(广州)跨境电子商务综合试验区(以下简称广州综试区)建设,制定本实施方案。

一、总体要求

(一)指导思想

高举中国特色社会主义伟大旗帜,以邓小平理论、"三个代表"重要思想、科学发展观为指导,全面贯彻党的十八大和十八届二中、三中、四中、五中全会及习近平总书记系列讲话精神,牢固树立创新、协调、绿色、开放、共享的发展理念,充分借鉴中国(杭州)跨境电子商务综合试验区的经验,发挥广州区位优势、政策优势与产业优势,坚持在发展中规范、在规范中发展,构建具有"中国特色、广州元素"的跨境电子商务发展促进体系,形成更多可复制可推广的经验。

(二)基本原则

1. 坚持市场主导与政府引导相结合。在优化监管、完善政策、加强引导的基础上,充分尊重经营主体的首创精神和市场的主体地位,最大限度地调动市场经营主体的积极性。

2. 坚持整体推进与重点突破相结合。加强对广州综试区建设的总体规划,在用好现有政策的基础上加强政策创新,促进跨境电子商务及相关支撑业态发展,打造完整的跨境电子商务产业链和生态链。

3. 坚持科学监管与促进便利相结合。通过整合跨境电子商务交易、支付和物流信息,建立跨境电子商务交易信用机制和监管体系,营造国际化、市场化、法治化营商环境,逐步畅通跨境电子商务商品进出口渠道。

(三)发展目标

大力实施"互联网+外贸",引导传统外贸企业借助跨境电子商务推进转型升级,通过综合改革、集成创新,推动跨境电子商务公共服务平台和各类特色试点园区融合发展,推进"关、检、汇、税、商、物、融"一体化,形成适应跨境电子商务发展的新型监管服务模式和制度体系。经过 3—5 年的建设,将广州综试区打造成为跨境电子商务创新发展先行区、外贸优化升级加速器,将广州市建设成为全国跨境电子商务中心城市和发展高地。

二、主要任务

(一)打造参与"一带一路"建设服务平台。将跨境电子商务作为与"一带一路"沿线国家深化经贸合作的重要内容,在经贸推介、投资洽谈等方面加强跨境电子商务领域合作。对符合条件的跨境电子商务企业"走出去"重点项目予以资金支持。扩大企业和个人对外投资,完善"走出去"政策促进、服务保障和风险防控体系。

(二)构建粤港澳跨境电子商务合作平台。发挥粤港、粤澳合作联席会议及穗港、穗澳合作专责小组等机制作用,深化与港澳在跨境电子商务领域的合作。开展跨境电子商务领域数字认证互认,打造网上贸易便利化平台。创新穗港澳口岸通关模式,推进建设统一高效、与港澳联动的口岸监管机制,加强穗港澳产品检验检测技术和标准研究合作。探索香港企业在穗港两地建立销售端与仓储端,开展"前店后仓"、"双店双仓"的特色营运模式。

(三)建设跨境电子商务聚集区。发挥海关特殊监管区域的功能作用,叠加政策辐射效应,打造"海、陆、空"门类齐全的跨境电子商务集中监管园区。引导广州市各区结合产业发展情况,建设各具特色、错位发展的跨境电子商务产业园区,加快完善软、硬件设施建设,扶持和培育跨境电子商务发展新平台,推动跨境电子商务企业集聚发展。

(四)支持外贸企业转型升级。鼓励传统外贸企业利用跨境电子商务拓展进出口。组织跨境电子商务物流企业、支付企业和外贸综合服务企业对接广州市专业市场经营主体,引导专业市场经营者及商户通过自建平台或利用第三方平台扩大进出口。鼓励传统外贸企业利用国内外大型跨境电子商务平台拓展国际市场。推进生产厂家—经销商—消费者(M2B2C)跨境电子商务分销创新模式的发展,借助跨境企业—消费者(B2C)卖家分销渠道,拓展海外终端网络。

(五)优化跨境电子商务产业链。推广全流程的企业—企业(B2B)跨境电子商务服务平台模式,整合金融、通关、退税、外汇、销售、物流、售后服务等环节,结合境外仓和海外营销网络,为企业提供全球营销推广、出口代理、物流运输等服务。以 B2B 方式为重点,大力支持企业利用自建平台或与境内外电子商务企业合作,通过跨境电子商务促进自主品牌出口。逐步规范各类业务模式的通关、检验检疫、退税、结汇操作流程和细则,支持更多经营主体开展跨境电子商务。创新跨境电子商务发展模式,完善相应通关监管措施。

（六）加快线上线下融合发展。支持传统零售主体及跨境电子商务主体开设线下实体展示店、体验店，提供线下展示、维修及其他售后服务。结合国内贸易流通体制改革发展综合试点，构建跨境电子商务"互联网＋现代物流"配送体系。推进跨境电子商务技术创新，鼓励和支持企业为跨境电子商务提供大数据、云平台、智能物流、支付手段和交易保障等技术支撑。对在广州综试区内设立从事经营类电子商务的外商合资或独资企业，积极向国家部委争取逐步放宽对外资经营基础电信业务或增值电信业务的要求。

三、重点工作和创新举措

（一）推进国际贸易"单一窗口"建设。依托广州电子口岸，加快建设涵盖跨境电子商务经营主体和进出口全流程的国际贸易"单一窗口"平台，完善身份认证、安全交易、便利通关、质量溯源、费用支付、信用担保、全程物流等公共服务功能，为经营主体提供便捷的"一站式"平台服务，实现"一次申报、一次查验、一次放行"。建立健全数据标准、认证体系和信息共享体系，推动政府部门间、政府部门与经营主体间的标准化信息流通和互联共享。研究"单一窗口"相关基础信息和数据交换标准规范，提高通关管理和服务水平。积极争取国家部委支持，推动海关部门对"单一窗口"开放预录入系统（QP系统）申报接口；检验检疫部门对"单一窗口"开放报检申报接口、企业备案和信用等级查询接口、商品负面清单数据查询接口、认证认可系统数据接口等；公安部门对"单一窗口"开放公民身份信息核查接口等；外汇部门建立名录登记、分类管理信息与"单一窗口"数据共享机制；国税部门对"单一窗口"开放出口退税申报系统数据接口；食品药品监管部门对"单一窗口"开放食品药品许可信息、监管信息等数据接口。

（二）创新通关监管模式。加强通关系统信息化建设，研究推行涵盖企业备案、申报、征税、查验、放行、转关等各个环节的全程通关无纸化作业。探索适应B2B交易的电子信息向海关传输、申报的方式。推动落实跨境电子商务零售进口商品清单管理制度。建立适应跨境电子商务进出口的转关方式。规范跨境电子商务交易订单、支付单、物流单"三单"数据格式标准，探索"三单"电子信息的代理提供方式。推行"税款担保、集中纳税、代扣代缴"通关模式。创新退换货流程和管理制度，支持开展跨境电子商务进出口商品退换货业务。进一步完善跨境电子商务海关信息化管理的风险防控体系，研究建立与跨境电子商务相适应的企业信用管理、分类便捷通关、后续重点监管、预警监测评估等风险防控综合评判体制。

（三）创新检验检疫流程。完善跨境电子商务风险监控体系，依托公共服务平台实施在线备案、三单比对、质量追溯等，结合分类管理制度，建立跨境电子商务清单管理制度。制定广州综试区检验检疫申报和放行流程管理办法，实施出境"前期备案、提前监管、后期跟踪、质量监控"、入境"提前申报备案、入区集中检验检疫、出区分批核销、质量安全追溯"的监管模式。依托"智检口岸"进行风险评估、分类管理、诚信管理和境外信息比对,实现"电子布控",探索应用全球产品质量与标准信息库进行检验检疫大数据自动判断、自动验放。探索对跨境电子商务进口商品实施质量追溯管理,鼓励国内名牌商品企业通过市场采购方式出口。推动跨境电子商务贸易方式进出口商品在各口岸之间的出口直放、进口直通。争取国家部委支持,下放进口食品境外生产企业注册备案、进境动植物及其产品检验和进口食品、化妆品的注册备案、安全审查权限等。

(四)创新金融服务。支持第三方支付机构参与跨境外汇支付试点。便利第三方支付机构和银行金融机构为跨境电子商务企业和个人办理跨境外汇支付和结售汇业务。探索将第三方支付机构跨境支付、结算业务范围拓展至进出口及 B2B、B2C、C2C 等交易形态。借鉴货物贸易外汇管理办法,对广州综试区的跨境电子商务企业实施分类监管。便利个人贸易项下外汇资金结算,鼓励从事跨境电子商务的个人开立个人外汇结算账户,直接在银行办理跨境电子商务涉及的外汇收支。推动人民币作为广州综试区与港澳地区及国外开展跨境电子商务业务计价、结算的主要货币。研究适时允许跨境电子商务企业在一定范围内进行跨境人民币融资。鼓励第三方电子商务平台、支付机构、外贸综合服务企业、银行机构等开展多方合作。扩大跨境电子商务企业出口信用保险保单融资,积极探索供应链金融等形式。支持银行金融机构与取得互联网支付业务许可的支付机构为外贸企业和个人跨境交易提供人民币结算服务,推动技术成熟和管理完善的支付机构参与跨境外汇支付业务试点,为跨境电子商务资金结算提供支持。

(五)加快跨境电子商务物流发展。打造智慧物流体系,支持物流供应链企业为跨境电子商务提供智能化、全方位服务,探索建立外贸供应链系统标准体系。通过引入新的国际航线、加密现有国际航班、开通货运航班等措施,增强广州白云国际机场的进出口货运能力。争取国家邮政局、中国邮政集团公司协调国外邮政加大对广州邮件中心的直邮力度。支持广州综试区物流企业向国家争取相关政策和资金扶持等。

(六)推动境外仓建设。探索境外仓建设新模式,积极推进利用境外仓资源开设线下展示中心的创新模式,多渠道拓展海外小额采购批量订单。支持企业建设统一的海外公共仓,降低跨境电子商务企业物流成本。支持电子商务物流企业海外建仓,探索利用境外仓实现跨境电子商务退换货,整合海外理货、物流、通关等服务资源,拓展海外市场。支持跨境电子商务自建、收购并购或租赁境外仓,探索境外仓建设的融资、风险保障机制。

(七)完善财税政策。加大对跨境电子商务平台建设、国内仓租、租建境外仓、通关报检、园区建设等方面的政策扶持力度。积极争取跨境电子商务零售出口免征增值税、消费税政策(国家明确不予出口退(免)税的货物除外),争取国家部委支持对无法取得合法有效进项凭证的出口货物适用免税政策。实行出口退(免)税无纸化管理,简化退税手续。积极争取对电子商务零售出口货物试行按商品大类设置综合退税率的办法,方便跨境电子商务企业申报退税。进一步优化出口退税服务,对出口企业按出口退(免)税企业分类管理办法实行差别化管理。

(八)完善质量与信用保障体系。利用互联网、物联网等技术手段搭建质量安全公共服务平台,推进跨境电子商务商品质量信息的公开、公正和透明。争取国家部委支持设立跨境电子商务产品检验检疫质量安全风险国家监测分中心、国家电子商务产品质量风险监测中心等。推进组织机构代码和物品编码在电子商务产品质量监管领域应用。探索制定跨境电子商务相关商品标准,开展标准明示和鉴证活动,促进电子商务企业规范化发展。实现相关监管部门企业信用等级信息的共享共用,探索企业信用清单管理制度,逐步整合相关监管信息,探索对跨境电子商务企业的信用分类监管。探索试点制定电商信用标准,建设信用评价体系。

(九)加强人才培育。支持高等院校、中职院校和社会培训机构开设跨境电子商务相关专业和课程。加强院校、培训机构与企业间合作,鼓励有实力的跨境电子商务企业举办各类技能大赛或创新、创业活动。建立电子商务人才创业创新支持平台,支持创新人才开展跨境电子商务商业模式创新和技术创新。建立跨境电子商务创业孵化机制。

(十)强化服务保障体系。发挥行业协会商会的桥梁纽带作用,提供政策宣传、活动对接、人才培训、调查研究等服务,加强与各国行业协会商会的交流与合作。鼓励运用和推广商事制度改革成果,简化企业自建平台开展跨境进出口业务的备案登记手续。加强进出口知识产权和消费者权益保护,加大对侵权行为的处罚力度。探索研究"诚信守法便利、失信违法惩戒"的跨境电子商务的企业信用管理体系和评判标准。

(十一)做好统计监测。开展跨境电子商务数据监测,建立广州综试区数据监测制度。完善跨境电子商务统计方法,研究跨境电子商务 B2B 的统计标准、口径和方法,进一步做好跨境电子商务零售出口、直购进口的统计工作。

四、组织实施

省政府统筹领导和协调推进综试区试点工作。广州市要加强组织领导和统筹协调,根据本实施方案进一步完善工作机制,细化任务安排,明确工作分工和进展安排,确保各项试点任务落实。要突出重点、先行先试,抓紧形成制度创新清单,推进创新政策措施落地。省各有关部门要大力支持,积极做好协调配合、指导评估等工作,并及时总结评估试点政策的执行情况和实施效果,力争广州综试区建设早出成效、多出成果。

参考文献

[1] 张旭.电子商务对国际贸易的影响[J].财经科学,2007(7)：112－117.

[2] 杨华.跨境电子商务发展历程探讨[J].现代营销,2014(10)：13－13.

[3] 沈玮.跨境电子商务将促进国际贸易增长[J].国际市场,2013(6)：72－72.

[4] 鄂立彬,黄永稳.国际贸易新方式：跨境电子商务的最新研究[J].东北财经大学学报,2014(2)：22－31.

[5] 林那夫.数据挖掘技术：应用于市场营销、销售与客户关系管理[M].北京：清华大学出版社,2013.

[6] 孙艳艳.我国跨境电子商务的发展现状分析[J].经贸论坛,2014(08)：169－170.

[7] 刘重力,曹杰.APEC跨境无纸贸易行动战略进程评估与展望[J].国际贸易,2013(09)：50－53.

[8] 孙蕾,王芳.中国跨境电子商务发展现状及对策[J].中国流通经济,2015,36(3)：38－41.

[9] 陈寰.对跨境电子商务发展现状的思考[J].当代经济,2014(10)：74－75.

[10] 邓·皮泊斯.客户关系管理：战略框架[M].北京：中国金融出版社,2014.

[11] 李鹏博.揭秘跨境电商[M].北京：电子工业出版社,2015.

[12] 董瑞.我国移动互联网业务发展现状及趋势研究[J].无线互联科技,2016(21)：27－28.

[13] 李太君,林元乖,张晋,等.计算机网络[M].北京：清华大学出版社,2009.

[14] 周峰.大数据背景下档案利用研究与实践[J].中国档案,2016(9)：70－71.

[15] 刘畅.浅谈电子商务中的电子支付技术[J].计算机光盘软件与应用,2013(24)：38.

[16] 张新彦.市场营销学[M].北京：科学出版社,2012.

[17] 陈德人,徐林海,桂海进.电子商务实务[M].北京：高等教育出版社,2010.

[18] 宋新伟.跨境电商人民币结算政策管理框架研究[J].时代金融,2015(3):42.

[19] 王芸.互联网＋时代下跨境电商的变革与发展[J].辽宁科技学院学报,2016,18(2):31-32.

[20] 李晓玉.跨境电商频迎政策利好 海外仓模式成物流发力点[N].中国新闻网,2016-03-23.

[21] 速卖通大学.跨境电商:阿里巴巴速卖通宝典[M].北京:电子工业出版社,2015.

[22] 速卖通大学.全球速卖通平台规则(卖家规则)[EB/OL].[2015-05-16].http://seller. aliexpress. com/education/rules/detail. html? tracelog = rules _ homepage ♯ register.

[23] 王杏平.跨境电子商务与跨境第三方支付管理研究[J].南方金融,2013(12):54-56.

[24] 官建文.中国移动互联网发展报告(2014)[M].北京:社会科学文献出版社,2014.

[25] 李庆艳,金铎,张文安,等.移动电子商务发展趋势探讨[J].电信科学,2011,27(6):6-13.

[26] 王忠元.移动电子商务[M].北京:机械工业出版社,2015.

[27] 格哈德·拉普.客户关系管理:一个整体方案[M].上海:上海社会科学院出版社,2012.